教育部人文社会科学重点研究基地南京师范大学道德教育研究所成果

江苏省教育科学“十一五”规划重大课题（批号A/2006/01）最终成果

南京师范大学“211”重点学科建设项目“当代中国教育转型研究”成果之一

DIFFERENCE AND SYMBIOSIS

差异与共生

多元文化下学生生活方式与价值观教育

冯建军 著

四川出版集团
四川教育出版社
·成 都·

图书在版编目（CIP）数据

差异与共生：多元文化下学生生活方式与价值观教育 / 冯建军著
—成都：四川教育出版社，2010.4
ISBN 978-7-5408-5312-9

Ⅰ. ①差… Ⅱ. ①冯… Ⅲ. ①中小学-学生生活-研究-中国
②中小学-学生-人生观-研究-中国 Ⅳ. ①G635.5②D432.62

中国版本图书馆 CIP 数据核字(2010) 第 051098 号

责任编辑 吴 婷
封面设计 毕 生
版式设计 张 涛
责任校对 严道丽
责任印制 黄 萍
出版发行 四川出版集团 四川教育出版社
地 址 成都市槐树街 2 号
邮政编码 610031
网 址 www.chuanjiaoshe.com
印 刷 四川新华印刷厂
制 作 四川胜翔数码印务设计有限公司
版 次 2010 年 4 月第 1 版
印 次 2010 年 4 月第 1 次印刷
成品规格 170mm×240mm
印 张 18.5 插页 2
字 数 284 千
定 价 30.00 元

如发现印装质量问题，请与本社调换。电话：（028）86259359
营销电话：（028）86259477 邮购电话：（028）86259694
编辑部电话：（028）86259381

序

在本源意义上，人是文化的动物，社会是文化的存在。文化是人的“第二天性”，是社会的土壤。人在社会中，必然生活在文化中。文化作为一种精神的存在，渗透于生活的方方面面，影响着人的精神、价值判断和生活方式、行为表现等。

文化不是固定不变的，它是随着生产方式的变迁和社会交往的扩大而不断生成的。封闭的社会、不发达的生产力和专制的社会政治，形成了单一性质的文化。随着生产力的发展，社会民主化的推进，人们交往范围的不断扩展，文化逐渐走出了在地性、封闭性，而趋于全球化和开放性，形成了当今全球化时代的多元文化。全球化，不仅意味着经济的一体化和政治的多极化，而且还意味着文化的多元化。全球化时代的多元文化，已经超越了传统的局限于一国之内的民族、种族、阶层间的文化冲突，而走向全球范围内不同国家、种族、宗教、文明间的冲突与共在。

对于当代中国而言，不仅面临着全球化的挑战，而且还面临着社会内部的转型，即从传统社会到现代社会、从农业社会到工业社会、从计划经济到市场经济、从封闭性社会到开放性社会的转型。在转型过程中，传统文化与现代文化、中国文化与西方文化、精英的主流文化与大众的亚文化等相互交错、相互冲突，形成了当代社会的“多元文化丛”。生活在当代社会的人们，越来越感觉到多元文化在给他们带来自由的同时，也带来了选择的困惑。

文化不是头脑中固有的，它产生于社会生活实践，是在生活中形成的。在宽泛意义上，文化就是一种生活方式，生活方式也是一种文化的映象。文化一旦形成，作为一种既定的存在，就会深深地影响人的生活方式。生活方式自20世纪80年代以来，已经引起了我国学者的高度注意，但其研究主要局限于社会学领域，把生活方式作为研究社会地位、社会分层的重要标志，很少关注生活方式本身和文化对生活方式的影响。近年来，教育学界开始提出“回归生活”的教育理念，回归生活不只是在课程中增加与生活紧密相关的内容，更主要是教育应能够指导学生的生活，提高学生生活的质量。鉴于此，当代教育迫切需要了解学生的生活方式现状，对其进行合理的引导。

当然，生活方式作为人们“怎样生活”的行为表征，它是外显的，具有可观察性。文化是生活方式的土壤，一定的文化“孵化”了相应的生活方式。价值观是文化的核心，文化对生活方式的影响，是通过其内核价值观来实现的。多元文化，必然是多元的价值观，多元的价值观塑造了多元的生活方式。反过来，生活方式的不同，根本在于价值观的差异。所以，改变人的生活方式，要从改变人的价值观开始。

多元文化必然导致多元的价值观。教育如何对待多元价值观，西方从价值澄清到品格教育的探讨给我们以启示，多元价值观教育不能走向价值相对主义，多元是一种和谐的共存。没有共识的差异和没有差异的共识，都不是真正的多元。

伴随着全球化、信息化、现代化的进程，多元文化向我们走来，这不仅对我们的生活是一种挑战，也为教育赋予了新的任务和使命。冯建军博士在对“多元文化背景下学生生活方式和价值观教育”这一课题进行研究的基础上撰写的《差异与共生——多元文化下学生生活方式与价值观教育》一书，是教育学者应对多元文化交出的一份答卷，相信有助于教育完成这一新的使命。

本书在厘清多元文化、生活方式与价值观之间关系的基础上，运用实证调查和理论分析相结合的方法，详细探讨了多元文化背景下中小学生的学习生活方式、交往生活方式、消费生活方式、闲暇生活方式以及价值观的实然状态，揭示了多元文化背景下生活方式和价值观发展的新趋向，并针对中小学生生活方式和价值观发展中的问题提出了相应的教育策略。尤其是面对多元文化背景下的多元价值观，作者在吸收西方多元价值观教育的经验和教训的基础上，尝试探索了一种具有中国元素的多元价值观教育的新思路。

在建设和谐社会、和谐文化的今天，这一研究是非常必要的，是值得充分肯定的。相信本书的出版，无论对于丰富多元文化背景下生活方式和价值观教育的理论研究，还是对于提升中小学生的生活质量和指导中小学开展价值观教育，都具有重要的意义。我希望建军博士能够继续深化这方面的实践研究，也期望更多的中小学能够进行实践探索，提供更多的多元文化背景下具有中国特色的价值观教育的模式。

是为序。

朱小蔓

2010年1月于北京

目录 Contents

第一章　多元文化与生活方式

人在生活中，就是在文化中。文化是人的生活的重要表征。文化就像我们呼吸的空气一样，我们活在空气之中，也生活在文化之中。我们的行为无不受到文化的影响。在这个意义上，“文化是社会生活的内在构成性因素，是人们任何社会行动不可或缺的条件”。[①] 可以说，有什么样的生活，就能创造什么样的文化，文化是生活的提炼和精华；反过来，有什么样的文化，也就会有什么样的生活方式，生活方式是文化的外在行为表现。

一、多元文化与多元文化主义

（一）多元文化

“多元文化”最初作为人类学的概念提出，通常指两种文化现象：一是殖民地国家存在的殖民地文化与原住民文化。殖民地文化作为外来的侵略文化和主流的统治文化，试图同化原住民文化。原住民文化作为一种弱势的非主流文化，在与主流文化的抗争中，力争保存自己的文化。二

① 苏国勋、张旅平、夏光：《全球化：文化冲突与共生》，社会科学文献出版社 2006 年版，第 2 页。

是在多民族国家中存在的不同民族间的文化差异，是指人口占多数的强势民族如何对待少数民族的文化，保持民族间的文化融合和团结。这两种多元文化现象在当代，前一种基本消失，后一种仍然是多民族国家和地区值得关注和研究的问题。

多元文化作为一种社会思潮，受到人们的广泛关注，并转化为一种公共政策，源于20世纪60年代后的美国。在20世纪60年代以前，美国一直坚持以盎格鲁—撒克逊的文化为核心的传统观念，将族群的文化差异“熔”入单一的“炉”之中而成为一个综合体。“实际上，美国化熔炉概念的结果是，种族性的差异全部熔于一炉，并且又再次转变成盎格鲁—撒克逊式。事实上，熔炉的混合成分，被同化成为一种理想化的盎格鲁—撒克逊模式。”① 20世纪60年代以后，高涨的族群意识和民权运动互为因果，批评美国主流文化的自我中心与排他性，呼吁美国社会重视弱势群体的文化，并以“沙拉吧”（salad bar）的隐喻取代“熔炉”的主张。60年代以后的多元文化是发生在美国内部的非主流文化对主流文化的反抗，非主流文化来自于少数的种族、非中产阶级白人以及女性等。此时的多元文化是指不同的种族、民族、阶层、性别、宗教、信仰之间的文化差异，认为社会不能只认可盎格鲁—撒克逊的文化，并以此来排斥其他种族、阶层、性别、群体的文化。多元文化的到来，是对“熔炉论”的挑战。其实，不仅在美国，其他西方国家，尤其是移民国家如加拿大、澳大利亚等，20世纪60年代以后，都出现了多元文化对单一文化的质疑和批判，通过民主的运动，改变了国家同质化的文化政策，开始重视弱势族群的文化。

从关注原住民的文化到关注弱势族群的文化，多元文化概念所指的变化，源于当时的社会背景和发展的需要。当前在中国语境下所谈的“多元文化”，在社会背景上不同于殖民地国家，也不同于20世纪60年代美国的民权运动。虽然我们也存在着民族传统的差异，存在着阶层的差异，存在着性别和地域的差异等，需要关注不同民族、不同阶层、不同性别、不同职业背景、不同地域的文化，但这不构成我们所谈的多元文化的主要对象。

① Young Pai，Susan A. Adler著，黄纯敏主译：《教育的文化基础》，台湾学富文化事业有限公司2006年版，第85页。

因为中国虽然是一个多民族的国家，但不存在民族歧视和对立。《中华人民共和国宪法》规定："中华人民共和国各民族一律平等。国家保障各少数民族的合法权利和利益，维护和发展各民族的平等、团结、互助关系。禁止对任何民族的歧视和压迫。"中国虽然存在着不同的社会阶层和城乡、区域的差异，但我们在政策上尽可能地考虑差异，并且实行"弱势补偿"的原则，补偿弱势族群，平衡各族群的利益差异。所以，种族、民族、阶层、地域之间的文化差异，都得到了较为充分的认可，不存在歧视、矛盾和冲突。

中国社会的多元文化并非文化主体的多元，而是文化性质的多元。中国的社会转型是由现代化来促动的，是传统型社会向现代型社会的转变，具体来说，是"从农业的、乡村的、封闭的、半封闭的传统型社会向工业的、城镇的、开放的现代型社会的转型"。① 具体到文化上，是从农业社会的传统（前现代）文化向工业社会的现代文化转型。从农业社会向工业社会的转型，是中国内发的转型，但中国的现代化又是在一个世界大背景下进行的。当中国从农业社会向工业社会转型之际，西方发达国家已经从工业社会向后工业社会（或信息社会）转型。此时的发达国家正在反思和批判工业社会的理性文化，倡导后现代的多元文化，正如有学者指出的，中国社会处于"农业社会—工业社会—信息社会"的双重社会转型。② 在文化上，表现为传统的、现代的、后现代的并存。

全球化和信息化，既是社会转型的促动因素，也是文化多元的促动因素。全球化和信息化拉近了全球的空间距离，也使西方文化进入了我们的生活，与中国传统文化共时存在，构成了多元文化的重要一维。信息化不仅导致了世界的多元文化，而且网络的虚拟性改变了文化主体的"一言堂"，谁也无法在网络中长期占有一种文化，网络的平等性，消解了文化的霸权，使信息的传播"多源"和"多歧"，这又对"价值冲突的频起、凸显、泛布与强化，继而对多元价值的共存乃至价值多元社会的形成起着推

---

① 郑杭生、李强等：《当代中国社会结构和社会关系研究》，首都师范大学出版社 1997 年版，第 19 页。

② 王雅林：《中国社会转型研究的理论维度》，《社会科学研究》，2003 年第 1 期。

波助澜的作用”。[①]

由此，我们认为，尽管民族、阶层、性别、地域之间的文化认同依然在某种程度上存在，需要我们关注，但更需要我们以一个宏观的视野，在当前全球化、信息化和社会转型中，思考传统的、现代的与后现代的、本土的与外域的、主流文化与亚文化之间的关系。台湾学者指出：“我们不能将多元文化理论中的‘文化’理解成狭义的族群文化而已，将此文化视为是多样的‘社会身份’或‘主体位置’，毋宁是更恰当的。”[②] 因此，本书关注的多元文化并非少数民族的文化，也非某个弱势阶层的文化，而是在当代中国文化性质多元的背景下，人们的价值选择、思想观念和生活方式的差异、冲突和共在的问题。

多元文化是中国社会转型中文化发展的一大特征。它不同于传统社会一元的同质文化，多元文化在性质上具有多样性、多异性；在时空上具有共在性、共时性；在来源上具有多源性、多主体性。

真正的文化都是个性的文化，没有任何一种文化能够适合所有的时空和主体。这意味着，文化的多元、文化的差异是一种事实存在。但事实存在的多元文化，是否具有合法性，取决于人们对待文化的观念。多元文化反映的是文化的平等性。不论是“谁”的文化，哪个民族、阶层的文化，都是其生活方式的反映，具有独特的价值。如果承认人人具有平等的地位，就必须认可文化的平等性。正如人没有高低、贵贱之分，文化也没有高低、优劣之分，各种文化都有平等的生存权和发展权。正因为多元文化承认文化的平等性，所以，多元文化才能共生、共存。共生、共存是为了使文化之间走向统一，“统一性完全不同于一致性，它不是基于消除各种差别，而是基于使这些差别在一个和谐的整体中整合”。[③] 所以，多元文化的目的是建立一个“多元一体”的和谐文化格局。

---

① 吴康宁：《教会选择：面向21世纪的我国学校道德教育的必由之路》，载朱小蔓主编：《道德教育论丛》，南京师范大学出版社2000年版，第96页。

② 谭光鼎、刘美慧、游美惠：《多元文化教育》，台湾高等教育出版社2008年版，第44页。

③ 苏国勋、张旅平、夏光：《全球化：文化冲突与共生》，社会科学文献出版社2006年版，第39页。

（二）多元文化主义

文化的本质属性就在于它的主体性，即“谁”的文化。主体不同，其生活的条件和方式不同，形成的文化观念不同，决定了多元化是文化的本性使然。文化多元并不等同于多元文化主义（multiculturalism），前者主要是一种现象的事实描述，后者则是一种政治理论、一种意识形态。文化的多元是一种事实存在，是文化的一种“自然”属性。问题的关键是这些多元的文化是否允许存在？允许以什么样的形式存在？这涉及对待多元文化的态度问题，即“多元文化主义”。

多元文化主义的基本信念是：尊重人的尊严，人人平等，每个人的生活都有其独特的价值，没有一种生活可以适用于所有的人，也没有一种文化可以适用于所有的人。不同文化背景的人，可以共存共生，文化的不同并无高低、优劣之分。在这种共同的信念下，多元文化主义又分化出“自由主义的多元文化主义”、“复合论的多元文化主义”、“本质论的多元文化主义”和“批判性的多元文化主义”等。[1] 这里无意全面介绍和评述多元文化主义的不同主张，仅就其关注点的变化，作一简要分析。

秉承霍勒斯·卡伦（Horace Kallen）对多元文化的认识，自由主义的多元文化主义认为，每个人不论其种族、性别、社会阶层如何，都应该具有同样的生存与发展的权利，都应该具有平等的社会地位，平等地竞争。自由主义以个人为核心，强调个人的权利与个人的自主（autonomy）和自决（self-determination）。每个人都要尊重他人的自由权利，不干涉他人，每个人都有均等的机会，追求自我的发展，发挥自我的潜能。

自由主义的多元文化主义，主张以平等的态度面对性别、种族、阶层、宗教和区域因素所造成的差异，主张个人的平等和自由，强调每个人的自我实现和发展，似乎非常重视多元。但其背后的平等理念是建立在对“同质”的认同上，即每个人没有差异，都是平等的，因此，只要努力，不论是谁，都可以像主流群体一样有所成就。这种平等观，折射出的理念是所有人都要向白人看齐。这样，以一种标准取消了差异，反而又促成了单一

① 关于多元文化主义的不同流派，有兴趣的读者可以参阅谭光鼎、刘美慧、游美惠编著的《多元文化教育》，台湾高等教育出版社 2008 年版，第 44—52 页。

的主流文化的发展。

自由主义的多元文化主义，强调人人平等，使多元化走向了一元化，成为排斥弱势群体的霸权。复合论的多元文化主义，从社群或某个文化族群间的差异出发，对主流文化进行质疑，关注特定群体尤其是弱势群体的文化。复合论的多元文化主义与社群主义、女性主义、差异政治（politics of difference）和肯认政治（politics of recognition）等思潮相呼应。[①] 它捍卫族群文化的独特性与主流文化存在的平等地位，使社会保持一种多样性。但这种文化观，既无法动摇主流文化的主体地位，也因故步自封，失去与其他文化包括主流文化交流的机会，使其无法发展。不仅如此，对整个社会而言，容易走向文化相对主义，丧失社会的凝聚力。

多元文化主义不能成为文化相对主义，这就需要考虑多元文化是否需要基本的共识或核心价值，这种核心价值不是权威族群的文化，而是所有族群的共同文化，或者说是所有族群共同和谐生活的规则。对此，詹姆斯·班克斯（James A. Banks）指出：

> 虽然每个族群在一定的范围内必须适度地尊重其他族群的权利，但是每个族群应该拥有实践其自身宗教、社会与文化信念的权利。毕竟，一个社会或国家里的所有团体必须认可一组至高无上的价值，以维持社会的凝聚力。在我们的国家，这些核心价值来自于我们对人类的尊严、正义、公平、自由以及法律合宜程序的允诺承担。[②]

所以，多元文化并非认同所有的文化，而走向文化的放任自流和相对主义，也并非意味着所有的文化都是一样的，没有一个判断是非的标准，即便是再强调多元文化的人，也不会认为极端的宗教偏执、种族歧视、恐怖主义是一种合理的文化，是需要尊重和实践的。所以，简单地把多元文化主义等同于尊重与维持文化的多样性和差异性，是不合适的。因为国家的统一需要一个共同的价值观基础，只不过不能像“熔炉论”一样，以盎格鲁—撒克逊的白人文化代替所有人的文化，以一种语言、伦理和行为方

---

① 但昭伟、苏永明主编：《文化、多元文化与教育》，台湾五南图书出版公司2000年版，第87页。

② Banks，J. A.：*Multiethnic Education：Theory and Practice*（3rd ed.），Boston：Allyn & Bacon，1999，311.

式作为所有人遵从的标准。“统一论”应该基于一种理念，所有人都被视为他们自身的目的，他们的生活权利不能被其他人所殖民或剥夺，但他们在共同生活中又需要达成统一的协议，构成他们共同生活的文化基础，即核心价值。因此，多元文化主义既要强调文化的差异和多元，又要保持文化的和谐与统一。

建立一种新的多元文化主义，必须基于“多元一体”的文化理念，要关注文化的多样性和多元的正当性，但必须超越只提升某一弱势族群文化的个别价值，关注多元文化的共生性，发展一种“公共”的共享意义。[①] 对待主流文化，既不是“熔炉论”倡导的主流文化对次级文化的压制，也不是批判性多元文化主义所主张的次级文化对主流文化暴力的抵抗，而是如何保持二者的张力，平衡二者的关系。因此，多元文化主义应该关注主流社会与少数族群，以及主流社会与那些性别、年龄、阶层和其他身心特殊例外者（exceptionalities）群体之间的关系。[②]

我们提出建设“多元一体”的和谐文化，既反对文化一元论，也反对文化相对主义。文化一元论只肯定一种文化的优越价值，这种文化代表先进，其他文化是一种愚昧或落后，必须被同化为优越的文化，否定了其他文化的价值和存在权利。“多元一体”的文化主义不同于一元论，它否定了一种文化永久的优越性。“多元一体”的文化主义不同于文化相对主义。文化相对主义认为，所有的文化都具有同等的地位和存在的权利，文化没有优劣之分，具有不可通约性。文化相对主义把文化的差异绝对化，夸大了文化的冲突。“多元一体”的文化主义承认文化间具有某种最低限度的共识，这些共识是由历史和文化上恒常不变的普遍人性所决定的。约翰·凯克斯（John Kekes）称这些基本需求的满足为基本价值（primary values），而保障人们追求这些基本价值所形成的规则、习惯、原则，称为“深层习俗”（deep convention）。[③] 凯克斯所说的“深层习俗”就是多元文化中的共

---

① Young Pai，Susan A. Adler 著，黄纯敏主译：《教育的文化基础》，台湾学富文化事业有限公司 2006 年版，第 140 页。

② Young Pai，Susan A. Adler 著，黄纯敏主译：《教育的文化基础》，台湾学富文化事业有限公司 2006 年版，第 144 页。

③ 林火旺：《正义与公民》，吉林出版集团有限责任公司 2008 年版，第 115 页。

识。文化相对主义的错误就在于它忽略了这些基本价值的存在和文化的基本共识。肯定文化中的共识，并不等于支持文化一元论，因为这些基本价值和文化共识是最基本的，基于共同的人性需求而提出的，它不代表某个族群的文化具有优势价值，也不足以构成文化的全部，只是族群间文化共同的底线。

自由主义的多元文化主义强调人与人之间的“同”，而走向单一文化论；复合论的多元文化主义强调组间的“异”，而走向文化相对主义。两种观点都不能正确地处理多元文化的关系。基于“多元一体”的多元文化主义，介于一元论与相对论之间。尊重多元，但又要在多元中把握共识，在多元中倡立主导，减少文化冲突，增进文化共融，实现社会的主流文化与提倡文化多样化的有机统一。

二、影响多元文化形成的因素

文化的多元主要包括：（1）文化主体的多元化。文化主体不是具体的个人，而是一个族群，包括民族、国家、阶层和区域。我国不仅作为多民族的国家，存在着多元的民族文化，而且今天更多的是随着市场经济的发展，出现了利益主体的多元化和阶层的分化。文化是特定的利益群体和阶层生活方式的反映，代表该群体的利益和意志。群体间利益和生活方式的差异，必然走向文化的差异。（2）文化性质的多元化。任何文化都有一种价值指向，代表了主体的生活态度、生活观念和价值观。虽然不能武断地判定文化的优劣、正确与否，但文化不是中立的，文化都是生活的写照。有的文化能够代表当代的生活，促使人追求一种完美的生活；有的文化则不能反映时代的要求，甚至阻碍时代新生活的形成，这种文化不适应时代的要求，是一种落后的文化。所谓文化的传统与现代，则代表文化性质的差异。文化的转型也就是推动文化性质由传统到现代的转变。转型期的社会，旧文化的衰败与新文化的确立之间存在着一个间隔，使新旧文化并存，呈现出文化的多元和多歧的状况。（3）文化来源的多元化。改革开放不仅促进了利益主体的多元化，使国内文化的来源多元化，而且全球化、信息化的发展，使得西方文化大量涌入，西方文化不仅成为学术研究的重要部分，而且已渗透到人们的日常生活中，带来了不同的观念，给传统的儒家文化以巨大的冲击。

上述文化的多元状态，客观上说是由于中国社会的转型、全球化、信息化等因素所促成的；主观上是缘于意识形态的宽松和对多元文化的认可。当然，这些影响因素本身也是相互联系的。全球化、信息化促成了当代中国社会的转型，也正是社会的转型，才促使国家在意识形态上采取宽松的政策，认可多元文化的存在。

（一）中国社会的转型

中国社会长期以来是个一元化的社会。所谓一元化社会，就是倡导和强调整齐划一、统一思想、统一意志和统一行动，排斥多样性和创造个性的大一统社会。① 而且这种“统一”是建立在一种政治的、意识形态的层面度，意识形态渗透到人的经济生活、文化生活和私人生活领域，主宰着人的方方面面的生活，形成了生活的“泛政治化”倾向。

改革开放，使当代中国社会发生了转型。有学者描述了这种转型的具体表现：在工作重心方面，从以阶级斗争为纲转变为以经济建设为中心；在经济关系、经济体制、经济形态方面，由计划经济转变为社会主义市场经济；在上层建筑方面，由高度集权的传统政治体制向民主政治体制转变。从人的角度看，就是人的现代化，或者说由传统半传统的人向现代人的转变。② 正是这些变化，奠定了多元文化产生的根基，促使社会从一元转向多元。

计划经济体制只承认国家的利益、集体的利益，不承认个人的利益，甚至把个人利益作为“毒瘤”予以铲除。强调个人对集体无条件服从，集体利益高于一切，为了集体利益必须牺牲个人利益。对个人利益的抹杀，其实就是否定独立个人的存在。这必然导致计划经济体制下，只有国家的主流文化和一元的价值观，个人的思想一定要统一到国家的意识形态上，服从于整个社会意识形态的要求。如果有谁违背国家的意志，将被定性为犯了严重的政治错误而受到惩罚。其实作为人，尤其是一个具有独立人格

① 韩庆祥：《当代中国的社会转型》，《现代哲学》，2002 年第 3 期。
② 郭德宏：《中国现代社会转型研究述评》，《安徽史学》，2003 年第 1 期。

的人，不可能没有自己的价值观，但为了维持国家意志的“一元”，政府或政党利用宣传机器和必要的强制手段，统一了人们的思想、意志和行动。可以说，改革开放前，社会价值观被政治化，所有的价值观都被归结为一元的政治价值观并得以强制推行。

市场经济承认利益主体的多元化。所谓利益主体多元化，是指个人利益独立化和多种利益群体并存的格局。[①] 计划经济体制下，只有单一的公有制，国家是唯一的利益主体，不允许个人或其他群体的利益存在。个人或小群体的利益必须纳入国家利益之中，一切服从国家的利益。市场经济打破了政治、行政对市场的控制，还原了市场的本来面目。市场经济不仅承认个人的利益，而且促使经济成分打破了公有制的一统天下，出现了经济成分的多样化，即以公有制为主体、多种经济成分并存、在市场竞争中共同发展的多元所有制结构。在这种情况下，我国的利益主体就必然出现多样化，个体经营者、私营企业主、民营经济和外资企业的人员、外出务工人员，以及各种新兴的职业人（如中介组织的从业人员、自由职业人员）等新的利益主体开始出现，逐渐形成新的阶层。利益主体的多元化，导致利益阶层的出现，不同阶层、群体、个体对各自利益的追求，必然导致文化生活的多元化，因为各个阶层必然要在文化生活中反映各阶层的利益。所以，“市场经济作为自主性的经济和利益主体性的经济，决定了经济利益的多层次性和多元性，经济成分多元化，投资主体多元化，市场交易多元化，加上新旧体制交替、新旧观念撞击、新旧利益关系的调整，都导致市场经济条件下价值观和价值取向的多元化”。[②]

计划经济崇尚的是权力，依靠的也是权力，是依靠权力而运作的经济体制，是一种行政权力的指令性经济或命令性经济。所以，计划经济必然导致政治的专制。市场经济受一只“看不见的手”引导，这只手就是市场本身，而不是权力。市场不认人的“社会身份”和权力，它赖以运作的机制是平等竞争和个人的能力。所以，完善的市场经济是一种平等经济，反映在政治生活中，就是要去除专制，创造一种民主、公平的环境，强调竞

① 赵长茂：《正确认识利益主体的多元化》，《瞭望新闻周刊》，2001 年 10 月 1 日。
② 杨长林：《转型时期价值取向的多元化与法制建设》，《理论观察》，2000 年第 6 期。

争中的平等、公平与正当。政府要充分考虑各阶层的利益，反映各阶层的心声，注重人民群众的监督和参与管理。政治环境由专制走向民主，必然会尊重不同利益主体和阶层的文化与价值观念，而不会采取一种打击和压制的办法，从而使文化环境变得日渐宽松。

从计划经济到市场经济，表现为对人的解放，使人由依附性人格向独立性人格转变。计划经济是一种指令性经济，它依靠的是行政指令以及由行政指令所带来的计划，因此，一切都需要上级的批复，个人没有任何自主权，最好的下级和员工，就是执行上级领导命令最彻底的人。市场经济解除了行政命令和计划，人们共同面向市场，各自为了争取最大利益，充分发挥自己的聪明才智。在这个意义上，市场经济解放了人，使人走向了人格独立。但必须认识到，市场经济条件下发育的独立人格，是以物的依赖性为基础的，个人的人格受物质条件的支配，这种人格发展到极端会出现物质至上、拜金主义、享乐主义等人被物役的异化状态。

由此可见，市场经济是社会转型的主要促动因素，正是市场经济推动了政治、文化等社会生活各方面的转型。经济上由计划到市场，政治上由专制到民主，文化上由一元到多元，人格上由依附到独立，它们共同促成了社会整体状态的变化，即由传统型向现代型社会的转变，这一转变的过程是社会现代化的过程，表现为现代性的增强，逐步取代前现代因素，成为社会的主导因素。

从传统社会向现代社会的转型，对中国社会来说，表现为从农业文明向工业文明的转型，与此相应，农业文明的文化模式向工业文明的文化模式转变。农业文明是基于小农经济的文明，是一种封闭保守的文明，它孕育了等级、伦理和大一统的文化；工业文明是基于商品经济、市场经济的文明，是一种开放的都市文明，它孕育了平等、理性和多元的文化。社会转型最终要接受市场经济、民主政治、理性主义、平等竞争的文化，进而取代自然经济、封建专制、人治和等级传统。但在转型期，传统和现代两种性质的文化都会存在，并表现出激烈的冲突。所谓的转型，作为一个正在发生、没有完成的过程，必然伴随着产生文化的不确定性、混乱、冲突、多歧与迷失。

中国社会的转型，包括文化的转型，不是从传统向现代的单一转型。

从传统到现代的转型，是基于中国社会内发需要的转型。当代中国社会的发展正处于一个全球化、信息化的大背景下。当今世界，席卷全球的信息化、知识化浪潮改变了人类生产力发展的结构和要素，使其从物质型向信息型、知识型转变，它不仅推动了发达国家从工业社会向信息社会（亦称“后工业社会”、“知识社会”）的转型，也影响了后发现代化国家的转型，使其不再走传统工业化社会转型的老路。这就意味着，中国的社会转型，既要从农业社会向工业社会转型，又要从工业社会向信息社会转型，体现为农业社会—工业社会—信息社会的“双重社会转型”。①

双重的社会转型，使当代中国社会的文化不仅呈现出传统与现代的冲突，而且呈现出现代与后现代的冲突。传统、现代、后现代文化交织在一起，使文化性质更显多元，文化冲突更加复杂。前一种转型要实现的是现代性对前现代文化的解构，即“现代性以新的价值诉求——理性、科学、市场经济、民主自由、个人主义、世俗意识——解构了各种‘魅’以及由它而来的价值准则的合法性”，② 现代世界因此褪去了总体性和神圣性；但后一种转型，又要以后现代性解构现代性，立足于差异，向统一性的普遍理性和集体主义开炮，去中心化，反对理性和体制对个人的束缚，主张个人的自由和自我意义的建构。在后现代文化看来，没有终极价值，没有他人，“我”代表意义，代表真理，代表终极。后现代使文化真正走向了个体和多元。

社会的双重转型，使历时态的三种文化在当代中国同时并存，相互冲突，表现出文化选择的复杂性。

（二）全球化

德国著名社会学家乌尔利希·贝克（Ulrich Beck）说：“全球化（globalization）指的是在经济、信息、生态、技术跨国文化冲突与市民社会的各种不同范畴内可以感觉到的、人们的日常行为，日益丧失了国界的限制。”③ 全球化既是一种全球一体的“地球村”的状态，也是一个全球联合

① 王雅林：《中国社会转型研究的理论维度》，《社会科学研究》，2003年第1期。

② 伍世文：《文化多元化的三个动力维度》，《社会科学论坛》，2008年第6期（下）。

③ 乌尔利希·贝克：《什么是全球化》，转引自苏前辉：《全球化趋势下的文化转型与构建刍议》，《昆明理工大学学报》（社会科学版），2008年第6期。

形成“地球村”的过程。英国社会学家安东尼·吉登斯（Anthony Giddens）认为，全球化的本质是时空的拓展性，“全球化的概念最好被理解为时空分延（time-space distanciation）的基本方面的表达。全球化使在场与缺场纠缠在一起，让远距离的社会事件和社会关系与地方性场景交织在一起”。[①]全球化是全球的政治、经济、文化、人口、信息的跨时空运动。

现代社会的全球化，从20世纪80年代开始，首先是经济的全球化，包括生产的全球化、金融的全球化和科技的全球化，然后是逐步向社会政治领域、社会文化领域扩展的过程。借助于金融资本的全球流动、自由贸易和跨国公司，实现了经济的全球化；借助于国际组织、政治联盟，实现了政治的全球化；借助于因特网信息技术和文化对外交流，实现了文化的全球化。

文化的全球化不同于经济的全球化。经济的全球化通过开拓国际市场，进行国外贸易，促进本国经济的发展，其定位比较一致，容易得到各国的支持。但文化的全球化，由于涉及价值观，涉及民族的文化传统与尊严，因此存在着比较多的争议，按照目前的认识，有三种观点：

第一种观点是文化的同质化。有学者认为，发达资本主义国家制定了经济全球化的游戏规则并保证其有利地位，这就形成了发达国家和发展中国家的中心与边缘的新二元对立，发达资本主义国家的文化霸权冲击着发展中国家民族文化的同一性、民族文化身份的认同，其最终结果是消解非西方的文化，实现西方文化的同质化。美国学者斯特林·约翰逊（Sterling Johnson）在谈及美国政治时指出：“从历史上讲，美国人拥有这样一种信念，即美国过去是、现在还是世界上最好的国家。他们认为，美国所信仰的理论过去是、现在还是不仅对美国是正确的，而且对其他国家也是正确的。因此，为了使美国的使命得到传播，要么劝导、要么强迫弱小国家接受这些信条，文明由此带给非文明国家。”[②] 在全球化的今天，美国人的这种观念极容易使全球化变成以美国文化为核心的同质化，这也是发展中国家的担心所在，因此，发展中国家、弱势民族为了保存自我的文化，可能

① 安东尼·吉登斯著，赵旭东、方文译：《现代性与自我认同》，三联书店1998年版，第23页。

② 李智：《文化外交：一种传播学的解读》，北京大学出版社2005年版，第76页。

走向“民族中心主义”的极端。

第二种观点是文化的一体化。有学者认为，由于经济一体化的迅速发展，加之环境问题、航空、信息和通信技术、互联网等的促成，世界已经成为“地球村”。这个“地球村”不仅是空间上的缩小、经济上的往来，而且有文化上的交流与撞击，各种文化在相互撞击下融合，会越来越趋同，走向一体化，民族文化的成分将逐渐被削弱而最后趋于瓦解。文化的一体化不同于文化的同质化，就在于同质化是强势文化对弱势文化的一种霸权、侵略和殖民，最终强势吞噬弱势，按照强势的价值观塑造世界。文化的一体化是指在全球文化流动的过程中实现的一种文化融合。有学者认为，全球化程度越高，对文化认同的向往就越强烈。所谓“民族的才是世界的，世界的也是民族的”就是如此。应该承认，全球文化的交流会有一个相互吸收、取长补短的过程，包括人类共同理想的文化，如天人合一的生态文化、全球伦理等，也包括中国在社会转型过程中对西方诸如自由、平等、理性等现代文化的吸收，在这个过程中，文化确实在走向融合。但是，还应该看到，文化的核心是个性、民族性、在地性（本土性）。

第三种观点是文化的多元化。我国学者张世英指出：“文化多元化是顺应经济全球化的一种精神产物。”① 荷兰学者汉斯·阿德里昂逊也指出，“经济的一体化可以与文化独特性并行不悖”，全球化真正消除的是一种民族主义和原教旨主义的组合物，而不是要消灭民族的文化特色，它要达到在“这种整体上的相互联结的地方特色可能的繁荣”。② 在这些学者看来，Unification 是统一化，要消除差异；Globalization 是全球化，承认差异的存在。

上述三种认识都有一定的道理。文化同质化，是对全球化过程中弱势民族文化的担忧，这种担忧并非空穴来风，在有些方面已经显现出来。如菲利普·G. 阿特巴赫（Philip G. Altbach）揭示了全球化时代大学的严重不平等。他指出，现在世界的学术中心主要是北半球的领导型大学，尤其是使用某种通行语言（特别是英语）的大学占据了学术层次的顶端。这些

---

① 张世英：《文化多元化是顺应经济全球化的一种精神产物》，载《跨文化对话》(2)，上海文化出版社 1999 年版，第 33 页。

② 汉斯·阿德里昂逊：《经济的一体化可以与文化独特性并行不悖》，载《跨文化对话》(2)，上海文化出版社 1999 年版，第 39 页。

强势大学始终控制着知识的生产和传播，而薄弱的院校则因为资源短缺和学术标准低下而亦步亦趋，成为强势大学知识生产的消费者。以学术期刊为例，主要学术期刊和数据库都位于主要大学特别是美国和英国的主要大学之中，因为重要的国际学术期刊大都用英语出版。发展中国家的大学必须依靠这些强势大学的学术研究，这就造成了学术上的依附性。① 阿特巴赫认为，美国对其他国家所推行的学术项目和院校评估认证，就是在推行一种学术上的殖民主义。因为美国的认证标准是针对美国高等教育的现实而设计的，它反映了美国学术系统的历史、规范以及价值观。外国院校接受美国的认证，就必须与美国的课程模式和学术组织模式保持一致，接受他们的标准与规范。②

我并不是认为文化全球化一定走向文化同质化或文化霸权，也并不因此主张弱势民族要捍卫自己的利益，走向文化“民族中心主义”。但要警惕发达国家、强势民族别有用心地利用全球化制造文化同质论，企图实现文化霸权。发展中国家、弱势民族要反对文化霸权，但不一定要采取闭关自守的民族中心主义。

我也不赞同文化的一体化。尽管全球化使全球共同生活可以拥有一部分共同的文化，成为真正的“全球文化”，也因为有文化的相互学习、相互享受，可以改变文化的某些原质状态，但并不意味着文化完全走向同一，形成具有全球普遍性的文化。全球化改变了部分文化，但改变不了文化的内核。文化的内核依然是个性、民族性和在地性。

我认为，全球化时代，文化应该走向“多元文化”，但要意识到这种多元不是自然发展的结果，它一方面需要反对文化霸权主义，另一方面需要抵制民族中心主义。所以，面对全球化，我们要有文化的自主意识和自觉意识，这种自主和自觉并不是走向文化的自我中心。盲目排斥西方文化，不仅是不理智的，也是不可能的。

我们既要看到全球文化对民族文化的作用，看到全球文化一体化的一

① 菲利普·G. 阿特巴赫：《全球化与大学——不平等世界的神话与现实》，《北京大学教育评论》，2006 年第 1 期。

② 菲利普·G. 阿特巴赫：《学术殖民主义在行动：美国认证他国大学》，《复旦教育论坛》，2003 年第 6 期。

面；也要看到民族文化对全球文化的影响，看到全球文化多样性的一面。正如有学者指出的，全球化的文化或文化的全球化，永远包含着世界的与民族的、全球的与在地的两种充满张力的要素。文化的全球化就是要实现世界的和民族的、全球的和在地的、普遍的和特殊的对立统一。①

费孝通先生提出的人类文化发展的方向，也代表了全球文化的发展趋势，这就是“各美其美，美人之美，美美与共，天下大同”。它表明，全球化时代的文化是一种“和而不同”的多元文化。

所谓“和”，就是“和谐”、“共生”，既存在着全球文化趋同的一面，也存在着各民族文化相互尊重、相互宽容、和谐共在的一面。所谓“不同”，就是各民族的文化要保持自身的特性和传统，而不为强势文化所殖民。对于前者，我们需要一种“有容乃大”的包容的心态和平等的精神去对待异质文化，尊重他们的价值观和生活方式，避免文化间的冲突；对于后者，防止文化殖民，并不是要民族中心和闭关自守，而是要有一种文化的自尊和自信，增强本民族的文化自觉意识。自觉就在于有自知之明，对本民族文化有正确的认识，从而以他民族的文化精华，以时代的精神，扬弃自己民族文化中的糟粕，改造民族文化，发展民族文化。②

综上所论，我认为，全球化时代的文化多元，不是各民族文化的彼此隔绝、互不相干，而是在全球意识关照下的民族文化的多元化发展，各种异质的、多样的文化“和而不同”，多元共处。以文化的共同性压制文化的多样性，或者以文化的多样性否定文化的共同性，都不是对待全球化时代多元文化的正确态度。我们需要的是“全球思考，在地行动”，以宽阔的全球视野，吸收世界各国文化的精华，发展民族的文化，这才是全球化时代对待民族文化的正确态度。

（三）信息化

随着科技的迅猛发展，尤其是信息技术的普遍运用，多媒体、互联网的迅猛发展，一个信息化的时代已经到来。据中国互联网络信息中心（CNNIC）发布的《第24次中国互联网络发展状况统计报告》显示，截至

① 苏国勋、张旅平、夏光：《全球化：文化冲突与共生》，社会科学文献出版社2006年版，第99页。

② 冯建军：《文化全球化与道德教育》，《高等教育研究》，2007年第5期。

2009 年 6 月 30 日，我国网民规模、宽带网民数、国家顶级域名注册量三项指标均居世界第一。中国网民达到 3.38 亿人，普及率达到 25.5%，高于全球的普及水平（23.8%），并且保持着快速增长的势头。电话、手机、上网、QQ、博客、E-mail、MSN 等走进了现代人的生活。网络不只是白领阶层的专利，在农村，网民已达到 9565 万人，并在逐渐扩大。

信息化虽然由计算机、多媒体、网络等信息技术的广泛运用所引发，但对信息化的理解，不能只局限于技术层面。信息技术只是一种工具、手段和平台，借助这一工具，改变了人类的生产方式，使工业社会进入到信息社会，也改变了人们的生存方式和生存样态。信息化促进了人类社会由工业社会向信息社会的转型，由此也带来了不同于工业文化的信息文化。因此，“从本质上说，信息化是由现代信息技术革命引发的一次新的社会结构和文化的重大变革”。①

互联网的广泛运用，加速和促进了全球化的形成，并成为全球文化的技术支持。没有互联网，文化的全球化不仅不会如此快地形成，而且也不可能如此广泛、便捷和迅速。信息化推动了全球化，尤其是文化的全球化。

信息化不仅为文化全球化提供了技术平台，而且借助于网络世界的特性，有助于形成多元文化。网络世界的特征主要有：

（1）虚拟性。网络借助于数字化技术实现了人与人之间的沟通与交流，制造了一个虚拟的空间，即“赛博空间”（cyber space）。虚拟空间也是一个客观存在的世界，只不过这个世界不同于传统的实体世界、物理空间。人与人之间的交往不是面对面的，而是通过网络技术转换成数字的终端显现，形成了另外一个看不见、摸不着的空间，这个空间不是实体的，而是虚拟的。虚拟性是网络文化一切特性的基础。

（2）匿名性。网络不必然匿名，但由于网络是虚拟的，网民常常不愿意暴露自己的真实身份，而以匿名的方式显现，网络中相互交往的人并不知道对方的身份，包括性别、年龄、地位等物理空间不能隐藏的东西。有幅漫画画得好，在计算机的另一端，进行文字输入和交流的是一只狗，人

① 何关银：《信息化：文化的冲突、繁荣与引导》，《重庆邮电大学学报》（社会科学版），2009 年第 5 期。

却全然不知。网络的匿名性，会减少人在真实社会中受到的各种约束、规范和心理压力，可能会导致一些人的不负责任和道德丧失。但也要看到，正是由于缺少这种约束，才使一个人可以按照自己的意愿表达真实的自我，也促进了人的主体性、人与人之间平等关系的形成。

（3）主体性。人应该成为思想表达的主体，无论在现实中，还是在网络中，都该如此。但事实上，现实中由于受身份、地位、社会规范、权力和制度等诸多因素的限制，弱势群体常常失去了话语表达的权利和机会，即便有机会表达，表达的也不一定是真实的意愿和想法，因为要考虑表达是否“适宜”、是否符合主流的价值、是否受强势人群喜欢等，因此，这种表达就失去了自我。网络的世界是匿名的世界，人人都可以表达自己的真实想法，而不必担心是否会受到别人的指责或排挤，因此网络是一个真正“自由”表达的地方。当然这并不等于不遵守网络规范和道德，而是在一个合理的网络空间中，使自己成为一个自由的思想主体，而不是一个被动的别人思想的奴隶。

（4）平等性。网络世界的匿名性和隐蔽性，使得网民能以“隐形人”的身份在网上自由操作，网络的交流因此成为完全平等的交流。在网上，网民交流的信息是自己对问题的真实判断和思想，交流者不问对方的身份和地位。因此，网络交流剥去了网民的权力、财富、身份、地位、容貌等外衣，也摆脱了现实社会的规范，网民无论与什么人交往，都会以平等的态度对待，使强势阶层失去了霸权地位。“网络是一个无中心的、充分民主和平等的虚拟社会。”[①] 它真正地实现了“网络面前人人平等”。

（5）广泛性和开放性。互联网是一个四通八达、没有边界、没有中心的分散式结构。任何人只要拥有一台计算机和简单的上网设备，就可以接入互联网，向世界发布信息，传播自己的观点和理念，同时也可以选择自己喜欢的信息和内容，任意地与世界各地的网民进行联络、交流，自由地访问各种信息资源。各种观点、思想、民族文化在这里都可以找到自己的位置。[②] 网络彻底超越了时空的限制，打破了国家、民族的限制，真正使交

---

① Tiziana Terranova：*Network Culture*：*Politics for the Information Age*，Pluto Press，2004，23.

② 张峰：《论西方网络文化的特征》，《当代传播》，2008年第3期。

往具有了广泛性和开放性。

正是因为网络具有虚拟性和匿名性，所以在网络交往中网民才会有主体性，才可能有自由、平等的表达。这是网络文化的灵魂所在。也正是网络文化的这一本性，促使多元文化借助于网络而形成。思想的多元、表达的自由，目前更多地出现在网络中。网络的开放性和参与的广泛性，使信息传播“多源”，信息理解“多歧”、“多义”，网络消解了权力中心，人人都可以平等地进入网络编织的文化世界，参与各种思想文化的交流和探讨。网络世界不可能有一种思想统领所有的网民，长期占据霸主的地位。与现实世界相比，网络世界真正是一个文化多元、思想自由的世界。网络文化的精髓就在于它自由、民主、平等的精神。

信息社会的到来，网络文化不可避免，我们既要看到网络文化对多元文化形成的积极影响，又要警惕网络文化可能带来的负面影响。

第一，网络减弱了文化发展的社会调控力度和“主流文化”的整合力度。网络的匿名性、自由开放性、难以控制性，使各种文化在网络上大行其道，先进的与落后的、积极的与消极的、主流的与非主流的，甚至是另类的、黄色的，都同时存在。文化作为一种价值观，甚至某些方面还是一种意识形态，一个国家、民族、社会需要积极的、向上的主流文化引导，而网络文化的多元强烈地冲击了主流文化的权威性，使社会文化的整合度降低，严重地威胁到一个国家、民族文化的内聚性。国际互联网的“自由”交流，甚至还可能危及国家的文化安全。

第二，网络可能会导致西方文化霸权和新的文化殖民主义。互联网虽然可以超越民族与国家的界限，通过文化交流与互通，消除文化的对立和隔阂，实现全球文化的共生，这是积极的一面。但还应该看到，如同现实中一个国家的政治、经济有其强弱一样，在网络资源中，也有强弱之分。对于拥有网络资源和没有或较少拥有网络资源的人，对于生产网络资源和消费网络资源的人，网络资源的意义是不同的。尽管网络资源已经全球化，但全球的分配是不平衡的。联合国秘书处的一项统计表明，发达国家人口占全世界人口的比例只有16%，但上网的人数却占全球的90%，在世界上最贫穷的撒哈拉沙漠以南的非洲地区，只有0.3%的人有机会接触到互联网，美国纽约的互联网接入线路超过了整个非洲大陆。[①] 而且全球的网络资源的生产者主要是使用英语的西方发达国家。

如果不改变网络资源这种生产和使用的不均衡性，西方发达国家可以利用网络资源的优势，发布自己国家的文化信息、理念等，强化自己在网络文化中的主导和中心地位。发展中国家或者非英语国家，由于自己无法生产网络资源，只能被动地成为西方网络资源的消费者。西方文化资源与本民族的文化资源发生冲突，如果缺少一种民族文化的自觉、自主意识，很容易出现新的文化霸权和文化殖民。借助于网络所实行的文化扩张和霸权，消解了民族文化的独特性，对世界上其他国家和民族文化的发展构成了极大的威胁。

（四）意识形态对多元文化的认可[②]

文化多元虽然是一个客观的事实，但是否允许其“合法”存在，取决于我们对待多元文化的态度。所以，文化多元化的合理性必然与意识形态的认可有着密切的联系。

历史上曾经有过以政治或意识形态压制和消除多元文化的现象，如汉武帝的“罢黜百家，独尊儒术”，让儒学成为封建社会的正统思想；“文化大革命”期间对马克思主义教条化、片面化的理解，造成了严重的“思想一元化”倾向。应该看到，即便当时的历史情境缺少文化多元的客观要求，但多元是文化自身的特性，任何文化都是个性文化、民族文化、在地文化，文化的多元是无法改变的客观存在，必须允许并支持它们的自我完善，试图以一种文化来要求所有的文化，本身就违背了文化的多元本性。一元化的文化管理策略，既不符合文化自身的特性，也不符合社会发展的需要。季羡林先生总结中国文化发展的历史时说：“在我们国力兴盛、文化昌明、经济繁荣、科技先进的时期，如汉唐兴盛时期，我们就大胆吸收外来文化，从而促进我们文化的发展和生产力的提高，到了见到外国东西就害怕，这也不敢吸收，那也不敢接受，这往往是我们国势衰微、文化低落的时代。”[③]

---

① 张力、白洁：《互联网的发展对国际关系的影响》，《现代国际关系》，2000年第11期。

② 该观点的提出，受伍世文在《文化多元化的三个动力维度》一文中提出的“意识形态维度”的启发，特此说明。

③ 季羡林：《东学西渐与东化》，《东方论坛》，2004年第5期。

除了极端的政治变化时期，在和平发展时期，中国社会对多元文化更多的是一种肯定和认可。如20世纪50年代，中国共产党就提出了领导文艺领域的“百花齐放，百家争鸣”的“双百”方针，主张“艺术问题上百花齐放，学术问题上百家争鸣”。当时中宣部部长陆定一说，我们所主张的“双百”方针，是提倡在文学艺术工作和科学研究工作中有独立思考的自由，有辩论的自由，有创作和批评的自由，有发表自己意见、坚持自己意见和保留自己意见的自由。但1957年“反右”斗争后，“双百”方针受到了干扰，尤其是“文化大革命”中，这一方针受到了“左”倾思想极为严重的破坏。

应该说，改革开放后，随着市场经济的发展，多元主体取得了合法地位。过去那种以政治斗争为核心的“一元化”意识形态逐渐失去了主导地位，在坚持社会主义方向的前提下，社会的政治环境变得越来越民主、越来越自由，舆论环境也变得越来越宽松、越来越具有包容性。只要不违背宪法和国家的有关法律法规，各种文化都有其存在的正当性，都会得到政治上的认可。这等于给多元文化发了张“准生证”，使其取得了合法的身份。

现阶段，中共中央在《关于构建社会主义和谐社会若干重大问题的决定》中，明确提出了建设社会主义和谐文化的方针：“坚持以社会主义核心价值体系引领社会思潮，尊重差异，包容多样，最大限度地形成社会思想共识。”这一方针作为新时期文化发展的重要指导思想，既肯定矛盾，承认差异，尊重思想多样性的客观事实，又强调相互包容、和谐共生。

由前面对“多元文化主义”的分析可以看出，一元化或同质化的文化主义，不仅导致文化无发展动力和活力，而且还会使社会走向专制。但绝对的多元化，又容易走向文化相对主义，减弱社会的和谐度和凝聚力，使社会充满文化冲突和混乱。所以，构建和谐文化，既要考虑到“多”，又要考虑到“一”。没有“多”，是文化的专制；没有“一”，是文化的放任自流和相对主义，这都不是对待多元文化的正确态度。所以，建设和谐文化，在考虑多元文化的同时，还要坚持主导的核心文化。《中共中央关于构建社会主义和谐社会若干重大问题的决定》指出：“社会主义核心价值体系是建设和谐文化的根本。”“马克思主义指导思想，中国特色社会主义共同理想，以爱国主义为核心的民族精神和以改革创新为核心的时代精神，社会主义荣辱观，构成社会主义核心价值体系的基本内容。”没有社会主义核心价值体系的引领和主导，和谐文化建设就会迷失方向，失去魂灵。作为一个国家、一个社会，需要凝聚力，如果没有能统一人们认识的核心思想、核心文化和核心价值观来指导思想多元，这个社会必然充满冲突和混乱。所以，保持“指导思想一元与价值多元”、“核心价值与文化多元”之间必要的张力，正确处理二者的关系，是我们当今面对多元文化的正确策略。

三、生活方式

有了人类，就有了生活。“生活”不只作为名词（life），表示一种状态，更作为动词（live），表示一个过程。我们在“生活”（名词）中“生活”（动词），表明我们在“过”一种生活。过一种生活，既要考虑过“什么样的生活”，还要考虑“怎么过生活”。前者反映的是生活内容，后者反映的是生活方式。只要生活，无论过什么样的生活，都必然有相应的生活方式相伴。

（一）生活方式的内涵

“生活方式”作为客观事实早已存在，但人们对生活方式的研究却很晚，西方是20世纪60年代，我国是20世纪80年代。无论是西方还是我国，生活方式的研究都源于提高生活质量的要求，似乎在一个只能满足温饱，甚至连温饱都难以解决的时代，人们不需要讲究生活方式。对低质量的生活而言，生活方式好像是一个“奢侈品”。生活方式是选择一种生活态度和与之相应的行为方式。不管过什么样的生活，不管是自觉还是不自觉的选择，其实我们都已经具有了一种生活方式。

进行科学研究，生活方式首先是作为社会学概念提出的。社会学关注的是群体、阶级和阶层的差异，通过生活方式来辨别阶级、阶层身份的存在，区别人与人、群体与群体之间的差异。从马克思到韦伯（Max Weber）、凡勃伦（Thorstein Veblen）等都是如此。[1]

马克思站在历史唯物主义的立场上，从生产方式考察生活方式，并把

---

① 马姝：《西方生活方式研究理论综述》，《江西社会科学》，2004年第1期。

生活方式作为区分阶级的指标。在马克思、恩格斯看来，生产活动是人类最基本的活动，生产方式制约着整个社会的生活方式。马克思在《费尔巴哈》中指出："他们是什么样的，这同他们的生产是一致的——既和他们生产什么一致，又和他们怎样生产一致。因而，个人是什么样的，这取决于他们进行生产的物质条件。"① 在《政治经济学批判·序言》中，他又指出："物质生活的生产方式制约着整个社会生活、政治生活和精神生活的过程。"② 从马克思和恩格斯的论述中可看出，生活方式和物质生产条件总是统一的，有什么样的生产方式就有什么样的生活方式，生产方式决定了生活方式，生活方式反映了生产方式具有客观性、稳定性和社会形态的属性。马克思认为，生活方式相同的人会构成一个阶级，以区分于另一个阶级。因此，他通过生活方式的区别，挖掘隐藏在背后的社会生产关系、经济关系、政治关系，以确定其身份或作为划分阶级的基础。

沿着马克思的思路，韦伯进而把生活方式作为确定群体社会地位的标志。韦伯把生活方式的研究主要聚焦于消费方式上。在《阶级、地位和权力》一文中，他指出，资本、财富、收入本身并不能成为区分阶级生活方式的指标。人们可能会有一样的收入、一样的财富，但却会选择不一样的生活方式。所以，在韦伯看来，是生活方式区分了群体的地位，而生活方式又是通过消费方式体现出来的。他说："阶级（classes）是根据人们所生产与获取物品的关系来确定的，而'地位群体'则是根据物品的消费规则来确定的，这种消费规则就代表了一种特定的生活方式。"③ 人们选择了一种生活方式，也就选择了一个特定的地位群体。因此，韦伯把生活方式作为区分群体地位的一种方法或标准。

凡勃伦继承和推进了韦伯的思想。一方面，他把生活方式作为阶层地位和社会尊荣的标志；另一方面，他也从消费方式来研究生活方式。他说，不同的社会人们对尊荣和社会地位的判断标准不一样。勇武是原始社会尊荣的标志，战利品是古代掠夺性社会尊荣的标志，品级、头衔等等级制度

---

① 《马克思恩格斯选集》第1卷，人民出版社1972年版，第25页。

② 《马克思恩格斯选集》第2卷，人民出版社1972年版，第82页。

③ Michael E. Sobel: *Lifestyle and Social Structure*, New York: Academic Press, Inc, 1981, 8.

以及与之匹配的象征符号、物质财富是等级社会尊荣的标志。在工业社会，财富以及对财富的消费方式是尊荣的标志。在凡勃伦看来，财富还不是尊荣的标志，关键是财富的消费方式。他提出“炫耀性消费（conspicuous consumption）”的概念。“不仅他所消费的生活必需品远在维持生活和保持健康所需要的最低限度以上，而且他所消费的财物品质是经过挑选的，是特殊化的。”炫耀性消费不只追逐物品的实用价值，更追求其尊荣准则，看重物品的品质所代表的个人身份、地位。“使用这些更加精美的物品既然是富裕的证明，这种消费行为就成为尊荣的行为；相反，不能按照适当的数量和适当的品质进行消费，意味着屈服和卑贱。”① 在凡勃伦看来，当炫耀性消费以及所具有的炫耀性休闲（conspicuous leisure）成为一部分有身份、有地位的人的生活方式时，社会经济地位较低的阶层就会模仿这种消费方式，因此，代表尊荣的炫耀性消费和休闲生活方式就和“有闲阶级”联系起来，生活方式在凡勃伦这里就成为身份和尊荣的象征。

无论是马克思把生活方式作为区分阶级的指标，还是韦伯、凡勃伦把生活方式作为区分阶层和社会地位的标志，社会学重视的是生活方式的工具性价值，把其作为区分群体差异的一个描述性工具。不仅没有把生活方式作为一个独立的研究对象，更没有重视生活方式自身的价值，尤其是对人的生活和发展的价值。

20 世纪 80 年代，人们对生活方式的研究，除了继续沿用社会学的传统，强调群体之间的社会身份差异外，也开始逐渐地从个人出发谈论差异。② 生活方式不只是反映群体的特征、群体之间的差异，而且作为个人选择的产物，反映个体的生活态度、生活样式、生活行为，是个体的个性和自我的一种表现。这就是说，在生活方式的历史性、社会性和群体性的基础上，突出个人的自主选择性。布迪厄（Pierre Bourdieu）对生活方式的研究，可以看作是对个人生活的关注。

布迪厄把生活方式放到“惯习”和“场域”的作用下认识。所谓“惯习”，是一种被建构生成的行为系统，是一种具有个人“逻辑”的实践，包

---

① 凡勃伦著，蔡受百译：《有闲阶级论》，商务印书馆 1964 年版，第 56 页、第 57 页。

② 夏中建等：《社会分层、白领群体及其生活方式的理论与研究》，中国人民大学出版社 2008 年版，第 97 页。

括某种存在方式、某种习惯状态、某种性情倾向、某种创造性艺术。个人的行为是惯习的表现。“而生活方式是惯习的系统化的产物，在关系的交互中被感知，并成为一套社会化了的符号系统。”① 场域型塑着惯习，惯习成了某个场域（或一系列彼此交织的场域）固有的必然属性体现在身体上的产物，② 因此，场域也型塑着生活方式。生活方式必定是一定场域即一定历史、文化和社会关系的产物。布迪厄把生活方式作为一种系统化了的惯习，而惯习是“一种社会化了的主观性”，③ 场域代表了“客观的社会结构”，所以，生活方式是由历史的、文化的、社会的客观结构和个人的性情倾向、选择、个性等主观性因素融合的产物，这使得生活方式既具有客观的社会性，又具有个人的主体性。

我以为，布迪厄的生活方式研究，在下列方面是对以往生活方式研究的突破：（1）使生活方式研究由关注群体的差异转向关注个体的差异；（2）从将生活方式作为辨别群体差异的工具转变为关注生活方式本身的价值，尤其是对主体生活的意义；（3）由认为生活方式具有单一的社会、历史、文化所决定的客观性转而认为生活方式是社会客观性和个体主观性的完整结合。

我国对生活方式的研究起步较晚，受马克思对生活方式论述的影响，通常把生活方式作为划分阶级的重要指标，甚至只把它与资产阶级相联系，作为“生活腐化”、“堕落”、“小资情调”的代名词，批判“腐朽、堕落的生活方式”，以至延误了对生活方式的科学研究。

20世纪80年代以来，随着大众对生活质量的要求越来越高，我国开始了对生活方式的科学研究。但总体上看，这种研究依然对社会性强调有余，对个体性关注不足，将生活方式作为社会的产物，而看不到个体选择的价值；对群体性强调有余，关注群体的差异，而忽视生活方式的个体差异；宏观研究有余，关注生活方式的历史变迁，关注阶级、阶层、群体生活方

---

① 夏中建等：《社会分层、白领群体及其生活方式的理论与研究》，中国人民大学出版社2008年版，第105页。

② 布迪厄、华康德著，李猛、李康译：《实践与反思》，中央编译出版社1998年版，第171—172页。

③ 布迪厄、华康德著，李猛、李康译：《实践与反思》，中央编译出版社1998年版，第170页。

式，而较少关注个体生活方式的差异。

如早期发表的冒君刚的论文《试论生活方式》指出："生活方式是在一定的物质条件下，不同的社会、民族、阶级、阶层中的人群为满足生活需要，在一定的价值观念支配下，在各种生活领域进行实践活动的行为习惯的基本特征。"[①] 该定义强调：生活方式为一定的物质条件所决定，具有客观性；生活方式是社会的、民族的、阶级的、阶层的，强调生活方式的群体性。

现在学术界引用较多、比较认同的生活方式的定义是："在不同的社会和时代中生活的人们，在一定的社会条件制约下和在一定的价值观指导下，所形成的满足自身需要的生活活动形式和行为特征的总和。"[②] 该定义依然强调生活方式的社会性和客观性，强调生活方式为社会条件所制约，而没有突出作为生活主体的人在生活方式选择中的作用和地位。

我并不否定生活方式受社会的制约，而是说生活方式作为个人的一种生活哲学，应该突出个人在生活方式中的主体性。但可能是受学科视野的局限，社会学、历史学研究只能从宏观着眼，运用社会历史的分析维度，关注生活方式的社会总体变迁和群体差异，这也在所难免。

我认为，生活方式根据主体的不同，大致可分为社会生活方式和个体生活方式两类。尽管社会和个体密不可分，但二者的侧重点有所不同。社会生活的主体是社会、民族、社群和区域，即整个社会的生活方式——民族、阶级、阶层、区域的生活方式，它们因宏观的社会环境和自然环境而不同，其主要构成是社会的劳动生活方式、物质生活方式、政治生活方式、经济生活方式、文化生活方式。社会生活方式是在社会生活中人们表现出的总体行为模式和特征，具有普遍性，受一定的社会生产方式的制约。个体生活方式虽然总体上处在一定的社会生活方式的框架内，但它更强调个体生活的意向性选择和行为特征，具有一定的主观性和能动性。比如说，同一社会、同一时代的人，个体的生活方式却不完全一致，呈现出个体的差异，主要由个人的修养、性格、志向、意志、性情等不同所致。

---

① 冒君刚：《试论生活方式》，《社会学研究》，1986 年第 2 期。

② 王雅林：《人类生活方式的前景》，中国社会科学出版社 1997 年版，"前言"，第 5 页。

宏观的社会学、历史学研究，着眼于人类历史的发展来考察生活方式的变迁，多采用社会生活方式的概念。微观的对特定群体或个体生活的研究，着眼于考察特定时代、特定情境下个体或群体的生活方式，则采用个体生活方式的概念。根据研究对象的不同，本书采用个体生活方式的概念。

个体的生活方式是个体在一定的社会条件制约和价值观指导下，为满足自身生存和发展需要而在特定的场域所表现出来的生活样式和行为特征。个体的生活方式具有客观性，它是由社会的生产和生活方式决定的，如在古代的依附性社会中，个体的行为不可能具有自主性和选择性，这是客观生活条件决定的。但在客观性提供的一个总体框架中，个体的生活方式还具有主体性，它表现为个体对美好生活的一种向往、追求和为追求美好生活而具有的行为选择。对于什么是美好生活，各人的认识受其生活价值观的支配而不同，表现出来的行为方式也不相同。“从某种意义上说，生活方式就是为一定的价值观所支配的主体活动方式。”①

匈牙利哲学家阿格尼丝·赫勒（Agnes Heller）以个体再生产和社会再生产区分日常生活和非日常生活。个体的再生产，与个体的生存发展有关，构成了个体的日常生活，如家庭生活、交往生活、闲暇生活、消费生活；社会的再生产或类的再生产，构成了非日常生活，包括劳动生活、政治生活、经济生活、公共管理生活以及科学文化生活。社会生活方式的研究领域是非日常生活，个体生活方式的研究领域是日常生活，如物质消费、闲暇和精神文化生活、家庭生活等，个体正是在家庭、交往、闲暇和消费中满足自身生存和发展需要的。

也有论者把包括社会生活方式和个体生活方式的总体生活方式，称为广义的生活方式，它是人们为满足自身的生存与发展需要而进行的全部活动的总体模式，是人们一切生活的总体内容和基本特征；把个体在日常生活中谋求自己生存与发展的活动模式，称为狭义的生活方式。狭义的生活方式包括家庭生活方式、个人及家庭生活资料的谋得与消费方式、个人精神需求的满足方式与能力素质的培养方式、交往方式、社群（社区）的生

① 方心清、王毅杰：《现代社会方式前沿报告》，社会科学文献出版社2006年版，第7页。

活方式。①

（二）生活方式的外延

其实，个体生活方式包括哪些方面，并没有一个周延的划分。生活的每一个方面，都会有相应的生活方式。生活的复杂性与多样性，决定了生活方式的多样性，无法一一列举。我们只能根据研究对象的主要生活和研究的需要，确立考察哪些方面的生活及其生活方式。

我们研究的对象是中小学生。中小学生的生活从范围上说，既有学校的生活，也有社会的生活、家庭的生活；从内容上讲，既有学习生活，也有交往生活、消费生活、闲暇生活。当然，这些分类不是绝对的。不同类的生活相互交叉，学校中有学习生活、交往生活和闲暇生活，社会和家庭中同样存在这些生活，只不过看以哪种生活为主而已，如学校以学习生活为主，家庭以消费生活为主，社会以闲暇生活为主。作为一个公民，需要参加物质生产和社会活动，因此，劳动生活、政治生活、经济生活、文化生活、家庭（婚姻）生活等构成成人生活的主要内容。中小学生虽然也是社会公民，也参加物质生产劳动、政治活动、经济活动和文化活动，但这不是他们生活的主要内容，因此，我们没有将这些列入中小学生生活方式的考察范围。根据实际情况，我们主要考察中小学生的学习生活方式、交往生活方式、消费生活方式和闲暇生活方式四个方面。

（三）生活方式的结构

生活方式是在一定的生活场景中，生活主体为满足自身需要而改造生活资料的活动方式。如此看来，它至少由四个要素构成，分别是生活主体、生活场域、生活资料和活动（行为）方式。

生活主体。我们一般把生活方式的主体理解为社会、群体（民族、阶级、阶层、社区）和个体三个层次。其实，真正作为生活主体的只有个人，是个人结成了群体，是群体组成了社会。社会、群体和个人的生活方式是一般、特殊和个别的关系。一般寓于特殊和个别之中。社会的生活方式是社会无数个人生活方式的本质特征的共同表现，群体的生活方式是群体内成员的生活方式的共同表现，它们都离不开个人的生活方式，只不过是对

① 汪业周：《论生活方式的蕴涵与结构》，《理论学刊》，2002 年第 1 期。

个人生活方式不同方面的提取。个人的生活方式也不是孤立的，个人作为社会的产物，是融入社会和群体之中的，是社会和群体的一员，“个人的生活方式，是社会的一般性、不同集团的特殊性和个人的个体性三方面的统一体”。[①] 所以，作为生活方式主体的社会、群体和个人是一致的，三个层次的生活方式也是一致的。但归根结底是通过个人及个人的生活方式表现出来的。个人作为生活方式的真正主体，生活方式的内在动力是生活的需要，个体为了满足自己生存与发展的需要去生活。但生活可能有很多方式，对个体来说，是价值观支配了个体对生活方式的选择。

生活场域。布迪厄在解释生活方式时，使用了“场域”的概念，认为人在不同场域中会选择不同的生活方式，场域是生活方式赖以产生的条件。什么是场域？布迪厄指出：“一个场域可以被定义为在各种位置之间存在的客观关系的一个网络（network），或一个构型（configuration）。”[②] 场域就是由各种位置之间存在的客观关系所构成的一个网络，任何的行动者都生活在这个网络之中，因此，其行为方式都受到场域的限制。布迪厄认为，在高度分化的社会里，社会的大世界是由大量相对自主的小世界构成的，这些小世界都有自身的逻辑和必然性的客观关系的空间。也就是说，大社会的场域由社会的小场域构成，而每个社会的小场域都有自身的逻辑和必然性，一个小场域特有的逻辑和必然性不可化约成支配其他场域运作的那些逻辑和必然性。这就意味着每种生活方式都有其特定的场域，不同的场域造就了不同的生活方式。场域的大小不同，反映了生活方式的不同层次。社会的生活方式是整个社会场域的反映，它是由社会的生产方式、生产力发展水平、生产关系的性质、社会结构的特点决定的。群体（民族、阶级、阶层、社区）的生活方式，是由特定群体生活场域决定的，不同的社会利益、不同的信仰、不同的传统、不同的行为方式等孕育了他们不同的生活方式。场域对个人生活方式具有制约作用，但这种制约不完全是被动的，个人对场域具有选择性，个人之所以选择某种生活方式而不选择另一种生活方式，不完全由其生活场域决定，个人的价值观也起着重要的作用。一

① 冒君刚：《试论生活方式》，《社会学研究》，1986年第2期。

② 布迪厄、华康德著，李猛、李康译：《实践与反思》，中央编译出版社1998年版，第133－134页。

个人可能腰缠万贯，但依然过着简朴的生活，这不是说他没有过豪华奢侈生活的条件，而是他认为“简朴是美德”。相反，消费主义者可能不具备奢侈消费的条件，但他可能利用贷款过着有房有车的豪华生活，因为他认为现代社会“节约不再是美德”。

生活资料。人的任何生活，都不是一种虚无缥缈的生活，要借助于一定的生活资料，是对生活资料的一种生产、分配和消费的活动。生活资料，如同生产资料对于社会物质生产的重要性一样，是社会生活的重要构成部分。尽管生活资料本身不是生活方式，如同韦伯所说的，资本、财富与收入本身不能成为生活方式的指标，人们对于生活资料的消费才是生活方式的体现。但生活方式是人们对待生活资料的一种态度和选择行为，生活资料内在地蕴含于生活方式之中。生活资料有物质生活资料和精神生活资料、生产资料和消费资料，分别构成了物质生活和精神生活、生产生活和消费生活，也就相应地产生了物质生活方式与精神生活方式、劳动（生产）生活方式和消费生活方式。当然，这些分类还可以交叉进行，如在生产生活中有物质生产和精神生产，精神生产中又有不同的种类，如政治生活、管理生活、交往生活等，因此，又可以分出政治生活方式、管理生活方式、交往生活方式等。

活动（行为）方式。生活是一个过程，人们总是选择“过”一种生活，怎么“过生活”，其活动方式、行为表现如何，这就是生活方式。所以，活动方式是生活方式的外在表现，也是生活方式显著的、可观察的标志，它把人的内在生活需要和价值观选择现实化了。一个人的生活方式如何，虽然受生活场域的制约，受个体生活需要和价值观的引导，但这些都是作为生活方式的内在因素而无法观察和测量的，所以，我们只能透过其在学习、交往、闲暇和消费等方面表现于外的活动方式来研究。但这并不意味着生活方式的结构只有活动方式一个要素，生活主体、生活场域、生活资料和活动方式四个要素构成了生活方式的有机整体。活动方式是生活主体在生活场域中对生活资料的占有、改造和利用的行为表现。因此，也可以把行为方式看作生活方式的实质或根本。

四、多元文化与生活方式的关系

多元文化与生活方式的关系，其根本还在于文化与生活方式的关系。文化与生活方式同根同源，密切联系，二者相互影响、相互孕育、相互依存。生活方式受文化的支配，文化塑造了人们的生活方式，引导人们对生活方式的选择。

（一）文化与生活方式具有相通性

一定的文化是一定的社会人的生活样态的反映。文化人类学家克鲁克洪（C. Kluckhohn）认为，所谓“一种文化”，就是指某个人类群体独特的生活方式，即他们整套的“生存式样”。在生存本体论意义上，“文化是历史上所创造的生存方式的系统，既包含显形式样，又包含隐形式样；它具有为整个群体所独享的倾向，或者在一定时期中为群体的特定部分所共享”。[①] 社会学家安东尼·吉登斯也从生活方式的角度定义文化：“文化指一个社会的成员或其群体的生活方式，包括他们的服饰、婚俗和家庭生活、工作模式、宗教仪式以及休闲方式等。”[②] 康拉德·洛伦茨（Konrad Lorenz）也认为：“文化可以说是人所特有的生活活动方式，它存在于人们生活活动的一切环节之中，体现了人与人之间、人与周围环境之间各种不同的关系和联系。”[③] 尽管文化的定义人言人殊，但文化学者、人类学家、考古学家都倾向于从人类生活方式的角度认识文化，文化是“一种物质上、知识上和精神上的整体生活方式”，[④] 尤其是民族文化、阶层文化都是特指民族、阶层独特的生活方式。

人类在生活中，也就是在文化中。人类的生活与动物的生存不同，就在于他过的是一种文化生活。生活孕育了文化，文化是生活的提炼，自然也是生活的反映。所以，有学者从文化的角度解读人类生活的独特性。约

---

① 克莱德·克鲁克洪等著，高佳等译：《文化与个人》，浙江人民出版社 1986 年版，第 6 页。

② 安东尼·吉登斯著，赵旭东等译：《社会学》（第 4 版），北京大学出版社 2003 年版，第 20 页。

③ 康拉德·洛伦茨著，徐筱春译：《文明人类的八大罪孽》，安徽文艺出版社 2000 年版，第 136 页。

④ 韦森：《文化与制序》，上海人民出版社 2003 年版，第 9 页。

翰·费斯克（John Fiske）认为，生活方式是“文化认同与文化实践的独特形态，尤其与现代历史的条件与文化消费相同相关”，“生活方式的概念……显示着其中各种程度的‘选择’、‘差异’与创造性或抵制性的文化可能性”。[①] 正因为人的生活是一种文化生活，所以，选择一种生活方式，就等于认同或选择一种文化。

承上所论，可以看到，有学者从生活方式的角度阐释文化，文化就是一种生活方式；同样，有学者从文化的角度阐释生活方式，生活方式是“一种特定的文化认同与文化实践”。[②] 这说明文化与生活方式具有相通性。

虽然可以从生活方式的角度考察文化，也可以从文化的角度分析生活方式，但并不意味着文化就是生活方式，二者是同一概念。这是因为：第一，文化的范围要比生活方式宽广，文化体现在人类的一切活动之中，生活方式至多是一种“生活文化”，并不等于文化的全部，在这个意义上，生活方式只能是“一种”文化，或者是对生活方式属性的一个规定，即生活方式具有文化性，而并非是生活方式的定义。第二，文化是一种精神财富，虽然可以表现为符号、书籍、媒介、规章制度等，但它们并非等同于文化，文化是包含于这些外在物之中的一种无形的、深层的精神。生活方式虽然受一定文化和价值观支配，但其表现为一种生活的活动方式，是一种外显的行为样式、行为模式和行为习惯。一“内”一“外”，文化是内在的，生活方式是外化的，只能说，支配生活方式的内在精神是文化，但生活方式本身不是文化。

从严格的意义说，生活方式不等于文化，为什么二者却具有相通性呢？因为二者指向人类的社会生活，是对人类生活不同侧面、不同层次的反映和体现。

有学者指出，无论我们把文化看作一种生活方式，还是仅仅看作一种符号系统，我们都可发现文化并非自然生成，而是人类为了生存而必须适应外部环境、控制各种自然力量、过有组织的群体（社会）生活，在长期

---

① 约翰·费斯克著，李彬译：《关键概念：传播与文化研究辞典》（第2版），新华出版社2004年版，第153页。

② 何纯、张海寅：《传媒舆论引导与生活方式》，《湘潭大学学报》（哲学社会科学版），2008年第4期。

的生产劳作和社会交往（生活）过程中的建构或有目的的创造。[①] 从发生学的角度看，文化源于人类社会的生产和社会交往生活，人类首先有生产劳动和交往生活的方式，这种方式是伴随生产和交往开始的，具有即时性。但正是这些即时性的生产和交往方式，不断地重复，逐步地稳定，成为一种相对固定的模式，就沉积为一种文化。因此，如果从发生学上来讲，文化蕴含于人类社会生产与生活之中，是人的生产与生活方式的模式化、系统化、典型化。在这个意义上，我们可以说，先有人类的生产与生活方式，然后，生活方式转化为文化。但这只是从发生学的角度上而言，对于现实来说，文化已经存在，而个体的生活却在进行中或即将进行，这时候，文化作为既定的存在对人的生活方式起着引导作用。

（二）文化对生活方式的型塑与引导

人是一种文化动物，人类的生活是一种文化生活，文化潜藏于生活的方方面面，人的生活方式无不被打上文化的烙印。

1. 文化渗透于生活方式之中

虽然在发生学意义上，文化蕴含于生活方式之中，但现实中作为已经存在的文化表现在生活的所有领域，渗透于生活主体、生活场域、生活资料和活动方式的结构中，赋予生活的文化品性，提高生活的文化层次，从而提高生活质量。

生活主体是具有文化价值追求的人。生活主体是人，但不是一个自然人，而是一个具有生活需要、生活目标、生活态度、生活价值、生活理想和生活信念的人。生活的人不可能是自然的人，自然的人也无法生活。人的生活是一种超越自然的价值生活，人在生活中追求真善美的理想，每个人正是基于真善美的理想，选择了自己的生活方式。在相同的生活条件下，人们可以有不同的生活方式，这是人们主观抉择的结果。文化就体现在人对真善美的主观追求中。

社会环境是生活方式的重要场域。生活场域从性质上说有两大部分：自然环境和社会环境。由于人的生活是一种社会生活，生活方式具有社会

① 苏国勋、张旅平、夏光：《全球化：文化冲突与共生》，社会科学文献出版社 2006 年版，第 3 页。

性，所以，社会环境成为影响人的生活方式的重要因素。我们不否认自然环境对人的生活方式的影响，但自然环境对生活方式的影响又总是同一定的社会条件交织在一起的，尤其在科技日益发展的今天，自然环境越来越成为“人化”的环境来影响人的生活方式。[①] 自然环境的“人化”和社会环境都体现了文化因素的渗透，所以，在宽泛的意义上，也可以说，生活的场域是一个文化的场域。

生活资料指人们用于生活活动的一切资料，包括物质生活资料和精神生活资料。物质生活资料满足了人的衣食住行等物质生活需求，精神生活资料满足了人的理智、情感、意志等精神活动需要。精神生活资料属于文化，而且人对物质生活资料的需要也带有文化的痕迹。

活动方式虽然代表生活方式，但活动方式不同于其他要素，它不是孤立存在的，而是生活主体在一定生活场域中对生活资料的选择和利用，是生活主体和生活条件相互作用的结果。人的行为不同于动物的本能，就在于人的行为具有社会性，是基于社会条件和一定价值观的理性选择，受一定文化观念的支配。

文化能够影响生活方式的结构，说到底，是因为人的生活是文化生活，文化是人的生活的本性。生活方式自然带有文化的内涵。在解决温饱问题后，我们今天改善生活方式，提高生活质量，主要就是要立足于文化，提高生活方式的文化内涵，使生活更丰富、更有品位、更具魅力。

2. 文化通过价值观型塑和引导生活方式

人们的生活方式是可以选择的，于是，生活方式就有了差异。这种差异，一是取决于个体不同的生活需要，二是取决于个体的价值观。但归根结底取决于价值观的差异。价值观是文化的核心，文化对生活方式的影响，主要是通过价值观实现的。比如消费，有的人崇尚优裕型的生活方式，有钱就花掉；有的人崇尚节俭型的生活方式，有钱就存起来。生活方式的差异背后反映的是生活价值观的不同。

生活方式是在一定价值观指导下所表现出来的行为方式，因此，“价值

---

① 王雅林：《人类社会方式的前景》，中国社会科学出版社 1997 年版，第 3 页。

观念影响着生活方式的建立，表征着它的性质”。[①] 价值观有人生价值观、经济价值观、政治价值观、道德价值观、生活价值观等，它们影响着人的政治生活、经济生活、文化生活、消费生活等诸多方面。人的生活是有目的、有意识的，人都会按照自己的目的和事物的价值进行判断和选择，确定行为目标，选择行为方式。人的行为不是盲目的行为，其背后必然受价值观的支配。因此，也有学者把价值观列为生活方式的构成要素，并看作生活方式的灵魂。[②]

从历史的角度考察，价值观的变化，必然引起生活方式的变化。比如说，计划经济时代的平均主义“大锅饭”思想造成干好干坏一个样，所以，人们在生产活动中就缺乏积极性，消极怠工现象比较普遍；市场经济打破“大锅饭”，鼓励一部分人先富起来，多劳多得，充分地调动了人们的积极性。传统的农业社会，生产力水平低下，视“勤劳”为美德、休闲为“懒惰”，所以，工作上要勤勤恳恳、夜以继日；现代社会，随着科技的发展，智能型劳动不断增加，闲暇机会越来越多，因此，要求人们不再是“夜以继日”地“勤劳”工作，而是要“学会休闲”，“休闲”成为现代人的生活方式。再例如，传统封建宗法观念和小生产观念强调权威和等级，与现代市场经济倡导的自由、平等、竞争、创新意识相抵触。实现人的生活方式的转型，必须从观念的转变入手；生活方式的现代化，也必须从价值观的更新开始。比如说，当代社会倡导“绿色”的消费方式，就必须使人树立绿色环保理念、新的健康和消费观念，进而才会使用绿色产品，实行绿色消费，提高环保意识，最终提高人们的生活质量。

生活方式不是一种即时的行为，而是一种较为稳定的生活习惯或系统化的惯习。个人的一次生活行为表现，不代表其生活方式。生活方式的稳定性和模式化，必然基于价值观的根基，是价值观决定了生活方式。价值观有正确和错误、先进和落后之分，所以，生活方式不完全是中立的、个人的爱好和行为方式。

---

① 杨桂华：《价值观念与生活方式》，《天津社会科学》，1990 年第 5 期。

② 冒君刚：《试论生活方式》，《社会学研究》，1986 年第 2 期。

（三）多元文化与生活方式多元化

承认文化对生活方式的形成具有型塑作用，那就意味着，某种文化必然形成与之匹配或相应的生活方式。多元文化承认文化的差异性与多样性，必然造就生活方式的差异性和多样性。如同文化具有民族性、在地性（本土性）和个性一样，一个民族的生活方式是该民族特定生活的反映，一个区域、一个阶层、一个团体、一个人的生活方式，也要反映他们自身的独特性。如此，生活方式的多元是生活方式本身的特性，正像世界上没有两个完全相同的人，也不可能有两种完全相同的生活方式。

生活方式的多元化，并不完全是一个客观事实、一种价值中立的现象。生活方式多样是事实，但能否让多元的生活方式存在，以及每种生活方式以什么样的地位存在，即对待多元生活方式的态度，构成了生活方式多元化的核心。这实际上是由“多元文化主义”决定的。

所以，生活方式的多元化是一个价值范畴。随着多元文化的发展，各种价值观的碰撞与冲突变得越来越频繁。“当人生活在一个不容许对既定的态度和信仰提出质疑的封闭的世界里，没有人会感觉到他是依据一套‘价值’而行动。他不过是做他该做的事情而已。今日的情势正好相反。当代的人们遭遇‘他者’从根本上的挑战。他们知道，世上有种种不同的规范与价值引导人们的行为和态度，因不同的历史、社会和文化背景而不同。因此，对许多人来说，发现‘他者’的存在使得他们认为的价值完全是相对的。”① 文化的多元化，使得文化的冲突、价值的对抗越来越频繁。

如果是一元的文化、一元的价值，也只会有一元的生活方式，一切行为都是划一性的，不会产生冲突。多元不仅意味着“差异”，还意味着“冲突”，以及如何走向“共存”。面对多元的价值冲突，“熔炉论”和“相对主义”都不是合适的选择。

“熔炉论”只认可一种生活方式，这在改革开放之前的高度的一元化价值控制下，生活方式的一元化非常明显：一元的思想，同样的话语，一样的行为，甚至服饰、发型都保持统一。这并不是说，人们都想一样，而是

---

① 魏明德：《全球化与中国——一位法国学者谈当代文化交流》，商务印书馆 2002 年版，第 35 页。

不允许有差异。生活方式的主流是无产阶级的，比如说在服饰上，要大家都穿中山装，如果有人穿西装，那一定被指责为资产阶级的生活方式。无产阶级的生活方式是大家都喝“大碗茶”，如果有人喝咖啡，那一定是“小资情调”，必须被无产阶级所批判和改造。

按照多元文化主义的预设，人类社会中的各种族、各民族、各群体的文化都是平等的，它们只存在差异，无优劣之分。若用多元文化主义来推论，既然任何文化都是平等的，那么任何生活方式都应平等对待，受到尊重。于是乎，堕胎文化、吸毒文化、性自由文化、摇滚文化、同性恋文化和其他形式的另类文化都可以被看作是一种生活方式，因而都可以用多元文化主义为其辩护，承认其平等性。① 新保守主义认为，如果说生活方式只是个人的行为偏好，没有优劣，等于人为地取消了价值标准，造成良莠不分、善恶不明、道德沦丧。这一批评一语中的。

生活方式的差异是事实。在多元文化背景下，差异的生活方式存在着冲突，解决冲突，走向共生，既要坚持承认与平等的原则，又要坚持以科学文明的生活方式引导的原则。承认不同的民族、种族、阶级、阶层和个体，具有不同的生活方式，尤其是对少数民族、亚文化群体、弱势社会群体的“承认”，就是尊重他们的差异性，承认他们的平等地位，承认不同文化的平等价值，并给予所有社会文化群体以平等的政治、社会和文化的权利。但我们还需要注意的是，生活方式是一个价值范畴，有先进与腐朽之分，那些符合社会发展要求的、有利于实现人的全面自由发展的生活方式，是生活方式发展的正确方向。在这一方向的指导下，我们提倡生活方式的多元、平等与尊重。失去了这一方向，生活方式的多元发展，必然导致生活混乱、价值无序和道德沦丧，这是我们需要时刻警惕的。

提倡科学文明的生活方式的引导，并不是走向一元化的生活方式，也不是对其他生活方式的压制。科学文明只是生活方式的方向，在这个方向下，可以有多元化的选择，从而实现“和而不同”的和谐社会的理念。

① 多元文化主义，http：//baike. baidu. com/view/421314. htm ?fr=ala0.

第二章　多元文化背景下中小学生的学习生活方式

虽然说所有的生活都是个体发展的资源，但对青少年学生而言，学校生活是有目的地为他们设置、促进他们发展的专门化生活。学校生活的组织性、计划性和系统性，是其他社会生活所不能比拟的。对学生来说，学校生活并非他们唯一的生活，家庭生活、同辈群体生活以及社会文化生活，对他们的成长都有不同的影响，但这些与学校生活具有明显的差异。[①] 学校生活是促进学生发展的主要资源，尤其是现代社会，学生的成长越来越离不开学校，学校生活在一定程度上决定了学生发展的水平和程度。

毫无疑问，学习生活是学生的主要生活。但我们在查阅文献时，惊讶地发现，关于学习生活及学习生活方式的研究少之又少，很多研究者都把精力放在学生的交往、闲暇、消费、体育锻炼和社会文化生活方面，把学生发展中的问题归因于家庭、社会环境、同伴群体等。我并不是说这种归因不正确，而认为这只是问题的一个方面，对教育工作者而言，更核心的问题是应该关心学生在学校的学习生活。

一、多元文化与学习生活方式

（一）学习生活方式

中小学生的学习是专门化的学习，即学校的学习。学生在学校的学习，是在教师的指导下，有目的、有计划地

① 全国十二所重点师范大学联合编写：《教育学基础》，教育科学出版社 2002 年版，第 207 页。

学习知识、技能，发展智力、体力，形成良好的思想品德和行为习惯的过程。

学习生活是一种在教师指导下的生活。这是学生的学习生活与一般人的学习生活最大的不同之处。一般人也要进行学习，但这种学习多是一种自发的自我探索的学习，缺乏教师的指导。学生的学习是在教师的指导下进行的，教师有责任激发学生的学习动机，帮助他们制订学习计划，指导他们学习，并评价他们的学习结果。

学生的学习，是教育者专门为学生设置的一种学习情境，并根据教育目标精选特定的学习内容，有目的、有计划地组织的学习活动。

学生的学习以提高自身的素质为目的。学生的学习依靠认识过程，但又不是仅仅认识客观事物，而是通过认识促进自身的发展。学生的学习要获得某种身份证明（如各类证书、学历），但这只是某种工具性的收益，获得自身发展才是学习的根本。

学习，对学生来说，是极其重要的生活内容，这种生活在性质上是一种精神生活。虽然学生的学习要借助一定的技术手段和工具，要消费和利用学习资料，但它们都是为促进学生发展、满足学生成长需要服务的。我们既要看到学习生活对学生成长的重要性，又要看到它只能满足学生的部分生活需要的局限性。学生的学习作为一种精神生产活动，属于非日常生活。当代教育改革提出“回归生活”，并不是把教育与日常生活相等同，而只是说，作为教育的非日常生活要根植于日常生活。

我们常常把“学习”与“生活”割裂开来，看作两个不同的方面——学习是学习，生活是生活，学习与生活是两码事，这是一种错误的认识。学习是人的一种重要生活，因为人的发展具有未完成性，只有通过不断学习，才能发展自己、完善自己。学习是人持续发展的需要，也可以说，学习是人的“天性”。学习生活作为一个专门的生活领域，学习生活方式是学习生活过得怎么样的方式，不完全等同于学习方式。

根据前一章对生活方式的界定，结合对学习生活的以上认识，我们认为，广义的学习生活方式，是指主体在“生活即学习”、“学习即生活”状态下的一种生活方式，是主体在某个特定情境下，促使其产生某种经验、能力倾向和行为变化的学习方式和行为特征。狭义的学习生活方式，特指学生在学校的学习生活方式，是学生在学校生活中，按照教育目标的要求，在教师的指导下，提高自身素质的活动形式与行为特征。

如同学习目标是促进个人的发展一样，学习生活方式也是为促进个人发展服务的，这是学习生活方式区别于其他生活方式的本质所在。尽管其他生活方式也能促进人的发展，但不一定都是直接的、有目的的，如劳动生活方式首先是满足人的物质生活需要，促进人的发展只是附带的。学习生活方式是以促进人的发展为直接目的的活动方式，学习生活方式的选择、设计都必须考虑人的发展规律、个体的学习需要等。

作为生活方式的下位概念，学习生活方式同样包含四个要素：

（1）学习生活主体：各异的学习者。学生是学习的主体，教师起引导作用。学生是学习主体，表现为学生有学习和发展的需要，有学习的意识、学习的愿望和内在动机，有学习的目标和理想。一句话，有内在的学习需求与动力，这是成为学习主体的关键。学习主体是各异的，不仅表现为学习需要、动机、目的的不同，以及学习兴趣、爱好、能力、倾向的差异，而且还表现为民族、种族、性别、阶层、家庭、语言、宗教信仰等方面的差异。虽然这些是外在的因素，但都会对学生的学习生活产生一定的影响。

（2）学习生活场域：学校生活。学校生活是教育者根据一定社会的要求和学习者身心发展的规律，有目的、有计划和有组织地创造的、旨在为学习者提供的一种专门化学习生活。学校生活的目的是为学生发展服务的，是教师按照社会的要求为学生提供的，具有计划性、系统性。学校生活应该具有教育的属性，以促进学生发展为根本，但现实中也会存在偏离“教育”的学校生活和摧残学生身心发展的“教育”生活。前者如学校的社会化、行政化，后者如升学主义的应试教育，这些作为现实的学习生活场景，异化了学习生活方式。

（3）学习生活资料：教育影响。教育影响即学习活动中影响学习者发展的全部信息，既包括信息内容，也包括选择和传播信息的形式。在内容上，主要指以符号形式呈现的、以间接知识为主的学习内容；在形式上，主要指学习途径、方法和手段。学习内容是教育者和学习者互动的媒介，也是学习者实现自身发展的凭借。这一媒介与其他发展媒介的不同，在于它是根据一定的教育目标和学习者身心发展的规律，从浩瀚的人类文化中挑选出来的文化精华，具有简约性和典型性。学习方法、手段、途径是学习者进行学习活动的工具，是为配合学习者有效学习而选择和设计的。

（4）学习活动方式：学习方式。学习生活的外在表现形式就是学习方式（learning style）。对于什么是学习方式，目前学术界的解释并不完全一致。大多数学者认为，学习方式是学生在完成学习任务过程中基本的行为和认知取向，反映学生倾向于以什么样的行为和认知方式去完成学习任务。学习方式因学习活动类型的不同而不同，例如，可以把学习活动分为机械学习和有意义学习，有意义学习又可以分为有意义的接受学习和有意义的活动学习、有意义的发现学习等，因此，就有机械学习的方式、有意义接受学习的方式、有意义活动学习的方式、有意义发现学习的方式。另外，可以根据学习生活中学习者的状态而定，这样的学习方式有两种：一种是反映学习者被动状态的，如接受学习、死记硬背、机械训练等被动学习方式；一种是反映学习者主动状态的，如自主学习、探究学习和合作学习等主动学习方式。新课程改革所倡导的学习方式转变就是要从被动学习方式转变为主动学习方式。

学习方式是学习生活方式的外在表现，是可以观察的学习生活方式的行为特征。因此，在行为特征上，学习方式可以代表学习生活方式，但这并不是说二者是等同的。由于学习都是指向某方面的学习，如知识学习、技能学习、情感学习、问题学习、活动学习等，某种学习方式只是适合特定类型的学习活动，所以，每种学习方式有其合理性，也有其局限性，没有全能的学习方式。即便是新课程改革提倡自主学习、探究学习、合作学习，也不否定接受学习的价值。接受学习尤其是有意义的接受学习，在保证学生获得系统知识方面，其作用是独特的。因此，对学习方式而言，我们要做的是变单一为多样，为每种活动、每个学习者找到适合的学习方式。

每个学习者由于知识背景、经验积累、能力倾向、个性风格不同，必然会有不同的学习方式，关键在于承认和尊重学习者的多种差异和各种学习方式的等价性，选择适合的个性化学习方式，这就是每个学习者的学习风格。学习风格是个人学习方式的偏好，“指某个学生在教学中通常喜欢采用的学习方式”。[①] 学习生活方式具有稳定性和个性，所以，学习风格是成熟的学习生活方式的表现。

（二）适应文化差异的多元学习生活方式

学校、班级是一个小社会，在学校和班级中同样存在着文化的差异。大致来说，学校中的文化差异主要表现为：

（1）种族、民族的文化差异。以美国为例，2000年，美国有75%的人口为白人、12%为非裔美国人、4%为亚裔与太平洋岛屿的居民、1%为美国的原住民、2%为混种、6%为其他的种族。美国有86%的人说英语，14%的人说英语以外的语言。[②] 据美国国家教育统计中心估算，2000年学校的少数族群学生数量为30%，2001年增加到38%，到2002年，学校中的少数族群学生数量达到46%，而且这种增长还会持续下去。[③] 我国种族差别不明显，但民族差异明显，尤其在民族地区，各民族杂居共处，每个民族都有自己的文化和传统，存在着一定的差异。

（2）阶层的文化差异。以前中国有阶级成分的差异，这种以政治为标签的人为划分，已经成为历史的陈迹。多元社会，阶层的差异是客观存在的。国内有学者以组织资源、经济资源和文化资源的占有状况为标准划分了当代中国社会的十个阶层：国家与社会管理者阶层、经理人员阶层、私营企业主阶层、专业技术人员阶层、办事人员阶层、个体工商户阶层、商业服务业员工阶层、产业工人阶层、农业劳动者阶层和城乡无业失业半失业者阶层。不同阶层的利益不同，在社会中的地位不同，其主导的文化有差异。某一强势阶层的文化可能成为主流文化，迫使其他阶层接受该阶层的文化。学生的阶层文化，通过其父母的身份表现出来。

（3）城乡的文化差异。城乡差异是中国族群中最大的差异之一，这种差异是由历史造成的，不仅表现在经济发展和资源的占有上，而且也表现在文化资源和文化政策上。由于城市化是现代化的重要表现，现代化的过

---

① 钟启泉主编：《教育方法概论》，华东师范大学出版社2005年版，第132页。

② James A. Banks，Cherry A. McGee Banks主编，陈枝烈等译：《多元文化教育：议题与观点》，台湾心理教育出版社2008年版，第71—72页。

③ 孟凡丽：《文化适应性教学探析——以美国多元文化教学策略为例》，《新疆师范大学学报》（社会科学版），2006年第3期。

程就是农村城市化的过程，它一方面把农村人口转向城市，在都市中从事非农工作；另一方面，使农村生活方式转变为城市生活方式。农村必须以城市的生活方式为标准，这是对乡村文化的浸淫。由于城市化是现代化的发展方向，所以，我们的文化和教育政策都是基于城市文化而制定的，反映了城市的生活方式和价值取向。例如城市儿童在书面语、普通话方面都优于农村儿童，教学和考试采用的都是书面语、普通话，这显然不利于农村儿童。

（4）性别的文化差异。性别不只是一个生理概念，还是一个文化概念，有时候还是一个政治概念，比如争取男女平等。男女“平等”只能是有限的平等，“即使其他方面均为平等，男性也还是一定会表露出‘阳性’的心理特质（譬如自信自负、咄咄逼人、坚定不屈、擅长说理、逻辑思维能力强、抽象分析能力强，以及控制情感的能力强等），而女性在其他方面一律平等下，也还是一定会呈现出‘阴性’的心理特质（譬如温柔、谦逊、慈爱、亲切、无私利他、善解人意、体贴他人、直觉过人或感觉机敏等）”。[①]社会依据男女的不同特质赋予其不同的文化期待和行为要求。所以，在文化意义上，性别是社会文化建构出来的分别与区隔。

（5）特殊学生的文化差异。西方多元文化中的特殊学生多指身心有障碍的学生，如智能障碍、视觉障碍、听觉障碍、肢体障碍、语言障碍等。在我国，除了这些身心残障的学生外，还指社会身份特殊的学生，比如家庭离异的学生和单亲家庭的学生、城市流动儿童和农村留守儿童，以及“差生”或“后进生”等，他们与正常儿童之间存在着一定的文化差异。

基于适应文化差异的认识，美国学者斯莱特（Sleeter，C.）和格安塔（Grant，C.）提出了多元文化教学的七项基本要求：

第一，要相信不同文化学生的认知能力。来自不同文化背景的学生，有不同的心理禀赋，他们有能力学习复杂的教材，并发展自己独特的认知策略。第二，教学要因学生的学习类型而异。每位学生都有独特的学习形式，教师需要帮助学生去发现他们自己的学习形式，并根据学习形式设计课程，以使学生能有效地学习。第三，要注意运用多样化的教学活动。教

① 谭光鼎、刘美慧、游美惠：《多元文化教育》，台湾高等教育出版社 2008 年版，第 89 页。

师要根据学生不同的文化背景开展教学活动，帮助学生发展他们的概念图式。第四，对所有学生抱有很高的期望水平，教师对不同文化背景的学生持有较高的期望水平是学习机会均等的先决条件。第五，提倡合作思考。合作思考的教学对于不同文化背景的学生学习态度有着积极的意义。第六，坚持两性平等。教师在教学中通常对男生的反应有较大的反馈，这种性别歧视虽然通常是无意识的，但也因此造成学生学习机会的不均等。第七，形成学生积极的学习概念，尤其是注意提升非主流文化背景的学生的自我概念，增强他们的自信，使他们积极参与教学活动。①

多元文化教育就是要挑战并拒绝文化偏见和歧视，接受并肯定来自于种族、民族、性别、阶层、语言、信仰以及特殊性方面的多元文化，认为学生的学习方式必须与其文化相适应，为每个学生提供适合他们文化特质的学习生活方式。为此，西方学者提出了“文化回应教学”的观点，认为教学应该尊重差异，提升所有学生的学习动机，创造一个安全、包容、尊重的学习环境，提升弱势族群文化的合法性地位，促进社会的正义与平等。按照这种认识，教学应该依据学生的文化差异，以学生熟悉的母文化为中介，以因母文化而产生的学习模式为框架，实施适应性教学。②

多元文化背景下，学生的学习生活方式应该是多样的。具体多样的学习方式有如下特征：

（1）学生要有一种积极的自我概念、自主意识和批判能力。我们通常把多元文化教育看成针对弱势族群而言的，其实，一旦我们这样认为，就已经在心目中确立了哪些是强势族群、哪些是弱势族群。试图让强势族群让位，这是非常艰难的过程，不仅强势族群不会主动让位，而且对弱势族群来说，自我定位为弱势可能使他们失去竞争的勇气。所以，对弱势族群而言，要增强他们的自信，相信文化之间只有差异，没有强弱和高低，每种文化作为其生活的反映，同样具有存在的权利。只有增强弱势族群中个人的自我概念和自我意识，充分肯定自己的文化，才能有对自己文化的热爱和对强势文化的抗争。对于弱势族群而言，不仅要争取自己文化的合法

① 转引自郑金洲：《多元文化教育》，天津教育出版社2004年版，第107－108页。

② 谭光鼎、刘美慧、游美惠：《多元文化教育》，台湾高等教育出版社2008年版，第371－372页。

地位，而且要有批判能力，质疑文化偏见和社会不正义。在学习生活中，弱势族群的学生不应该有自卑感，学习成绩的落后与失败，不只是学生自己的问题，更重要的是主流的教学方式无法适合学生的文化特征。

（2）尊重学习生活方式的多样性和平等性。无论是作为强势文化族群或弱势文化族群，多元文化就是使强势放下霸权，弱势增强自信，认识到文化虽然有差异，但没有高低之分，文化之间是平等的，不同族群的人应该尊重彼此的文化，学会相互欣赏，相互接纳，相互学习，取长补短，促进自身文化的发展。多元文化的学习生活方式，必然存在差异，比如男生的理性与抽象思维、女生的细腻与情感丰富，城市学生的现代与开放、农村学生的朴实与谦虚，认知方式和人格上的差异等，没有绝对的好与坏，只有适合与不适合的区别。如同多元智能一样，每个人都有基于自己文化特征的学习生活方式，既不要高看自己的方式，也不要低估别人的方式，我们需要的是发挥所长，相互欣赏、包容、学习并丰富彼此。多元文化教育正是通过正视和尊重文化差异，强调机会均等，帮助弱势族群发展一种正向的态度，促进社会的公平正义。

（3）个性化的生活方式和可选择的教育生活。按照文化人类学的观念，文化在广义上就是生活方式。文化的多元化，肯定人的生活的多元化和价值，也就肯定了人的生活方式的多元化。只有适合每个人的生活方式，没有最好或最坏的生活方式。学习生活方式更是如此，各个人的文化背景不同，基于各个人不同文化背景所形成的认知方式、人格特征自然也不同。学习方式必须适合个人的特征，才是最有效的、最适宜的。所以，适应多元文化的学习生活方式必然是个性化的方式。多元文化，尊重文化的差异和多样化的学习生活方式，打破了划一性的模式，为每个人的学习生活提供了多样性的选择和发挥创造性的巨大空间。

（4）平等的互动与合作学习。多元文化不是一种孤立的文化相对主义，既不是贬你褒我，也不是互不沟通，而是一种基于平等基础上的互动、交流与合作。在多元文化学习中，一个人不走出孤立的自我，即便是置身于多元文化环境下，也无法感受多元文化的存在，依然是一元文化中的“孤独者”。多元文化中的学习，就是要相互学习，相互分享，了解他人，发展自己。因此，多元文化学习倡导合作学习的方式。合作学习的目的“是促成不同文化背景或享有不同文化的学生充分沟通，在沟通与交往中认识不同的文化，形成新的认识”。[①]在合作与交流中，相互了解，减少偏见和刻板印象，培养良好的群际关系和跨文化的适应能力。

二、中小学生学习生活方式的实然判断

我们对中小学生生活方式的实然判断主要基于课题组的问卷调查和访谈。[②]我们选择江苏省作为本次调查的范围。之所以选择江苏省，除了研究者所在的单位在江苏省，调研比较方便外，更主要是考虑到江苏省作为南北差异比较大的省份，苏南可以代表发达地区，苏北可以代表欠发达地区。可以说，江苏省的南北差异基本能够反映我国当前的情况。调查以整群随机分层抽样的方式，选取苏北、苏中、苏南的 11 所小学和 14 所中学，对 2100 名学生进行了问卷调查，回收有效问卷 2091 份。其中男生 1026 人，女生 1065 人，小学四、五、六年级学生 1033 人，初中七、八年级学生 690 人，高中一、二年级学生 368 人。调查取样覆盖了重点学校与非重点学校、城镇地区学校与农村地区学校，样本分布具有较强的代表性。

为了反映全国中小学生的学习生活方式状况，我们的判断还依据共青团中央调研组在“素质教育系统调研”中发表的《关于青少年学习与生活的调研报告》[③]和中国青少年研究中心发布的《2005 年中国中小学生学习与生活状况调查报告》。两个报告基于同一个调查，调查的范围为北京、上海、广东、云南、甘肃和河南 6 个省（市），代表了中国东部、中部和西部地区，调查共发放问卷 2420 份，其中小学生问卷 720 份，中学生问卷 1200 份，职高生问卷 500 份。调查对象涉及小学四、五、六年级，初中一、二、三年级，普高二、三年级，职高二、三年级的学生，涉及学校 60 所，其中农村学校和城市学校各 30 所。

---

① 郑金洲：《多元文化教育》，天津教育出版社 2004 年版，第 128 页。

② 参与本课题组调查的有冯建军、郝永贞、马多秀、王亚琼、白莲莲、提秀雷、柴华丽，其中郝永贞负责学习生活方式的调查和报告初稿的撰写。

③ 共青团中央调研组：《关于青少年学习与生活的调研报告》，载素质教育调研组编：《共同的关注——素质教育系统调研》，教育科学出版社 2006 年版，第 114－134 页。本书在引用该文献时，简称为“共青团中央调研组的报告”，不再一一注释，特此说明。

另外，我们还参考在“素质教育系统调研”中国家统计局调研组发表的《中小学学生学习生活状况专项调查报告》，[①] 该调查在全国范围内共调查410所中小学，其中中学305所，小学105所，共发放学生问卷41595份，其中小学生问卷10175份，中学生问卷31420份。调查对象中居住在城市的有74%，居住在农村的有26%。

现根据调研的情况，对中小学生学习生活方式的四个要素分述如下：

（一）学习主体的状态

学习动力系统是由学习动机、学习兴趣、学习态度等各种非智力因素组成的。这一系统一般不直接介入学习，而是激发学习的积极性，挖掘学习的潜能，调节学习活动的进行，具有调动、定向、引导、维持、调节、强化等功能。稳定、积极的学习动力系统能够有效地调节学生的学习心理，使学习处于最佳状态。

1. 学生的学习动力主要来源于外部

心理学家普遍认为，学习动机是学生学习活动的主观意图，是学生为追求一定目标而产生的内在动因。内在需要是学习的主要动力，学习活动只有基于内在的动因，才能把学习作为一种生活必需，产生一种内在的向往和需要，感受到一种快乐，有一种持久努力的性向。调查显示，学生学习排在前三位的动力分别是考大学（32.0%）、为祖国学本领（23.8%）、达到父母的期望（15.7%），可见，大多数学生学习的动力主要源于外部，29.0%的学生明确表示对学习不感兴趣，出于学习兴趣的占13.4%。国家统计局调研组的调查也显示，小学生学习兴趣比较高，“有兴趣”的占72%，“一般”的占27%，只有1%的“没兴趣”；但到了中学，对学习“很有兴趣”和“比较有兴趣”的学生不足一半，1/5的中学生对学习感到枯燥和厌烦。中学生对学习不感兴趣的比例要大于小学生，这是因为随着学段的升高，学习科目越多，学习越难、越紧张，学生感到压力越大，学习的兴趣自然降低，体会不到学习的乐趣。加之应试教育这个特殊的背景，使学生和家长都认为，上学就是要考大学，考不上大学，上学没有多大意义。

① 国家统计局调研组：《中小学学生学习生活专项调查报告》，载素质教育调研组编：《共同的关注——素质教育系统调研》，教育科学出版社2006年版，第135－144页。本书在引用该文献时，简称为“国家统计局调研组的报告”，不再一一注释，特此说明。

团中央调研组的调查显示，91.7%的家长都希望自己的孩子获得大专以上的学历，其中54.9%以上的父母希望孩子能读到博士学位，可见大多数家长对孩子学习的期望就是读大学。可以说，单一的升学目标和过重的课业负担，使大部分学生为升学而学习，一旦升学无望，自然就失去了学习的动力；一旦升上学，实现了目标，也失去了学习的动力。所以，我们常常可以看到，有些发奋读书的中学生到了大学就变得懒散起来，不时出现逃课的现象。

2. 学生学习的乐趣与学习状况密切相关，绝大多数学生存在程度不同的压力

"你在学习中感到最高兴的是什么"，我们的调查显示，最快乐的事是和同学一起学习（26.85%），其次是成绩好而得到老师表扬（25.11%），再次是发现自己感兴趣的内容（24.38%），最后是学到了知识（23.66%）。《2005年中国中小学生学习与生活状况调查报告》表明，42.4%的中小学生因"学习成绩提高"而感到快乐和幸福，57.6%的中小学生因"学习压力大"而苦恼。中小学生对快乐和苦恼的体验普遍都与其学习状况关系密切，学业上的成功往往是他们快乐的主要源头之一，同时学业上的压力和失败往往也成为他们烦恼的主要源头之一。我们的调查显示，有时有压力但可承受的学生占62.2%，经常有比较大的压力的学生占14.0%，压力大得快崩溃的学生占4.5%，三者合计80.7%；基本上没有压力的学生仅占19.3%。绝大多数中小学生存在不同程度的压力。另有研究表明，从压力来源强度排序看，来自学习方面的压力所占比例最高，达80%，学习压力仍然是中小学生的主要压力。[①] 团中央调研组的调查同样显示，升学是中小学生最担忧的事，而且担忧的人数随着学段的升高而增长，城市学生对升学考试的担忧明显高于农村学生。这是因为农村学生升不了学还可以回乡务农或外出打工；但城市学生一旦升不了学，生存都显得困难。加之农村父母对孩子的升学期望也没有城市父母那么强烈。

3. 学生学习的外在动机随着学段的升高而增强，学习的乐趣随着学段

① 李文道、钮丽丽等：《中学生压力生活事件、人格特点对压力应对的影响》，《心理发展与教育》，2000年第4期。

的升高而降低

从学生学习的内在因素——学习的兴趣来看，表 2-1 显示，随着学段的升高，学生的学习兴趣逐渐降低，小学为 15.3%，初中为 13.6%，高中为 6.1%；考大学的外在动机却随着学段的升高呈直线上升趋势，小学为 21.7%，初中为 30.5%，高中为 71.2%。学习的内在动机随年级升高而逐渐减弱，外在动机却不断增强。

表 2-1　学习动力的主要来源

	考大学	对学习感兴趣
小学	21.7%	15.3%
初中	30.5%	13.6%
高中	71.2%	6.1%
$x^2=317.45$　$p=0.000<0.01$		

表 2-2 显示，有 9.48% 的学生从来没有在学习中体会到乐趣，经常和总是能体会到乐趣的比例总和为 46.80%。不同学段学生的回答呈现出显著差异（$p<0.01$），随着学段的升高，经常和总是能体会到乐趣的比例在降低，而从来没有体会到乐趣的比例在上升。由此可见，低学段学生从学习中获得的积极情感体验最多，高学段学生从学习中获得的积极情感体验最少，这跟学生学习压力的变化是一致的。也可以这样认为，学生的学习压力越小，学习乐趣越大，反之，学习压力越大，学习乐趣越小。

表 2-2　对“你体会到学习的乐趣了吗”回答统计结果（%）

	从来没有	有时有	经常有	总是有
小学	6.22	34.17	38.44	21.17
初中	7.86	50.51	33.19	8.44
高中	24.13	61.59	13.33	0.95
总体	9.48	43.72	32.90	13.90
$x^2=278.380$　$p=0.000<0.01$				

学生在学习中感到最高兴的事情随年段变化也有差别（$p<0.01$）（见表 2-3），随着学段的升高，选择“成绩好而受到老师表扬”和“发现自己感兴趣的内容”的比例在逐渐增加，而选择“学到了知识”和“和同学一起学习很快乐”的比例在逐渐减少。

表 2—3　对“你在学习中感到最高兴的是什么”回答统计结果（%）

	成绩好而得到老师表扬	发现自己感兴趣的内容	学到了知识	和同学一起学习很快乐
小学	23.53	16.71	27.64	32.12
初中	25.07	30.47	20.12	24.34
高中	30.57	37.26	17.83	14.33
总体	25.11	24.38	23.66	26.85
$x^2=108.721\quad p=0.000<0.01$				

4. 在学习乐趣方面，城市学生优于农村学生

城市学生选择“经常和总是能体会到学习乐趣”的比例总和是49.46%，而农村学生则是40.04%，二者相差大约9个百分点，城市学生从学习中获得乐趣的比例高于农村学生。最可能的理由在于城市学生所享有的教育资源比农村学生丰富，他们的学习环境、学习手段、学习方式优于农村学生，从而使学习变得有趣，能体验到更多的快乐。农村学生尤其是在县中学习的学生，他们的学习生活非常艰苦，承受着更大的压力，他们除了学习还是学习，而且学习只限于与考试相关的教材、教辅，没有娱乐生活，所以，学习感到枯燥、无趣。城市学生一般不住校，回到家里能够感受父母的关爱，有时候还能利用学习的间歇看会儿电视、上上网，生活并不是很单一，还有些生机。

（二）学习环境的状况

中小学生学习生活的环境包括教育的大环境，也包括学校、班级的小环境。教育的大环境尽管近些年来政府大力推行素质教育，但应试教育还是没有得到根本的改观，表现为学校频繁考试、作业过多、学生学习负担过重；从微观上看，近年来推行新课程改革见到成效，课堂教学起了一定的变化，学生对此有较大的满意度。

1. 多数学校考试频繁，学生学习的大环境依然由应试教育主导

考试对于中小学生来说，可以说是学习生活中最重要的活动。大多数中小学生都认为，考试能够促进学习，但没有必要进行频繁的考试。对每周考试次数的调查显示，每周考试1～2次的为51.55%，3～4次的为

10.48%，4次以上的为4.49%，几乎不考试的为33.48%（主要在小学中、低年级）。城市学生和农村学生的回答没有差别。从所处的学段来看，小学、初中、高中每周考试频率存在显著差异（$p<0.01$）（见表2-4），呈现随着年级升高考试次数逐渐增多的特点。高中阶段考试频率最高，次之是初中阶段，小学阶段的考试频率相对较低。

表2-4 对“你所在班级每周的考试次数”回答统计结果（%）

	几乎不考试	1~2次	3~4次	4次以上
小学	39.85	49.11	8.14	2.90
初中	29.93	55.18	8.91	5.99
高中	19.62	51.90	21.84	6.65
总体	33.48	51.55	10.48	4.49

$x^2=95.441 \quad p=0.000<0.01$

团中央调研组的调查也显示，有52.2%的中小学生认为学校把提高升学率作为主要的任务，这种看法在毕业班中比例非常高，小学六年级有这种看法的为40.2%，到初三就达到了60.9%，高中则为73.9%。城乡学生无显著差异。

2. 考试排名现象普遍，但学生对排名的认识不一

从对“考试排名”情况的回答来看，每次考试都排名的有21.32%，只有大的、重要的考试才排名的有56.98%，从不排名的有21.70%。由此可见，考试排名在中小学仍是一种普遍现象。

学生对考试排名的态度怎样呢？65.67%的学生表示对考试排名不反感，34.33%的学生表示反感。可见，绝大多数学生在心理上已经接受和认同了应试教育。通过对不同学段的比较发现，随着学段的升高，认同的比例在减少，反感的比例在增加。尽管教育部门明文规定，不许根据学生的成绩高低进行排名，但考试排名现象还是比较普遍，令人难以想象的是，有不少的学生赞成考试排名。团中央调研组的报告显示，50.1%的中小学生认为，考试成绩是隐私，不应该公开和排名，但仍有49.9%的中小学生认为应该公开成绩，这个比例是一半对一半。为什么有不少的学生赞同考试排名呢？从开放性的回答中，主要有这样几种观点：一是知道自己在班级中的成绩排名，进步多少，退步多少，清楚地认识到自己所处的水平，

便于调整学习计划；二是看到自己成绩的差距，可以更有紧迫感，进一步激起学习的积极性；三是证明自己的学习实力，具有成就感。可见，认同考试排名其实是为了更好地竞争，这也反映了考试竞争是当前应试教育中中小学生学习文化的内核。

3. 多数学生的学习时间和作业量都超过规定的限量

共青团中央调研组的报告表明，很多中小学生每周在校学习的时间超过5个工作日。其中，小学生一周上课时间为五天半的有14.9%，六天的有11.5%，六天半的有6.1%；中学生每周上课时间为五天半的有18.0%，六天的有41.8%，六天半的有11.7%。不少县城中学的住校生，每月只休息一天，通常是回家带些生活日用品，其他时间全部在校上课。

在城市，很多学生周末、假期都在参加各类学习班，其中主要是以提高成绩为目的的“提优班”、“补习班”。各种补习广告无孔不入，在内地，手机会经常接到补习班发来的信息，在香港随处可见车身上的各种补习教育广告，台湾公交车站台上也贴满了各类教育补习广告，学生补习已经发展出一种补习经济。中小学生很少没有参加过补习班的。不仅要参加各类补习班，家长还会买一些教辅书，给孩子布置额外的作业。共青团中央调研组的报告显示，88.4%的小学生父母给孩子布置过额外作业，50.9%的中学生父母给孩子布置过额外作业。虽然中学生的额外作业的比例有所下降，但这并不意味着中学生的负担减轻了，这是因为学校布置的作业已经够多了，学生通常要做到深夜11～12点，家长不忍心再给学生增加压力了。

关于中小学生每天的作业量，教育部有明文规定：小学一、二年级不留书面作业，小学其他年级在60分钟内完成，初中在90分钟内完成。据南京师范大学附属小学2009年11月对本校1140名学生作业完成情况的调查显示，作业时间在1小时以内的321人，占28.16%；作业时间大于1小时小于1.5小时的376人，占32.98%；作业时间在1.5小时到2小时之间的279人，占24.47%。团中央调研组的调查也表明，无论是学习日还是周末，目前中小学生在写作业时间上的超标比例均为一半，2005年作业时间超标比例城乡分别占55.0%、41.3%，其中初中生的超标比例非常大。

4. 学生对班级小环境表现出较高的认可度，对课堂教学和班级的学习氛围较为满意，但满意度随着学段的升高而降低共青团中央的调研报告表明，多数学生对课堂教学给予了极大的肯定。52.8%的中小学生认为课堂教学形式大部分是灵活多样的；56.9%的中小学生认为老师在课堂上的大部分教学内容既能传授知识，又注意培养学生的观察能力和动手能力；76.0%的中小学生认为大部分教学内容能够结合日常生活事例来加强自己对知识的理解；58.9%的中小学生认为老师在课堂教学中没有大量重复课本内容；88.7%的中小学生认为老师鼓励取得进步的学生；79.6%的中小学生认为在课堂上老师经常或有时组织学生进行小组讨论。但必须指出的是，中小学生特别是中学生对课堂教学的满意度随着学段的升高而递减，这不仅意味着学生的要求高了，也反映了中学的课堂不如小学的课堂生动、活泼、有趣。

我们对班级学习风气的调查也显示，有83.49%的学生表示满意和基本满意，不很满意和非常不满意的比例总和有16.52%。这表明，绝大部分学生对班级的学习风气是满意和认可的。但不同学段学生的回答呈现显著差异（$p<0.01$）（见表2−5），从总体上看，低学段学生的满意度较高，而高学段学生的满意度较低。

表2−5　对“你对你们班级的学习风气满意吗”回答统计结果（%）

	满意	基本满意	不很满意	非常不满意
小学	51.17	37.25	7.94	3.64
初中	26.82	51.17	17.06	4.96
高中	20.06	58.60	17.83	3.50
总体	38.39	45.10	12.46	4.06

$x^2=168.359\quad p=0.000<0.01$

（三）学习资料的使用

过去学生获取知识、信息的渠道只有教科书和教师课堂的讲授，比较单一。信息时代极大地扩充了信息来源。调查显示，学生课外获取知识的渠道排在前三位的是教辅书（42.8%）、报纸和杂志（28.0%），网络（21.5%）。可以看出，教辅书依然是学生课外获取知识最主要的渠道。尽管教育行政部门限制学校购买教辅书，但据我们了解，几乎每个学校、每个老师都会给学生订购或推荐教辅书。即便是学校不订购，家长也会自发地购买。从每年开学初书店教辅书的火爆销售场面可见一斑。信息时代，网络成为学生获取知识的渠道，发挥了越来越大的作用。从学生上网的主要目的看，49.0%的学生是查找学习资料，23.2%的学生是娱乐（玩游戏、听歌、看电影等），15.4%的学生是网上聊天。网络之所以没有成为中小学生学习的主渠道，不是学生不喜欢网络，而是受学习时间的限制。中小学生在校除了信息技术课，几乎没有时间接触网络，课余时间有大量的作业要完成，也没有太多上网机会，加之教师和家长认为沉迷网络会耽误学习，因此也限制他们上网，致使网络在学习生活中的作用没有完全发挥出来。

信息时代学习生活资料的最大变化是很多学生拥有了电子学习工具。调查显示，城市学生中有复读机的占65.5%、有MP3的 占35.9%、有电子词典的占40.4%、有U盘的占33.4%、有电脑的占58.5%；农村学生中有复读机的占62.2%、有MP3的占12.7%、有电子词典的占16.3%、有U盘的占4.6%、有电脑的占11.0%。城市学生和农村学生中没有任何电子学习工具的分别占8.0%和21.7%，两者相差将近13个百分点。从总体上讲，城市学生电子学习工具的普及水平比农村要高，城乡差异较大。最主要的原因还在于城乡经济发展不平衡，城市经济发展状况整体上高于农村。家庭经济状况不同的学生拥有电子学习工具的比例也存在显著差异（$p<0.01$），家庭经济水平高的学生比家庭经济水平低的学生拥有电子学习工具的比例高。可见，中小学生学习工具的现代化程度直接与家庭经济水平相关。

教材依然是学生最主要的学习材料。团中央调研组的报告显示，中学生认为当前教材主要存在五个方面的缺陷：实际技能少（50.5%）、不注重能力培养（36.7%）、离实际生活远（30.0%）、不能让学生明白知识的真正意义（30.1%）、不注重学生的参与性（29.6%）。这些问题的存在与素质教育要求的培养学生“实践能力和创新精神”有较大的差距，因此，完善教材内容和呈现方式，还是一项重要任务。

（四）学习方式的表现

学习方式是学习生活可观察的外在表现，也是学习生活方式的核心内容。传统学习方式是教师讲、学生听，教师问、学生答，学生是被动客体。现代学习方式倡导学生是主体，主张自主学习、探究学习、合作学习，因此，现代学习方式强调主动性、独立性、独特性、合作性、问题性、体验性等。我国自2001年实行新课程改革后，提出转变学习方式，那么学生的学习方式转变了吗?

1. 学生学习的主动意识凸显，但不同学段存在差异，随着学段的升高，学习主动性反而下降

调查表明，学生“有时会”、“经常会”和“总是会”预习或自学的分别占50.8%、30.7%和8.3%，三者共计89.8%。只有10.2%的学生基本不预习或自学，说明绝大多数学生在课外会主动预习或自学。在课堂讨论中，有30.0%的学生经常发表自己的意见，16.5%的学生总是积极发表自己的意见，49.7%的学生有时发表自己的意见，只有3.8%的学生从来不发表自己的意见。城市学生和农村学生在课堂讨论中，从不发表意见的分别为3.5%和4.3%，经常和总是积极发表意见的比例总和分别占49.5%和39.6%，二者间不存在显著差异（$p>0.05$）。但是不同学段存在显著差异（$p<0.01$），随着学段的升高，学生自主参与程度明显降低，即小学生参与课堂讨论的程度最高，而高中生参与课堂讨论的程度最低。

2. 学生学习的独立性增强，敢于挑战教师和教材，教师也鼓励学生发表不同的意见

在回答“学习中，你遇到问题怎么办”时，回答先自己思考的占86.1%，直接和同学讨论的占9.6%，直接问别人或看参考答案的仅占4.3%，表明学生逐渐树立了独立学习的意识。在课堂上回答老师的提问，表示按照教材回答的占20.1%，不完全按照教材回答和敢于挑战教师和教材的分别占63.6%和16.3%，两者合计占79.9%。这表明，绝大部分学生都比较相信自己的学习能力，学习的独立性较强，倾向于发表自己的独立见解。团中央调研组的报告还表明，82.6%的中小学生认为教师经常或有时鼓励学生提出问题，而且有78.1%的教师允许学生在课堂上发表与自己不一致的意见。

3. 大部分学生能够找到适合自己的学习方式，学习个性化凸显

每个学生的学习方式本质上都应该是独特的、个性化的。当问及“你是否能够根据不同的学科要求找到自己的学习方法”时，10.1%的学生表示不能，29.0%的学生表示不清楚，60.9%的学生明确表示能，说明大多数学生能够实现个性化学习。

4. 学生的学习合作意识增强，但城乡之间、学段之间存在显著差异

合作性是现代学习方式的一个典型特征。在回答“你经常和同学一起开展合作学习吗”这个问题时，表示有时开展合作学习的占60.3%，表示经常开展合作学习的占25.7%，表示总是开展合作学习的占5.6%，合计占91.6%；表示从不开展合作学习的仅占8.4%。由此看来，合作学习已经成为中小学生学习的一种方式。调查还表明，城市学生和农村学生在合作学习方面有显著差异（$p<0.01$），城市学生中选择经常和总是的比例总和为35.2%，而农村学生的相应比例为22.2%。不同学段学生开展合作学习的情况也呈现出显著差异（$p<0.01$），小学生参与合作学习状况最好，而高中生最差。

卿素兰的一项对我国东部、中部和西部地区中小学生学习生活方式的研究也表明，中小学生采取自主学习、探究学习和合作学习的方式显著高于被动学习的方式。不同维度的对比分析表明：不同地区中小学生各种学习方式存在显著差异，经济发达地区在自主、探究和合作学习方面要优于中部地区和经济欠发达地区，且差异显著，中部地区优于经济欠发达地区；不同学段中小学生的学习方式存在显著差异，在自主、探究和合作学习方面，小学生优于初中生和高中生，初中生优于高中生；在被动学习方面，高中生比初中生和小学生明显。这说明，随着学段的升高，学习的主动性越低，被动性越强。学习方式在性别上也有一定的差异，男生在自主学习、探究学习以及被动学习方面均高于女生，在合作学习方面，没有性别差异。学习方式和学习成绩双向作用，成绩好的学生采用主动学习方式的高于成绩差的学生，同样，采用主动学习方式的学生，其学习成绩要优于采用被动学习方式的学生。①

应该看到，随着基础教育课程改革的实施和深入，学生被动学习的方式有了较大的改观，学习的主动性、独特性、合作性等都显著增强。但还应该注意到，部分学生依然存在被动学习的情况，尤其是一些学生不会主动发现问题、提出问题，虽然很勤奋刻苦，但过分依赖课本和教师，创新精神不够。经常会和总会向老师提出问题的学生占13.5%，而从来不向老

① 卿素兰：《中小学生学习方式的现状分析》，《教育科学研究》，2009年第10期。

师提问的学生占18.8%；学习中不联系实际的学生占60.0%，经常联系实际的只有5.0%；基本不参加社会实践活动的学生占63.5%，经常参加的只有9.1%，大部分学生没有体验生活和锻炼实践能力。学习方式的这些问题既与学生有关，也与教师有关。共青团中央调研组的报告表明，有39.0%的中小学生认为教师在课堂上只要求自己被动地听讲，而很少要求积极思考、主动提问、踊跃参与。34.6%的中小学生认为教师在传授知识的同时，没有注意培养学生的观察能力和动手能力。

（五）学习生活方式的主要问题

从各方面的调查来看，新课程改革后，中小学生的学习生活方式正在发生积极的变化，以学生为主体的现代学习方式已经出现，但也存在不少问题。

(1) 突出地表现为学习的内在动力不足，外在的功利性目的比较强。学习的目的就是为了考大学，而且随学段的升高，功利性目的尤其明显。原因可能是年级越高，越接近高考，在人生面临选择时，学生越会现实地考虑自己的前途以及学习可能带来的结果，学习就越带有一定的功利性。可怕的是，这种功利色彩还有下延的趋势。上高中就是为了考大学、考上好大学，上初中是为了考高中、考上重点高中，以至于升学压力延续到小学，学习本身的意义，渐渐地淡出学习之外。

(2) 学习时间过长，作业量超标，学习负担过重，压力过大，部分学生难以承受，严重影响学生的身心健康。随着新课程改革实施和高等教育大众化，这种情况并没有出现好转，甚至更加严重。应试教育在许多地方依然是支配教育的主旋律：升学率主导一切，地方领导向学校要升学率，学校领导向教师要升学率，教师只好向学生要升学率，学生只有起早贪黑、埋头苦干，教师的题海战术、机械训练自然在“情理”之中。

(3) 学习方式的转变还不彻底，以教师为中心的课堂尤其在落后地区和农村占有较大的比例，学生的主体性发挥还不够，相当一部分学生学习的主动性、独立性不强。这不只是因为教师的理念没有改变，即便是改变了也缺乏实施条件（如班额过大、教学任务过重），或者因为评价方式尤其是高考制度不变，学习方式改变后，在以应试为目的的高考中可能导致升学率的降低。所以，学习方式的变革不只是教师和学生的问题，与教学条件、高考改革等都密切相关。

三、学校生活的同质性与多元学习生活的冲突

这里对学生学习生活方式的问题和原因的分析，不再就某一具体的问题讨论，而是基于多元文化背景下学生学习生活方式的总体表现，分析它与教育取向的矛盾和冲突，以揭示学生学习生活方式问题的根源。

（一）教育标准的一元与多元学习生活的冲突

教育的同质化突出地表现为教育目标或方向是一元化的。这既是教育自身的要求，也是教育现实的反映。

1. 教育代表主流社会的价值

从教育的特性看，现代教育既不是古代个别教育，也不是近代教会教育，而是国家的教育，教育自然代表国家的要求，传授统治阶级期望的主流价值观，培养统治阶级所需要的人。教育的目的、方针作为国家或政党一定历史时期培养人才的要求和教育工作发展的总方向，自然要反映国家和政党的要求。我国自改革开放以来，由价值一元走向价值多元，这是社会的进步，值得充分肯定。但即便是价值多元，也不等于没有是非，不等于“怎么都行”，也不容极端的价值多元论或价值相对主义任意扭曲。美国从20世纪六七十年代的“价值相对主义”回归到80年代品格教育中的“核心价值观”，已经说明价值相对主义的失败。因此，我们虽然要建设大众的、平等的、现代的、多元的和谐文化，但并不意味着要放弃先进文化的引导方向。和谐文化的根本是社会主义核心价值体系，和谐文化就在于以核心价值体系去引领、整合多元文化。任何国家都不会放弃主流意识形态的引领作用，这是国家的本质、国家利益的反映，也是国家团结、稳定的需要。

作为培养人的中介——课程和教材，自然也要反映社会统治阶级的意志或主流的价值，在这个意义上，课程就是合法知识。课程的内容是从一定的文化里选择出来的材料，是体现统治阶层意识形态与价值取向的法定文化，或者说，是由社会建构提供给学校师生使之互动的合法知识。课程和反映在课程中的内容，不可能脱离特定社会的主流价值观和统治阶级的

要求，舍弃这种要求，只能是一种“乌托邦”的不切实际的幻想。

我国的教育，社会依附性和工具化倾向较为明显，无论是教育目的、教育方针、教育政策、教育改革都过度依赖社会的政治经济，教育泛政治化（改革开放前）、泛经济化（改革开放初期），缺少对教育自身的关怀，因此，教育更多的是培养一种政治、经济需要的“工具人”，而不是一个真正的人。“90年代以来，人们在教育本质理解上的最大突破在于，越来越倾向于把人作为教育的出发点，作为目的本身的人，也就是目的人开始在教育中逐步浮现。”① 从工具人到目的人，这是教育目的向“人”的回归，是社会“以人为本”的体现，也是对教育本质的回应。人不是“自然人”，不能忘记其社会性，这一社会性就是社会主流价值观在个体身上的内化。学校培养的人要取得社会的认可，需要参考社会的主流价值观和意识形态，否则便难以为社会所接受。

因此，任何教育都不能不受社会的规限，而任何社会都不可能没有主流的意识形态和价值观。教育在发展方向上必须反映主流社会的价值，这就与多元生活的目标发生冲突。

2. 学生生活被制度化是学校特性的要求

教育从非形式化到形式化，从非制度化到制度化，教育形式的组织化程度越来越严密，形成了制度化教育。所谓制度化教育，是指教育活动被严格限制在学校教育系统之中，并且严格按照学校的一套规章制度来行事，“建立一种具有普遍使命的、结构坚固而权力集中的学校体系”。②

现代学校是制度化教育的典型表征。胡森提出了衡量现代学校的标准：入学和毕业都要经过严格的考试，而且有一定的年龄限制；教学是教师面对所有的学生共同授课；课程是分年级的；管理倾向于日益严密；教学工作在更加中央集权化的规定下变得更为统一。③ 制度化教育中的学校，一方面越来越封闭，排斥非正规教育的因素进入学校；另一方面越来越制度化、标准化、程序化。学校的一切都统一要求，规范管理。规范化、标准化的

---

① 王慧：《工具人的隐退与目的人的浮现》，《中国教师》，2009年第10期。

② 联合国教科文组织国际教育发展委员会：《学会生存》，教育科学出版社1996年版，第199页。

③ 胡森：《教育的目前趋势》，《世界教育展望》，教育科学出版社1983年版，第182页。

管理，使学校生活必然带有强制性，强制学生遵守共同的规范，强制学生学习不感兴趣的东西，强制所有的学生达到同一标准，接受同样的学习评价，限制学生的自由和个性发展。因此，教育就像加工厂，学校就像车间，集体协作生产，保持高度的统一，生产出标准化产品。教师是车间的活动程序控制员，他的职责就是控制生产进程，维护纪律，强化程序。

学校的组织生活是一元的，但学习生活要求是多元的，学生在学校中只能按照一元的生活来进行，与多元学习生活发生冲突。

3. 学业成绩是现实中衡量教育的主要标准

中国当代的教育，如果说什么是教育核心的话，认同度最高的恐怕就是考试，就是成绩。最近北京大学实行中学校长实名制推荐招生，本是满怀希望校长能够“不拘一格降人才”，推荐偏才、怪才上北大，而事实上，推荐俨然变成一场考试分数的大比拼。参与实名推荐的南开中学校长说：“学校这批学生中确实有很多优秀的人才，从内心来讲，我也想推荐那些成绩差一点的、但在某一方面有特长的学生，其考试分数未必能达到北大的录取标准。这样的学生北大敢录取吗？就算录取了，其他学生和家长没有意见吗?”思前顾后，他觉得，唯有分数最有说服力，所以，学校对全年级学生进行排名，最后推荐全年级考试成绩的第一名或第二名。重庆巴蜀中学校长也说，为了公平起见，不能根据校长的个人意愿随意推荐学生，他们制订出一套推荐规则，按学生的考试成绩排名来决定人选。他们推荐的学生分数排名都排在全校第一名或第二名，凭考试分数无可争议地入选。①

中国的家长什么都可以不在乎，但没有人敢不在乎孩子的未来。孩子的未来取决于他在学校的学习，取决于他的考试成绩。所以，父母对孩子的心思都在学习上。共青团中央调研组的报告表明，大多数中小学生的父母都非常重视和关心孩子的学习成绩，对学习成绩和排名的要求较高，经常辅导、检查功课，给孩子布置额外的作业。为了孩子的学习，家长几乎什么都可以做，什么都可以牺牲，包括金钱、时间、精力等。家庭的一切随着孩子的学习而改变，例如为了使孩子上一个好的学校，家长不惜高价

① 中学校长按分数推荐学生上北大感叹身不由己，http：//news. sina. com. cn/c/2009－11－22/014316646389s. shtml.

购买“学区房”（在城市里学区房比同类的房子价格要高出许多），或随着孩子转换学校不停地租房搬迁。由农村进入城市的家庭，为了使孩子有个好的学习环境，有的父母放弃工作专门陪孩子租房学习。可以说，孩子上学期间，一切围绕着孩子的学习转，为了不影响孩子的学习，有的父母连电视也不看，网络也不装。孩子考上了大学，才有了“解放”的感觉。

对于中小学生来说，分数是他们的命根。在调查中，当问及“你通常在什么事情上最容易感到快乐和苦恼”时，回答“学习成绩提高使我感到最快乐，学习成绩不好使我感到最苦恼”的学生超过半数，而且在小学这个回答的比例更大。可见，学生的快乐和苦恼都建立在学习上，学习成为他们唯一的、至少说是主要的生活，学习生活渗透于其他生活之中，连食品、保健品广告，都以提高学习成绩为名。学生学习的目的不是因为知识有趣，或满足好奇心和求知欲，而是能取得好成绩，考个好大学，找个好工作。一个以成绩为根的链条就这样形成了。一个学生可以在奥赛中获得金牌却不热爱他获奖的学科，最终放弃这个学科；连念到博士的人在获得博士这个敲门砖之后都可以轻松地放弃专业从政或经商。[①] 他们看重的只是学习好带来的实惠，对所学内容本身并不感兴趣。

尽管社会生活是多元的，人们可以在未来的生活中有不同的发展，但在一个学历社会，在一个应试教育时代，社会对教育、家长对教育的要求只有成绩。可以说，现实的教育只有一个衡量标准，那就是以“成绩”为考评标准的所谓“能力”。当前学生学习压力大，负担重，择校之风盛行，都根源于为了取得好的成绩。成绩以及最代表成绩的升学率，尤其是考上重点学校的升学率，成为社会甚至是教育行政部门评价学校的主要标准，更是老百姓评价学校的唯一标准。老百姓口碑中的“名校”，就是升学率高，尤其是考上重点学校人数多的学校。

成绩至上，这就是现实教育的一元标准，是校长、教师、家长和学生都不敢违抗的标准，多元的学习生活在这根“红线”前，自然大打折扣。

（二）划一性的教育模式与多元学习生活的冲突

教育的生产方式与社会的生产方式具有一致性。农业社会的手工业生

---

① 杨启亮：《为了生活的教育和为了教育的生活》，《江西教育科研》，2002年第12期。

产使古代教育采用个别化教育形式。工业时代机械化大生产，教育也自然采用了大工业生产的模式。如同托夫勒（Alvin Toffler）所说："正如经济上的统一生产需要大批工人集中在厂里干活，教育上的统一生产过去也需要大批学生集中在学校里学习，随之而来的是统一的学纪、正规的学时、经常的考勤等等。总之，形成了一种求齐划一的压力。"[①] 工业时代的教育，不再是"农业"，不仅不是农业的个体生产，而且也不允许个体生命的自由伸展。它是"工业"，学生处在工业生产的流水线中，以统一的要求、统一的标准、统一的内容、统一的教育方式和方法，塑造着统一规格的人才，把原本独特的生命加工得一模一样，使之成为一个个合格的"标准件"。与农业时代相比，"过去人们比现在自由得多，那时，'自由选择是确实办得到的'。今天恰恰相反，'无论怎样来理解，人们都再也无法行使选择权了'"。[②] 农业时代，个别化的教育形式，为"因材施教"提供着可能。但工业时代，分工协作的集体生产赋予了教育中的班级授课制。班级授课制这种集体教育形式，把学生集体作为教育对象，开辟了从外延上提高教育效率的途径，但把学生集体作为教育对象时，又衍生出统一要求和个性发展的矛盾。

"班级系统被制造成为军事系统。其构造建立在以下假定的基础上：一群'心灵'的成长可以以相同的方式被整顿和控制，犹如一个军官带领一列士兵走方阵一样。在固定的无法忍受的方阵中，每个年级就是一个锁步，在锁步中对齐。锁步就是学生的平均水平——一个代数学的神话式，出自无生命的人物和陈腐的教育学。"[③]

班级授课制作为一种集体教育形式，它面对学生整体授课，无视学生个体间的差异。所以，虽然提高了效率，但它根本上排斥了个性化的要求。可以说，班级授课制把越来越多的学生集中到课堂中的时候，也越来越多地忘记了每个学生的存在。教育面对的不再是一个具体鲜活的生命，而是

---

① 阿尔温·托夫勒著，孟广均等译：《未来的冲击》，中国对外翻译出版公司 1985 年版，第 242 页。

② 阿尔温·托夫勒著，孟广均等译：《未来的冲击》，中国对外翻译出版公司 1985 年版，第 231 页。

③ 邓志伟：《个性化教学论》，上海教育出版社 2002 年版，第 34 页。

从班级所抽象出来的共同特征。“学生的一大积怨是，教育不把他们当作具有个性的个人来看待，教给他们的不是有个性的东西，而是一锅烂粥。”[①]

托夫勒认为，标准化是早期的技术水平（即原始的工业技术或自动化前的技术）必然导致的结果，是任何技术发展过程中必须经历的一个阶段。工业化时代是技术昌盛的时代，“技术时代不仅人限定了事物，而且人本身也完全受制于技术的视野下”。[②] 技术至上使工业社会遵从工具理性、技术理性逻辑，预设、精确、控制、划一、效率是工业生产的特征。教育也因此成为技术控制，技术的程序化、标准化、划一性，抹杀了教育对象的差异，遵从的只有社会的统一要求。从培养目标、课程计划、课程标准、教科书甚至到教学参考书、指导书、学业评价，都由国家统一掌控。教师作为社会的代言人，一方面受制于社会的要求，按照社会的要求循规蹈矩地实施教学，成为社会要求的“忠实执行者”；另一方面，受权于社会，代表社会的要求，成为教育中的霸主，支配着学生的学习生活。有幅漫画的内容是，学生带着方的、圆的、尖的等各种形状的头脑，来到学校，经过教师的教育，都变成了与教师一模一样方方正正的头脑。教育在控制中也因此使学生丧失了个性，失去了创新精神和创造能力。

工业时代的划一性教育，在当今升学主义思想的指导下，使学生朝着一个目标前进，那就是考高分、升学，而不考虑学生的性格、能力、生活经历以及适合做什么。美国学者詹宁斯（R. Jennings）说：“自然界用尽所有的心力，尽可能使得我们的一群孩子秉性各异，自然界不遗余力地把无限的可能性隐藏其中，没有人能够确定或预言这些可能性，但我们对孩子的教育，却往往要根除这种多样性。”[③] 我国近代教育家蔡元培也深有感叹：“教育者预定一目的，而强受教育者以就之；故不问其性质之动静，资禀之锐钝，而教之止有一法……追想及至，令人不寒而栗。”[④] 所以，他强烈呼吁“与其守成法，毋宁尚自然，与其求划一，毋宁展个性”。

① 阿尔温·托夫勒著，孟广均等译：《未来的冲击》，中国对外翻译出版公司 1985 年版，第 239 页。

② 陈山：《痛苦的智慧——文化学说发展的轨迹》，辽宁人民出版社 1997 年版，第 289 页。

③ Coleman，J. S.：*The Adolescent Society*，The Free Press，1961，234.

④ 高平叔编：《蔡元培教育论集》，湖南教育出版社 1987 年版，第 207 页。

多元的学习生活，最终不得不纳入划一性的教育模式中，抹杀了学生多元的差异。

（三）泛平等主义与多元学习生活的冲突

古往今来，平等被世世代代的人们所景仰和追求。从古代西方的“生而平等”到中国的“均贫富，等贵贱”，都包含着人们对平等的向往。

何谓平等？萨托利（Giovarlni Sartori）认为：“平等表达了相同性的概念……两个或更多的人或客体，只要在某些或所有方面处于同样的、相同的或相似的状态，那就可以说他们是平等的。”① 美国学者艾德勒（Mortimer J. Adler）通俗地解释说：“当一个事物在某一认同的方面不比另一事物多，也不比另一事物少时，我们可以说这两个事物是平等的。”② 如此看来，平等就是“无差别”、“等同”、“齐一”的状态或结果。

我们时常把平等的对立面理解为“不平等”，“不平等”意味着“偏见”、“歧视”，因此，多元文化就是要克服对弱势族群的偏见，走向一种各族群都具有同样地位的平等。如此的平等只能限定在一种社会意义上，如权利平等、地位平等，一旦超出了这个限定，争取一种各方面的绝对平等，恐怕就会重新回到以强势族群标准衡量弱势族群的不平等的老路上。

以性别平等为例，“男女平等”意味着男女都应该受到尊重，不应该歧视任何一方，男女都具有同等的权利和地位。如果一旦理解为“男女都一样”、“男人能干的事情女人也能干”，认为女性的能力本来就不输于男性、“男人能够成就的事业，女人也能够成就”，这样的平等，其实已经把女人男性化，即按照男性的标准来要求女性，一切向男性靠齐。它以平等的名义抹杀了男女之间的差异，强化了以男性为中心的群体地位，造成了“不平等”的结果。

将这种平等理念运用到种族、阶层、年龄、特殊儿童等方面，其论调同样如此——“他们能做到的，为什么我们就不能获得”。黑人在100米短跑中的成绩，为什么中国人不能取得？男性60岁退休，为什么非要女性55岁退休？为什么给特殊儿童（尤其是残障儿童）单独安排学校和班级，而

① 乔·萨托利著，冯克利、阎克文译：《民主新论》，东方出版社1993年版，第340页。
② 艾德勒著，郗庆华、薛笙译：《六大观念》，三联书店1998年版，第188页。

不能让他们与正常儿童在一起学习？这些质疑背后隐藏的都是“一样”的“平等”理念。为了“一样”的“平等”，弱势者要向强势者看齐，最后不仅达不到目的，而且使弱势者迷失了方向，失去了对既有标准批判的意识和能力。

马克思指出：“平等，一向指社会的平等，社会地位的平等，绝不是指每个人的体力和智力的平等。”① 社会平等，是人们在社会上处于同等的地位，在政治、经济、文化等方面享有同等的权利。超越了这种平等的范围，把平等理解为素质、能力上的一样，就是一种“泛平等主义”，它不适合多元文化教育。多元文化承认各族群的平等地位，但也承认各族群的独特性以及伴随着独特性而产生的差异性，这不是绝对平等，而是差异平等。

泛平等主义的“平等观”不适合教育。因为教育的对象是人，无论是男人女人、白人黑人、富人穷人，在人性上是绝对平等的，正如美国《独立宣言》所宣称的：“人人生而平等；他们为造物主赋有某些不可让渡的权利。”但人不是抽象的人性，而是具体的，具体的人是有差异的。男女有别，长幼有序，老少有分，这些都是差别，差别既有人自身的生理差别，也有社会差别的体现。社会的差别则与个体的种族、民族、阶层、性别等有关。

诚然差别不是不平等，但不平等往往表现为差别。我们尽可能消除人为的差别，恰恰要尊重的是自然差别。在消除人为差别方面，就是要承认弱势族群在主流社会中构成一种独特的亚文化群体，这些族群与主流族群一样，有相同的地位、权利、机会，不能把他们的文化或生活方式视为缺陷或不正常而排除在参与强势族群的活动之外。

以性别差异为例，多元文化中的性别教育批判以前的“性别解放”策略，因为这种解放策略使教育的任何一个侧面都不考虑性别的差异（为了“平等”），这样的努力反而使女性失去了更多的受教育机会。因此，现在采用一种“性别敏觉”（gender－sensitive）的观点。性别敏觉与性别解放不同，它使人们认识到，在不同时候与不同情境下，我们必须采取不同的策

① 华东师范大学列宁教育文集编辑组：《列宁教育文集》（上卷），人民教育出版社 1984 年版，第 304 页。

略来消除性别偏见、歧视，关注性别差异，促进两性的平等。① 可以说，性别解放策略提倡男女等同，其实是以男性的标准评判女性；性别敏觉则是要承认男女的差异，给予适合各自的教育对待，走向一种差异的平等，这与多元文化的观点是一致的。

我们提倡"因材施教"，但都是基于学生能力差异的考虑，较少考虑学生的民族、阶层、性别等文化差异，甚至为了"平等"的理念，人为地消除这些差异。比如说，全纳教育，本是反对教育歧视和排斥残障儿童，保障他们平等的受教育权利，但并不意味着要他们和正常儿童一样进入普通学校学习，不考虑他们的能力和生理缺陷等特殊性。如此把残障儿童与正常儿童放在一起教育，似乎做到了"平等"对待，其实根本无法满足两类儿童不同的需求，反而对他们都不利。教育要面向每个学生，关注每个学生的发展，并不是要求一种绝对的平等，而是一种适应性的发展。多元文化教育的意义，不是要把弱势族群提高到强势族群的位置，而是要以平等的态度对待他们，尊重差异，各得其所。我们必须走出泛化的平等主义观念，根据学习者的社会文化特征，寻找他们适合的学习生活方式，这才是基于多元文化的教育策略。

四、学习：一种生活方式

从前面对中小学生学习生活状况的调查看，他们的学习并没有真正融入生活之中，成为他们生活内在的一部分。把学习作为一种生活，就是在学习中恢复生活的本性，为生活而学习，在学习中生活，在生活中学习，最终使学习成为一种值得向往和追求的美好生活。

（一）为生活的学习

生活是目的，我们应该"为生活而学习"。但现实中，恰恰存在的却是"为学习的生活"、"为考试的学习"，异化了生活，也异化了学习。

生活是丰富多彩的，但中小学生的生活除了有限的睡眠，几乎只剩下

---

① Young Pai，Susan A. Adler 著，黄纯敏主译：《教育的文化基础》，台湾学富文化事业有限公司 2006 年版，第 166 页。

学习生活，而且学习还不断地挤压着他们有限的睡眠时间，睡眠不足已成为中小学生普遍的问题。生活以学习为中心，学习凌驾于生活之上，主宰着其他生活。学生的生活，包括整个家庭的生活都围绕着学生的学习转，按照学习生活的要求运行，一切的生活、生活的一切被学习生活殖民化，这不仅颠倒了生活与学习的关系，也异化了生活本身。

如果在中小学生那里调查"学习是为了什么"，最多的回答一定是"为了考试"、"为了取得好成绩"、"为了考个好大学、找个好工作"。学习如同一块敲门砖，门开了，砖自然就没有用了。所以，一旦考上了大学，功成名就，万事大吉，就不需要学习了；或者成绩不好、升学无望时，就干脆放弃学习。学习的功用就在于考试，为考试而学习，不考不学，考什么学什么，怎么考就怎么学，什么方法能够短平快地取得好成绩，就使用什么方法，哪怕这种方法损害学生身心健康，压制学生的创造性与想象力，似乎都无所谓。在应试教育的背景下，学习自然是应试学习。当学生沦为考试的机器和奴隶，学习自然成为一种重负、一种漫长的苦役，厌学、逃学现象在所难免。

人的生活是丰富的，只有在丰富的生活中生活过的人，才能够获得完满的人性，而失却生活的完满，只是为了成绩的学习生活，造就的是只会考试的"单向度人"。他们为考试而学习，为成绩而学习，虽然可以考个好成绩，但不热爱学习，他们可能门门优秀（这是升学的必要条件），但对任何学科都没有兴趣。一个接受了十二年教育的高中毕业生，在面临大学的专业选择时，却茫然不知所措，因为十二年的学习并没有使他们发现具有浓厚兴趣的学科和充满强烈探索欲望的领域。

学生的学习离不开成人包括教师和家长的指导，但并不等于把儿童置入成人设计好的模式之中，丧失儿童生活的自身。杜威（Dewey，J.）批判斯宾塞（Spencer，H.）的"生活准备说"，就在于他把儿童看作"成人的未来"，失去了对儿童当下生活的关注。为未来生活而学习的内容，"只是预备而已，结果是，它们并不成为儿童的生活经验的一部分，因而并不真正具有教育作用”。[①] 杜威强调“教育即生长”、“教育即生活”，就是要重视儿童当下生活的应有价值，把儿童当儿童，而不是未成熟的成人。对此，杜威指出：

“当我们不再企图用和成人成就进行固定的比较来解释未成熟状态时，就不得不抛弃把未成熟的状态看作缺乏所需要的特性的见解。抛弃了这种见解，我们也就不得不放弃一种习惯，把教学看作把知识灌进等待装载的心理的和道德的洞穴，看作填补这个缺陷的方法。因为生活就是生长，所以一个人在一个阶段的生活和在另一个阶段的生活，是同样真实、同样积极的，这两个阶段的生活，内部同样丰富，地位同样重要。因此，教育就是不问年龄大小，提供保证生长或充分生活条件的事业。”[②]

以成人的意志主宰儿童的生活，儿童失去了自我，也失去了属于他的童年和生活乐趣，其结果是“儿童所受的痛苦不只是身体上的，在智力上也遭受痛苦。学习是强制性的，充满了厌倦和恐惧，儿童的心智疲劳了，他们变得懒散、沮丧、沉没、对自己失却信心，毫无童年时期快乐可爱的景象”。[③] 学习成了异化人的心灵的力量，教育成了“儿童心灵的屠宰场”。

我们必须使学生走出异化的学习生活，还原生活的丰富性，还原学习的本性，还原儿童的本性，这就是“为生活的学习”。

对中小学生来说，虽然学习是他们的主要任务，但不能简化为唯一的任务。学生的学习不都是书本、课堂的学习，不都是知识的学习。“生活即教育”、“社会即学校”，生活中、社会中蕴含着丰富的学习资源，丰富的生活能够给学生以人生的磨炼、智慧的启迪、健康的体魄、愉悦的心情……因此日本现代教育家小原国芳说：“只有在真正伟大的丰富多彩的儿童生活中生活过的孩子，才能很快成为真正的大人。”[④] 一个人没有经过儿童时代，没有天真烂漫的童年生活，他就没有一个完整的人生，便不能完成人的生活。

---

① 华东师范大学教育系、杭州大学教育系：《现代西方资产阶级教育思想流派论著选》，人民教育出版社 1987 年版，第 7 页。

② 赵祥麟、王承绪编译：《杜威教育论著选》，华东师范大学出版社 1981 年版，第 156 页。

③ 王承绪、赵祥麟编译：《西方现代教育论著选》，人民教育出版社 2001 年版，第 86 页。

④ 小原国芳著，刘剑乔等译：《小原国芳教育论著选》（上卷），人民教育出版社 1993 年版，第 351 页。

生活是目的，学习是实现目的的手段。人的本能欠缺和发展的未完成性，使学习成为人的生活之必需，一个人离开学习，就无法生活。为了生活而学习，才是学习的归宿。学习是一种生活，如同吃饭、睡觉是一种生活一样，没有学习，就无法生活。杜威指出："教育过程在它自身以外无目的，它就是它自己的目的。"① 这不是说教育无目的，而是说教育没有外在的目的，生长本身就是目的，教育的过程就是生长的过程，因此，教育过程本身就是目的。这是基于内在需要的目的，对学习来说，更应该如此，因为学习蕴含着更多的主观性、能动性和选择性。通过学习和考试，取得了好的成绩，考上了大学，找到了好的工作，获取了丰厚的物质收益，无可非议，但这是学习的"自然"收获，不能成为学习的追求、学习的目标，一旦把这些作为追求的目标，学习就会极度功利化。

为生活的学习，是基于生活的学习，它一方面正视学生的现实生活，另一方面又追求一种可能的预备生活，把生活当作一种连续的过程，引导学生从当下的现实生活逐渐走向未来的预备生活。应试教育是为升学作准备、培养"专家"的教育，而不是为生活作准备、培养"公民"的教育。应试教育的内容与生活相脱离，远离社会生活，也远离儿童生活。素质教育应该是生活教育，是为生活作准备、但又不忽视儿童现实生活的教育。"为生活的学习"，是在生活中进行的学习，把学习当作生活，体现生活内容的广泛和丰富，彰显生活的自由、创造和欢乐。

（二）基于生活的学习

当前关于"教育回归生活"有很多的讨论和成果，但诸多讨论都把生活理解为一种内容或场景。教育回归生活主要是教育内容与生活相联系，把与生活密切相关的内容融入教学中。杜威的"教育即生活"也是如此。生活，其实不只作为内容，它还是一个过程（"过生活"），表达一种生存的状态和体验。人在生活中舒展着自己的生命，体验着生命的状态，享受着生命的快活和生活的乐趣。说生活就是说人，说具有灵动生命的主体人。在这个意义上，梁漱溟把生活等同于生命，他说："生命与生活，在我说实

① 华东师范大学教育系、杭州大学教育系：《现代西方资产阶级教育思想流派论著选》，人民教育出版社 1987 年版，第 29 页。

际上是纯然一回事；一为表体，一为表用而已，‘生’与‘活’二字，意义相同，生即活，活亦即生。唯‘活’与‘动’则有别。所谓‘生活’者，就是自动的意思。”“生命是什么？就是活的延续。”① 生活就是生命的亲历性和实践性，是生命的一种自主、自由的伸展，它张扬着生命的个性，体现着生命的灵性和律动。

基于生活的学习，就是基于生命存在状态的一种学习，它注重生活的意义，“关注学习对每一个学生的生命价值，其核心是学生在学习过程中的活生生的体验”。② 因此，基于生活的学习反映生命对学习的内在需要，代表着生命的一种积极、主动、愉悦和持续的状态，只有这样的学习，才能够成为激发生命潜能、完善生命发展的力量。

1. 基于生活的学习，是一种具有内在需要的学习

为了外在的目的而学习，是当前中小学生学习的普遍状况，这是一种工具论的学习，它把学习当作实现外在目的的手段，缺少学习的内在需求和动力，既没有可持续性，也没有内在的动力，使学习沦为肉体和精神的苦役。基于生活的学习，首先是基于生命内在需要的学习。苏霍姆林斯基曾说过：“人的内心里有一种根深蒂固的需求——总想感到自己是发现者、研究者、探寻者。在儿童的精神世界中，这种需求特别强烈。”③ 杜威也指出，儿童有四种天生的本能或兴趣：制作本能、交际本能、艺术表现和探索本能。“儿童生动活泼的生长是依靠这些天赋资源的运用获得的。”④ 人类学的研究证明，人的生命的未完成性、不确定性，决定了学习是人的生命发展的自然需要，人通过学习完善生命，适应社会，更好地生活。所以，人有学习的需要，这种需要是内在成长的需要，不是外人强加给他的。任何需要都具有个体性，一个人的要求不可能转化为另一个人的需要，外在的要求无法深入内心，转化为生命的一部分。如果按照他人的要求来学习，只能是一种机械的行为主义学习，而由内在需要生发的学习，是一种有意

---

① 梁漱溟：《梁漱溟教育论著选》，人民教育出版社 1994 年版，第 263 页。

② 李丽：《追寻学习的生存论意义——兼论学生的需要》，《全球教育展望》，2006 年第 2 期。

③ 苏霍姆林斯基著，周蕖等译：《给教师的一百条建议》，天津人民出版社 1981 年版，第 70 页。

④ 赵祥麟、王承绪编译：《杜威教育论著选》，华东师范大学出版社 1981 年版，第 38 页。

义的学习、一种建构主义的学习。

2. 基于生活的学习，是一种主体性的学习

内在的学习需要是学生探究的动力，好奇心、求知欲和学习动机，都来自于学生对学习的内在需要。所以，具有内在需要的学习，必然能够激发学生学习的主体性。这种主体性表现在两个方面：一是在与教育资料的相互作用中，表现为选择性、自主性、能动性和创造性；二是在与另一个教育主体的交往过程中，表现为主体间性。主体间性不同于主体性，主体性是人对物的改造，以物为手段，实现发展自身的目的；主体间性是人与人之间的交往，交往的双方都是主体，他们通过平等的对话，形成一种尊重、理解、共识的关系。主体性要求学生在学习生活中具有自主学习、探究学习、反思学习的学习方式，主体间性要求学生具有合作学习、对话学习、体验学习、理解学习的学习方式。当前教学中的问题是教师过多地剥夺了学生作为主体学习的权利，因此，把发展的主动权还给学生，把课堂还给学生，成为当前教学改革的强烈呼声。

3. 基于生活的学习，是一种个性化的学习

生命是独特的，每个人都具有不可重复和不可取代的唯一性，都有独特的内心世界、精神世界和内在感受，有自我独特价值的觉识、自我价值和尊严，有不同于他人的观察、思考和解决问题的方式。“生命作为对一种特有的生活方式的肯定而成为标准，它有责任保护和实现自己的形式。”①生活都是个体的生活，是个体生命历程的独特反映。因此，每个学生的学习生活方式本质上都是其独特个性的体现。这只是就个体身心发展差异而言的。多元文化背景下的学生，其学习生活也带有各自所属的文化阶层的特征，促成了不同文化背景下学生学习生活的独特性。所以，基于生活的学习，是面向个体的学习，是基于不同个体多元文化生活的学习，是反映个人学习生活和风格的个性化学习。

4. 基于生活的学习，是一种追寻生命意义的学习

无可否认，知识在当今学校教育中占有重要的地位，离开知识，教育是不可想象的。知识固然重要，但知识不是唯一的。当今的教育，一方面

① 费迪南·费尔曼著，李健鸣译：《生命哲学》，华夏出版社2000年版，第51页。

把知识强调到不恰当的地位，成为教育的唯一追求；另一方面，更在于科学主义知识观，排斥了意义的价值。因为在科学的视野中，只有与客观事物相符合，才是知识。知识是由客观事物本身决定的，与认识主体无关，因此知识是客观的、普遍的、价值无涉的。科学是知识的唯一典范。照此认识，一切超越于现实的理想与追求、价值的选择、意义的理解等都因为它们无法与事实相符合，因为它们与主体的价值有关，而被排除在知识之外。虽然当今是一个重视知识的时代，但重视的只能是科学和技术，而不是人文和价值的知识。胡塞尔（E. Edmund Husserl）批评的科学危机就表现为“科学丧失了生活的意义”。① 从知识的学习到生活的学习，就是要使学习回归到生活的意义世界，在学习中体验生命的意义，感受生活的幸福。人的生活是一种意义生活，人只能在生活中而不能在生活之外体验生活的意义。知识的学习如果无法在学习中获得意义，会变得枯燥、乏味。基于生活的学习，是一种在生活中体验生命意义的学习，只有这样的学习，才能使学习具有不懈的动力，才能使学习具有生趣和活力。

5. 基于生活的学习，是一种可持续的终身学习

基于生活的学习，把学习看作生活的给养、生命发展的手段。生活不断，生命不止，学习就应持续不断，这是基于生命持续性的终身学习。终身学习，在根本上不是应付变化迅速、知识爆炸社会的权宜之计，而是人的生命持续发展的需要。“人永远不会变成一个成人，他的生存是一个无止境的完善过程和学习过程”，因此，“每个人必须终身不断地学习”。② 以终身学习的观点来看待学校中的学习，学校的学习应该为学生进一步学习提供动力，提供学习的方法，使他们“想学”、“会学”，而不只是“学会”。生活不止，学习不断，可谓真正地“活到老，学到老”，学习应该成为我们的“日常生活”，成为一种生活方式、一种生活习惯。

---

① 胡塞尔著，张庆熊译：《欧洲科学危机和超验现象学》，上海译文出版社 1988 年版，第 7 页。

② 查尔斯·赫梅尔著，王静、赵穗生译：《今日的教育为了明日的世界》，中国对外翻译出版公司 1983 年版，第 23 页。

第三章　多元文化背景下中小学生的交往生活方式

现实中的人，不是孤立的、单子式的人，而是处在社会关系中与他人不断地进行相互作用的人。在这个意义上，没有纯粹的“个人”生活，只有“我们”的共同生活，一切生活都可以归为人们之间的交往生活。在学习中与老师、与同学交往，在工作中与同事交往，在家庭中与亲人交往，在社区与邻里交往……交往无处不在，没有不交往的生活，交往成为人们生活最基本、最普遍的一种存在形式，以至于我们不得不说，没有交往生活，就没有社会的存在，也就没有人类自身的发展。

交往生活是人最基本的生活，交往因此成为人的基本生活方式，它不仅决定着人的生存状态，而且决定着人的发展。一个人的发展取决于他的交往关系，以及与之交往的他人的发展。因此，研究中小学生的交往生活方式，对于提高中小学生的生活质量、促进他们的发展具有重要的意义。

一、社会交往与交往方式

（一）社会交往的内涵与意义

心理学把交往称为人际沟通，交往关系等同于人际关系，表示人与人之间心理的接触、情感的沟通和需要的相互满足。社会学把交往看作一种社会互动，交往关系是一种社会关系，通过交往形成特定的社会关系网络，而社会关系又作为一种社会资本影响人的交往行为。信息传播学把交往看作信息的发出与接受、反馈与调控的信息传输过程，交往关系是信息的沟通与交换关系。哲学对交往的理解更趋多元化。马克思把交往看作人的基本生活方式，交往包括物质交往，也包括精神交往，交往关系是多极主体在改造客观世界和物质生产过程中产生的相互联系；哈贝马斯（Habermas）区别了劳动与交往，认为劳动是一种改造世界的目的性行为，交往以语言为中介，通过对话，达成人与人之间的相互理解和共识。语言是交往行为的工具，语言交往是最基本的交往形式，"相互理解"是交往的目的和核心。

不同学科对于交往概念的分析，都有其合理性，但都带有本学科的局限性。心理学注重交往中的情感关系，社会学注重交往中的社会身份和社会资本，传播学注重信息传播的渠道和过程。哈贝马斯把交往理解为协商、对话和相互理解。这些观点都是从一个角度对交往的认识，关注的是交往的某个方面，并没有概括出交往的全貌。马克思对交往的理解具有全面性。马克思指出："在德意志形态中，交往这个术语含义很广，它包括个人、社会团体、许多国家的物质交往和精神交往。"[①] 这意味着马克思的交往概念既包括物质交往和精神交往，也包括个体交往和群体交往。

简单地说，交往是作为社会主体的人或人群共同体之间的社会互动过程。但这种社会互动过程在马克思看来，不是纯粹的主体间活动，而是以生产为中介的。马克思把人类实践活动分为两个方面：一是人对自然的改造活动，二是人与人的交往活动。这两个方面是统一的。人对自然的改造以人与人之间的社会交往为前提，同样，人与人之间的社会交往以对共同客体的改造为中介。对此，马克思明确指出："人们在生产中不仅仅影响自然界，而且也相互影响。他们只有以一定的方式共同活动和相互交换其活动，才能进行生产。为了进行生产，人们相互之间便发生一定的联系和关系；只有在这些社会联系和社会关系的范围内，才会有他们对自然界的影响，才会有生产。"[②]"生产本身是以个人之间的交往为前提的。"[③] 所以，社会交往是人们在改造共同客体的过程中所进行的各种相互作用的活动，这

① 《马克思恩格斯选集》第3卷，人民出版社1972年版，第397页。
② 《马克思恩格斯选集》第1卷，人民出版社1995年版，第344页。
③ 《马克思恩格斯选集》第1卷，人民出版社1995年版，第68页。

种相互作用不是主体之间的直接相互作用，而是不同主体以共同客体为中介，在改造共同客体过程中而产生的相互接触、相互交流、相互合作、相互理解、相互影响，以及相互矛盾与冲突。有学者把交往当作主体与客体的相互作用，即“主体—客体”和“客体—主体”的结构，主客体具有相对的意义。我不同意这种看法。交往是一个“主体—客体—主体”的结构，交往的核心是主体间性或交互主体性，没有主体间的平等互动，一方把另一方置于客体的地位，构不成交往。但马克思的交往实践不同于哈贝马斯的交往行为，就在于马克思所说的交往是有共同客体的，而哈贝马斯的交往直接是“主体—主体”的结构，是一种缺少中介客体的主观交往；哈贝马斯的交往是一种语言交往，以语言为中介，以理解为目的；马克思的交往以物、语言符号、操作行为等为中介，以对客体的改造为目的。

交往概念既是一个活动范畴，又是一个关系范畴。从动态上看，表现为一种交往实践活动，是主体间的互动；正是通过这种互动，实现了人们在物质、信息、情感、思想等方面的交流，形成了一种社会关系。因此，在静态上，交往表现为一种由交往实践活动所形成的社会关系。交往生活方式既包括人与人之间的交往方式，也包括人与人之间的社会关系。

交往是人类社会的存在形式。把社会交往和生产活动联系统一起来，马克思赋予社会交往以本体的意义，将其看作人类社会存在的前提。这不仅因为交往是社会生产的前提，没有交往，就没有社会生产，没有生产，人类社会就无法生存；而且马克思还认为，社会不论其形式如何，都是“人们交互作用的产物”。[①] 交往使人们联结为一个群体，每个人都处在社会联系和关系中，由此构成了人类社会。社会是一个有机体，正是交往把社会中的人有机地联系起来，人们休戚相关，共同生活。社会是由人们彼此发生联系和关系的总和构成的。

交往是形成人的本质的要求。交往不仅是社会存在的前提，也是形成人的本质要求。人本能的有限性，使人必须过一种群体的生活。[②] 马克思指

① 《马克思恩格斯选集》第4卷，人民出版社1995年版，第532页。

② 曰：“人，力不若牛，走不若马，而牛马为用，何也?”曰：“人能群，彼不能群也。”（《荀子·王制》）

出，人“不仅是一种合群的动物，而且是只有在社会中才能独立的动物”。[①]这就决定了交往是人的本性需要。人只有在交往中才能弥补自身的本能欠缺，利用他人的力量，与他们相互合作，共同完成人的生活。交往还不只是弥补人生理上的欠缺和有限，更在于使“自然人”转变为“社会人”，形成人的社会性本质。马克思把社会性作为人的本质属性，他指出：“人的本质并不是单个人所固有的抽象物，在其现实性上，它是一切社会关系的总和。”[②] 人的社会关系，不是外在于人的先验存在，而是通过自己的交往所形成，由各种交往关系构成。人在交往中形成的社会关系，构成了人的社会性存在，所以，交往关系构成了人的社会关系，而社会关系塑造了人的本质属性。

交往是人的发展的需要。人的生活是交往生活，人在生活中发展，也在交往中发展，所以，交往生活决定着人的发展。马克思指出：“一个人的发展取决于和他直接或间接进行交往的其他一切人的发展。”[③] 人在交往中所形成的社会关系，也“实际上决定着一个人能够发展到什么程度”。[④] 与什么人交往，过什么样的交往生活，以何种方式交往，决定了人的发展状况，尤其是决定了一个人社会性素质的发展水平。人不是孤立的自我，人的发展必须置于社会关系之中，即便是自我意识、自我认识的发展，也离不开社会关系的映照。可以说，社会性决定了人的发展与其交往生活密切相关。

（二）交往形式的当代特征

“迄今为止的一切交往都只是在一定条件下的个人的交往，而不是单纯的个人的交往。”[⑤] 交往活动和生产活动是统一的，任何的交往都是特定生产活动中的交往关系，受一定社会生产力发展水平和生产关系的制约。当今中国正处在社会转型期，由农业社会向工业社会、计划经济向市场经济转型，使人的发展状态由个人依附性转向个人独立性，社会的交往方式也从人的依附性交往转向以物的依赖性为基础的个人独立性交往。但必须意

① 《马克思恩格斯全集》第46卷（上册），人民出版社1979年版，第21页。

② 《马克思恩格斯选集》第1卷，人民出版社1995年版，第56页。

③ 《马克思恩格斯全集》第3卷，人民出版社1960年版，第515页。

④ 《马克思恩格斯全集》第3卷，人民出版社1960年版，第295页。

⑤ 《马克思恩格斯全集》第3卷，人民出版社1960年版，第74页。

识到当代中国社会转型的复杂性，也就是说，当中国社会培育个人独立性之时，西方发达社会正在承受过度发达的个人主体性的恶果，正致力于批判个人主体性，消解个人主体性。当代中国的社会转型，既要发展个人主体性，又要避免过分发达的个人主体性膨胀的恶果，发展一种主体间性。对于社会交往而言，我们既要发展以利益为核心、以契约为手段的交往形式，又要防止过分的利益化，考虑到他人和社会的整体利益，为走向普遍、全面的交往创造条件。

有学者指出，当代中国社会交往形式的变化是：从以人的依赖为特征的共同体交往到以物的依赖为基础的交往；从以身份为基础的交往到以契约为基础的交往；从注重人情关系的封闭式交往到注重利益关系的开放式交往。[①] 这一概括反映了人类交往由第一阶段向第二阶段的转变。第一阶段是基于传统的封建等级制度和计划经济体制所形成的人的依附状态的交往。个体依附于单位，依附于上级，依附于一个僵硬的计划体制。单位赋予个人一种身份，交往的范围主要是工作单位，以个人的身份为基础，在单位内形成一个封闭交往圈和人情关系网络。“熟人好办事”、“朝中有人好做官”，就是这种交往关系的真实写照。第二阶段基于现代社会的市场经济。市场经济是一种商品等价交换，它增强了人的独立性和平等意识，但又使人以利益为核心，陷入“物支配人”、“物的依赖”关系之中，所以市场经济交往注重的是利益关系，维系利益关系的不是人情，而是契约，人与人之间以契约维护其各自的利益和平等的地位。依附关系的交往形成的是人情社会、人治社会，市场经济的交往形成的是理性社会、法制社会。

适应计划经济向市场经济的转型，当代中国社会的交往方式突出地表现为从个人的依附性交往向个人独立性交往转变，从重人际交往向重理性交往转变，从人的依附性交往向对物的依赖交往转变，利益（功利）、独立、理性、平等取代了权力、依附、人情、等级，成为现代社会交往的核心。现代社会交往，增强了人的独立性、理性、自由和平等意识，这是其积极的一面，但还要看到现代交往的功利性，容易导致狭隘的功利主义和

① 刘明合：《我国现阶段交往方式的变迁与人的发展》，《思想理论教育》（综合版），2007 年第 6 期。

唯利是图的交往。以契约维持的理性交往，是一种冷面交往，市场交往成为陌生人的交往，人与人之间平等但孤立，缺少人情关怀，在这种交往关系中，“他人是地狱”。对于市场经济条件下的个人独立性交往，我们既要利用其理性、自由、平等、独立等积极的一面，又要以人性关怀改造其消极的一面，建设一种理性和关怀并存的社会交往方式，这才是和谐社会的期盼。

就交往形式和手段而言，更多地受到全球化、信息化和互联网的影响，地域式交往向全球化交往扩展，现实世界的交往向虚拟世界的交往扩展，传统社会直接交往向现代社会间接交往扩展，使交往的范围逐步扩大，交往更加开放，交往手段更加多样，交往更加便捷、迅速。与改革开放前相比，当前的社会交往在形式上表现出交往的全面性、开放性、便捷性、[①]短暂性等时代特点。

全面性。交往是生活的必需。应该说，生活有多少类型，交往也应该有多少类型。但改革开放前的“泛政治化”倾向使政治渗透到一切生活之中，包括经济生活中的计划体制、文化生活中的意识形态、情感生活中的身份差异等，使原本丰富多彩的生活只能成为政治生活的衍生物、附属品，因此，人的交往生活就只是以政治生活为核心，所有的交往演变为政治生活的交往。改革开放后，随着思想解放和市场经济的推行，各种生活恢复了它本来的面貌，经济生活、政治生活、娱乐生活、情感生活等都按照它们自身的逻辑运转，人们在不同的生活中遵循不同的交往规则，进行不同方式的交往，例如经济生活中的自由、平等、理性，情感生活中的关怀、爱慕、尊重，娱乐生活中的自由、多元、快乐，等等。由单一的政治生活到丰富多彩的生活，当代社会交往方式具有全面性、完整性。

开放性。传统的社会交往方式是封闭的、狭隘的，以血缘、业缘为中心，集中于家族、单位的熟人圈中，加之受交通工具、交往手段的限制，人的交往范围狭窄。生活在大山中的村民甚至终生都没有走出过大山，很多人也只能在生活所在地的附近交往，交往的范围不过方圆几十里、最多上百里，交往的对象都是自己的熟人。改革开放后，市场经济极大地推动

---

① 姚纪纲：《交往的世界——当代交往理论探索》，人民出版社2002年版，第164—167页。

了社会流动，扩大了人的直接交往范围。信息化又极大地改善了人的交往工具和手段，把人与人之间面对面的直接交往推向借助通信工具的间接交往，人们利用电话、手机、网络，足不出户便可交往天下，使交往跨越了时空与地域，变得更加开放。

便捷性。交往的便捷性源于交通工具、交往手段的改进。传统的交往是直接交往、口耳相传，为了交往通常是步行、骑自行车，最快也就是坐汽车、火车，速度极慢，见一次面需要花费很多的时间与精力。不要说网络和手机，即便是电话都较为稀少，通常一个单位只有一部电话，普通家庭没有电话。现代社会，一方面交通工具大大改进，高速公路、动车组、高铁、飞机极大地提高了速度，缩短了交往所需要的时间；另一方面，信息技术的广泛运用，电话、手机、互联网不仅扩充了人们交往的空间，也极大地方便了人们之间的交往，发E-mail、登录QQ和MSN、视频聊天与网络电话等，都成为电子时代人们常用的交往方式，借助于电子工具，远在天边的人近在眼前，交往可以说“弹指一挥间”，极大地提高了交往的快捷性、便利性。

短暂性。传统的交往局限于家族、单位和邻里之间，是熟人社会的交往，社会流动性不强，使人的交往大多局限在亲人、同事和邻里之间，并以此作为人们彼此信任的基础和纽带，形成以情感为核心的稳定社会关系。尽管这种交往在现代社会依然存在，但市场经济催生的更多是基于市场的利益交往，交往的对象是市场中的利益相关者，他们因为商品的交易而发生交往关系。因此这种交往更多是一次性的，具有变换的频繁性。加之现代社会的流动性，人的交往范围扩大，个体交往的频次减少。利用信息技术的网络交往，可以极大地扩展交往空间，使交往超越地域，走遍天下，但这种交往大多也是一次性的，难以长久保留。过去人们依靠鸿雁传书，书信可以保留终身，现在是短信交往、电话交往，快速即时；过去使用胶卷照相，照片珍藏一生，现在使用数码相机，方便快捷，但随时又可删除。现代信息技术的快速和便捷，使交往生活成为一种“快餐”。短暂、快捷方便了人们的交往，但也增加了人与人之间的陌生感，丧失了稳固的情感关系。所以，现代人交往时空扩大了，但变得越来越孤单了；交往更加便捷了，但也更加短暂了。

二、中小学生交往生活方式的实然判断

交往生活方式是一定社会条件下，人们在交往生活中的行为表现及由此结成的社会关系，包括动态的交往活动和静态的交往关系。交往方式是交往生活的外在表现，也是交往生活方式的核心。交往方式首先是由特定的社会条件决定的。但同时，在社会交往的框架内，交往生活更多是个人的一种自主选择，与谁交往、怎样交往、交往的程度以及对交往信息的理解，都是个人的一种选择与建构，这种选择主观上受一个人的生活情趣与价值观的影响。因此，在这一点上，交往生活方式具有主观性和能动性。

中小学生的交往生活领域主要集中于学校、家庭和社区。学校交往主要有两类，一是与教师的交往，二是与同学的交往；家庭交往主要是与家庭成员，尤其是与父母的交往；社区交往主要是与邻里、同伴和社区工作者的交往。

中小学生交往的类型，可以有不同的划分标准。依交往内容划分，主要有物质交往、精神交往、人际交往。物质交往是物质生活中的交往，主要发生在家庭交往生活中；精神交往是学生交往的主要类型，发生在学校的学习生活中；人际交往是交往主体之间的心理沟通，是维系一切交往的心理基础。上述三种交往方式，在性质上可以分为两类：日常交往和非日常交往。日常交往发生在日常生活中，是人们为了维持个体的生存和再生产而进行的各种相互作用活动，主要是在家庭、社区范围内依靠天然情感和习俗围绕衣食住行等进行的相互接触、相互作用。日常交往是一种自在、自发性的活动方式。非日常交往发生在非日常生活中，是人们为了维持社会再生产或类的再生产而进行的相互作用活动，主要是在宏观性、开放性的社会空间或社会领域内围绕着社会的政治、经济、文化、科学、艺术生活而进行的相互作用、相互沟通、相互交流和相互理解。非日常交往是一种自为的、自觉性的活动方式。[①] 学习生活中的交往主要属于非日常交往，物质交往、人际交往主要属于日常交往。

---

① 王晓东：《日常交往与非日常交往》，人民出版社 2005 年版，第 46—55 页。

无论哪种交往，其结构要素是相同的。交往是主体间相互作用的共同活动，交往的双方都是主体，他们在改造共同客体的过程中结成交往关系，即“主体—客体—主体”，双方主体对客体都是改造关系，但这种改造关系是一种对象性关系，构成交往关系的一个环节，不是全部的交往关系，交往关系是主体与主体之间的关系。无论是对客体的改造，还是主体间的交往，都只能借助于一定的交往媒介（包括语言符号、实物资料、交往工具），运用一定的手段（包括操作方式和环境条件）而进行。所以，交往主体、交往媒介、交往手段以及由这些要素运作所构成的交往关系，组成了交往方式的要素。

中小学生的交往生活方式，是指中小学在家庭、学校和社区的交往生活领域中所表现出的物质交往、精神交往、人际交往状态。对中小学生交往方式的实然判断主要基于我们课题组的问卷调查和访谈。① 调查以整群随机分层抽样的方式，选取江苏省苏北、苏中、苏南的 11 所小学和 14 所中学，共发放问卷 2100 份，采用集体发放和当场作答的方式，回收 2091 份，回收率为 99.57%，调查取样覆盖了重点学校与非重点学校、城镇学校与农村学校，样本分布具有较强的代表性。为了弥补问卷调查中的一些不足之处，本研究还进行了多角度、多方面的集体座谈和个别访谈。现将问卷调研的情况报告如下：

（一）中小学生的家庭交往生活方式

家庭交往生活方式是家庭成员在家庭生活过程中所呈现的交往倾向、模式、结构的总称。从交往主体方面讲，可分为父母与孩子之间的亲子交往、兄弟姐妹之间的交往、孩子与祖辈之间的交往。交往的频率、内容、形式和融洽程度都会对孩子的成长产生影响。

(1) 多数学生愿意与父母交流，但有五分之一的学生不愿意与父母交流，这与父母简单粗暴的教育方式有关。

在调查中，问及“你愿意和家人一起聊天吗”，有 79.56%的学生表示愿意与家人交流，有 20.44%的学生表示不愿意与家人交流。总体上，中小

① 参与本课题组调查的有冯建军、郝永贞、马多秀、王亚琼、白莲莲、提秀雷、柴华丽，其中王亚琼、马多秀负责交往生活方式的调查和报告初稿的撰写。

学生有和父母交流的愿望。为什么有五分之一的学生不愿意和父母交流呢？

在访谈中，有学生说：

“多少次被爸爸妈妈误解的时候、训斥的时候、打骂的时候……我多么想把我的心里话都说出来啊！可是他们就是不给我机会，就这样，孤单和寂寞成了我最好的朋友。他们根本就不愿意听听我的心里话。”

“我不知道该和爸爸妈妈说些什么，因为我不知道他们愿意听些什么，或者他们根本就没时间听，我们的交流接近于零。”

“我觉得与父母交流总是会演变为‘受训’。本来好好的一场交流，因某个问题与父母的观点不一致，就变成了父母对自己的教育，使自己成为一个挨训的人。所以我越来越不愿意和父母交流。”

一位母亲忧心忡忡地说：“孩子一天天长大，我觉得自己和孩子之间一天天地变得更陌生。孩子每天放学回家后，便关起房门来，要么写作业，要么上网，颇有点与父母不足与谋的味道。”

学生之所以不愿意与父母沟通，与父母的教育方式有关。调查显示，有33.10%的中小学生认为，父母的教育方式是专制型的，尤其是父母很关注子女的成绩，和子女交流的内容大多围绕学习成绩，当学生学习成绩不理想时，父母就会采取简单粗暴的训斥、打骂和冷落，致使交流出现障碍和不愉快。表3-1显示，学生对亲子交往的态度与其所处学段有一定的关系。随着学段的升高，愿意与父母交流的学生所占百分数下降。

表3-1　对“你愿意和家人一起聊天吗”回答统计结果（%）

	愿意	不愿意
小学	84.75	15.25
初中	77.58	22.42
高中	65.90	34.10
总体	79.56	20.44

$x^2=54.183 \quad p=0.000<0.01$

（2）中小学生最愿意和母亲交流，和父亲交流的比例较低，但随着学段的升高，愿意与父亲交流的比例不断增长。中小学生最渴望得到父母的尊重和信任，最不满父母说话不算数、管得太多。

调查结果表明，中小学生有57.06%最愿意和妈妈聊天，有21.23%最愿意和兄弟姐妹聊天，有16.74%最愿意和爸爸聊天，有4.71%最愿意和祖父母聊天，还有0.27%最愿意和保姆聊天。中小学生家庭交往对象的倾向性是：妈妈是首选，其次是兄弟姐妹，再次是爸爸，最后是祖父母和保姆。妈妈作为首选的聊天对象，这既因母亲的温柔、细心、体贴，也说明了母亲更关心子女的生活，父亲更多地忙于工作和家庭的生计，无暇顾及孩子。同时，慑于父亲的威严，父亲在孩子心目中显得不那么可亲。但研究还表明，随着学段的升高，倾向于和妈妈聊天的比重在下降，倾向于和爸爸聊天的比重在上升（表3-2）。在中学生心目中，父亲尤其是有成就的父亲，更容易得到子女的敬慕。

表3-2　不同学段学生对“你最愿意和谁聊天”回答统计结果（%）

	妈妈	爸爸	祖父母	兄弟姐妹	保姆
小学	62.05	14.26	5.51	18.09	0.10
初中	51.04	19.10	3.37	26.00	0.48
高中	50.42	21.43	4.62	23.11	0.42
总体	57.06	16.74	4.71	21.23	0.27

$x^2=37.017$　$p=0.000<0.01$

据共青团中央调研组对青少年学习与生活的一项调查表明，中小学生最喜欢父母的10种做法：信任我（63.5%）、说话算数（49.2%）、让我平等参与家庭生活（31.7%）、与我一起讨论人生大事（23.3%）、表扬我（22.7%）、给我辅导功课（16.7%）、对我管得比较松（16.1%）、与我一起锻炼（15.0%）、和我出去旅游（14.9%）、与我一起玩（11.4%）。无论是小学生还是中学生都把“信任我”、“说话算数”放在前两位；而中小学生对父母最不满意的行为，处在最前列的恰恰也是“说话不算数”、“对我管得太多”。[①] 这说明，中小学生需要独立，希望父母给他们以自由和尊重，不希望父母不信任他们，对他们管得过多。

(3) 中小学生与父母交流最多的是学习成绩，父母最关心的也是学习成绩。

在家庭生活中，中小学生和父母交流的内容，从高到低依次为：学习成绩（34.46%）、同学间的事情（32.75%）、令自己高兴的事情

① 共青团中央调研组：《关于青少年学习与生活的调研报告》，载素质教育调研组：《共同的关注——素质教育系统调研》，教育科学出版社2006年版，第119页。

(15.35%)、自己的苦恼(7.48%)、电视节目(4.74%)、社会热点问题(3.57%),最后是家庭事务(1.66%)。父母对学习成绩的关注高居榜首,可见,应试教育已经渗透到家庭生活中。父母关心孩子的学习成绩,孩子也知道父母希望什么,因此,学习成绩自然成为他们交流的首要话题。分担孩子的快乐与苦恼、让孩子参与家庭生活,这些与孩子生活密切相关的事情却排在后面。随着学段的升高,谈论学习成绩的比重在增加,谈论孩子的苦恼、愉快和参与家庭生活的比重在下降,表3-3表明,学段与父母交流的话题之间呈极显著关系。

表3-3 不同学段学生对"你平时和家人交流哪些话题"回答统计结果(%)

	学习成绩	同学间的事情	电视节目	自己的苦恼	令自己高兴的事	社会热点问题	家庭事务
小学	31.64	32.96	4.43	8.76	17.80	2.91	1.51
初中	34.22	32.74	5.16	6.64	14.75	4.42	2.06
高中	44.77	32.03	4.90	4.90	8.17	3.92	1.31
总体	34.46	32.75	4.74	7.48	15.35	3.57	1.66
$x^2=36.528 \quad p=0.000<0.01$							

对于父母关心孩子什么,按顺序排,父亲为关心学习成绩(70.28%)、身体健康(54.22%)、思想品德(32.61%)、心理感受(23.78%);母亲为关心学习成绩(64.45%)、身体健康(59.75%)、心理感受(31.82%)、吃饭穿衣(30.23%);而师生关系和同学关系是父母相对不大关心的问题。可以看出,父母在对孩子的关心方面都将学习成绩作为重点。对于孩子的人际交往、业余爱好,父母则不重视。

(二)中小学生的学校交往生活方式[①]

1. 师生交往状况

(1)师生关系总体比较融洽,学生与老师交往时,民主与平等意识增强。

师生关系是中小学生交往生活的重要组成部分,师生关系的质量关系到他们的学业和身心成长。总体上看,选择师生关系"非常融洽"和"比

① 有很多学者认为,教学的过程是交往的过程,教学即对话、交往。新课改后,对话教学、合作学习也成为中小学较为普遍的教学形式。这里对中小学生学校交往生活方式的调查,不包括作为学习方式的交往,只指师生、生生间的人际交往方式。有关中小学生学习交往方式的调查,放在本书第一章中阐述。

较融洽”的比例总和达到了88.75%，“有些不融洽”和“很不融洽”的合计占11.25%。这表明，绝大部分学生与教师之间的关系是融洽的。不同学段学生之间对比呈现出显著差异，选择“非常融洽”的比例随学段的升高而明显下降，其中小学和高中相差大约30个百分点；同时，选择“很不融洽”的比例也随学段的升高而下降，但小学和高中相差大约只有1个百分点。相反，选择“比较融洽”和“有些不融洽”的比例却随学段的升高而增加。这表明，随着学段的升高，师生之间的关系在两极的比重逐渐减少而具有趋中的特征。

在问及“课堂上如果发现老师讲错了，你会怎么办”时，51.8%的学生表示会直接指出来，37.4%的学生会下课后告诉老师，不指出来的仅为10.8%。由此可以看出，师生之间的交往逐渐趋向于民主与平等，学生不再一味地迷信教师的权威。另外，从访谈中得知，教师也乐于学生指出和纠正自己讲课中的失误，并把这种行为看作学生勤学好问的表现。

（2）学生比较喜欢具有人性关怀的教师。

从总体上讲，学生喜欢的教师类型，排在前三位的是“尊重学生、和蔼可亲的教师”、“阳光开朗的教师”和“处理事情人性化、有弹性的教师”。相比而言，学生对教师的知识与教学的技能要求则没有那么高，尤其是学生对具有“特级教师”、“学科带头人”等称号的教师的喜欢程度并不高，这有些出乎我们的意外。原因可能是：一方面，现在的教师的知识和教学技能一般都比较高，教师在知识和技能方面的差异并不大；另一方面，说明教师对学生平时最缺乏人性关怀，导致学生期盼教师能够给予他们更多的人性关怀，所以最喜欢具有人性关怀的教师。（见表3-4）

表3-4　不同学段学生对“你喜欢什么样的老师”回答统计结果（%）

	年轻漂亮	阳光开朗	尊重学生、和蔼可亲	处理事情人性化、有弹性	对学生严格要求、坚持原则	教学技能熟练、教学能力强	知识渊博	特级教师等
小学	18.44	49.30	81.38	31.47	23.28	27.64	27.96	9.13
初中	20.99	53.42	80.06	50.29	27.66	35.66	20.70	8.44
高中	30.45	48.40	74.04	50.64	23.40	45.19	16.03	7.05

（3）学生中存在着欺负教师的现象，程度一般都比较轻，但也有杀师案的极端情况发生。

从总体上看，学生欺负教师的现象只是少部分，而且程度也比较弱，多是顶撞、侮辱，有时也发生一定的肢体冲突。调查显示，小学高年级阶段开始出现与教师顶嘴，初中阶段发展到比较普遍，高中阶段则出现由低到高上升的趋势。对于学生欺负教师的情况，城市学生选择“有”的比例为24.59%，农村学生为20.47%，这表明城市学生欺负教师的现象比农村学生更多。学生与教师发生冲突的现象一直存在，这一方面与教师的教育方式不当有关，另一方面也与学生的心理发展的年龄特征有关。初中阶段正处于心理断乳期，他们追求独立的倾向与教师的严格管教会产生冲突。学生欺负教师的现象并不是发生在所有教师身上，调查显示，最容易受学生欺负的教师，排在前三位的是：好说话的教师、年轻教师（尤其是年轻女教师）和教学水平差的教师。

尽管在我们的调查中看到的学生与教师冲突的状况和程度都比较弱，但媒体最近不断有杀师案的极端情况报道，需要引起高度的关注。仅2008年10月、11月就接连发生几起杀师案，分别是：2008年10月4日，山西朔州一学生在课堂上突然拿刀捅向郝旭东老师；10月21日，缙云县盘溪中学女教师潘伟仙在家访途中被学生掐死；10月28日，中国政法大学教授程春明在课堂上被冲进来的一名大四男生砍死；11月18日，湖南澧县城关中学的老师曾庆岩被学校已开除的一名初中生用匕首刺死。尽管只是个别现象，但必须重视这种严重的冲突问题，不使其蔓延和恶化，这不仅关系到学生的健康成长，也是保证教师生命安全，提高教师职业幸福感的需要。

2. 同学交往状况

（1）有共同的兴趣爱好是中小学生交友的首要标准，除此之外，城市学生和农村学生在选择朋友的标准上也存在一定的差异。

中小学生正处于学龄期，同学间的交往构成他们交往的主要内容。从总体上看，“有共同的兴趣爱好”是学生认为建立友谊的首要标准，而且对该标准的认可度随学段的升高而增加，高中生选择这一标准的比例将近是小学生的两倍。城市学生选择“有共同的兴趣爱好”的占51.14%，比农村学生高出大约7个百分点，选择“学习好”比农村学生高出大约3个百分点，而农村学生在选择“住处与你家邻近”、“人缘好”和“能提供帮助”的比例比城市学生分别高出大约3个、5个、3个百分点。从表3-5可以看出，城市学生和农村学生在选择朋友的标准方面存在显著差异（$p<0.01$）。

表 3-5　城市学生和农村学生对“你选择朋友的标准”回答统计结果（%）

	住处与你家邻近	学习好	有共同的兴趣爱好	人缘好	能提供帮助
城市	4.76	17.25	51.14	10.35	16.49
农村	7.54	14.07	43.89	15.08	19.43
总体	5.57	16.29	48.86	11.68	17.60

$x^2=23.150\quad p=0.000<0.01$

（2）半数同学都有要好的异性朋友，学习好是他们选择异性朋友的重要标准。

现在的中小学校都是男女生同校，异性同学间的交往是中小学生身心成长的重要组成部分。在回答“你有要好的异性同学吗”时，小学四年级选择“有”的人数最多，占到66.22%，然后随年级升高而减少，六年级时减少到32.32%。在初中阶段也出现起伏变化，初中一年级占49.62%，到初中二年级下降到44.36%。高中阶段又呈逐步升高的趋势。整个高中阶段比初中阶段选择“有”的比例都高，而且随着高中学段的升高，比例也在提高。（见表3-6）

表 3-6　不同年级学生对“你有要好的异性同学吗”回答统计结果（%）

	有	没有
小学四年级	66.22	33.78
小学五年级	51.05	48.95
小学六年级	32.32	67.68
初中一年级	49.62	50.38
初中二年级	44.36	55.64
高中一年级	52.76	47.24
高中二年级	57.89	42.11
总体	51.21	48.79

$x^2=58.545\quad p=0.000<0.01$

随着年龄的增长，对异性同学的关注点也发生了变化。相对来讲，“学习好”在三个学段中占的比例都是最高的，尤其在小学阶段达到71.31%，但随着学段的升高，对学习好的关注度逐渐降低。相反，异性同学的长相和打扮所占的比重随着年龄的增长而增加，关注异性同学特长的比例则随年龄的增长而降低。

(3) 同学中的欺负行为较为普遍，最容易受到欺负的是成绩差、性格内向和生理有缺陷的同学。

同学欺负是同学间交往中存在的较为普遍的现象。调查表明，小学阶段最容易受到欺负的依次是成绩差的同学、家境不好的同学和生理有缺陷的同学；初中阶段是成绩差的同学、性格内向的同学和生理有缺陷的同学；高中阶段是性格内向的同学、成绩差的同学和生理有缺陷的同学。而且，随着学段的升高，成绩差的同学受欺负的比例逐渐降低，性格内向的同学受欺负的比例逐渐增加。减少和避免同学欺负对于同学关系的健康良性发展非常重要。班主任、课任教师以及班干部同学应对学习差、性格内向等容易受到欺负的同学给予特别的关注，创设出没有同学欺负的环境氛围。

(4) 中小学生交往的等价意识开始出现，大部分学生都能主动交往，但交往的主动性随着学段的升高而减弱。

在回答“当你帮助了同学或朋友后，你希望对方怎么样”时，绝大部分学生选择“不要求回报”，但是随着学段的升高，选择“报答自己”的比例在逐步上升，这说明对等交往的愿望随着年龄的增长而增强。城市学生选择“报答自己”的比例（5.50%）比农村学生（3.00%）高出大约2个百分点，呈显著差异，说明城市学生对等交往的意识比农村学生强。

针对“当你和他人发生矛盾的时候，通常你会怎么办”这一问题，有57.11%的学生选择“主动和对方讲和”，说明大部分学生在交往中具有主动性，能够积极应对交往活动中的困难，而且这种主动性在小学阶段最高，初中阶段居中，高中阶段最低。但是，还有4.11%的学生选择“永远不理对方”和13.64%的学生选择“等待对方讲和”，并且随着学段的升高比例逐渐在增加。可见，交往的主动性和积极性，随着年龄的增长反而降低，这与学生的面子心理有关，年龄越大，越碍于面子，所以，发生冲突后，不愿意主动讲和。

（三）中小学生的社区交往生活方式

(1) 中小学生社区交往的对象主要是居民和个体商贩，同伴交往较少。

对于社区交往的对象，依交往的频繁程度从高到低，城市学生的选择是：社区商贩（68.43%）、社区居民（25.90%）、社区工作人员

(5.67%)；农村学生的选择是：村子居民(65.78%)、商贩(30.32%)、村干部(3.90%)。可以看出，城市中小学生与居民交往的频率远远低于农村学生，与社区商贩交往的频率远远高于农村学生；中小学生与社区工作人员、村干部交往的频率都很低。

同伴由于地位相近，年龄、兴趣、爱好、价值观和行为方式大体相同，所以同伴交往对青少年的成长极为重要。但调查显示，现在的中小学生同伴越来越少。23.88%的中小学生表示在社区中"几乎没有"同伴，"有一些"同伴的占64.65%，有"很多"同伴的占11.47%。一名小学生在访谈中说："我几乎就没有什么社区交往生活，一是没伙伴，二是没有什么活动可以和伙伴交流。"一位家长说："我家小孩每天写完作业就自己在院子里转悠一小会儿，几乎没有小伙伴一起玩，看着孩子真可怜。"在农村，中小学生的同伴交往情况比城市要稍好些，但有同伴的比例也不高。相比来说，农村的流动性很小，几辈子都住在一个村，因此农村是一个熟人社会，生活场景比较开放；而城市的流动性较大，尤其当今的商品房，居住在一起的邻里，楼上楼下，甚至连对门邻居都不认识，这也隔离了中小学生的同伴交往。即便是在同一个社区中有自己的同学，他们大多用电话、短信、QQ等方式联系，一起游乐的机会也不多。

(2) 中小学生对社区交往的环境不够满意，交往的载体和社区提供的交往生活也不多。

社区环境的安全与否直接关系到中小学生社区交往的安全与否，也会影响到中小学生参与社区交往的频率。在回答"你所生活的社区安全吗"时，农村有24.63%的中小学生表示所在村庄不安全；城市有50.20%的中小学生表示所在社区不安全。可见，城市社区的交往环境远远不如农村，农村是熟人社区，城市更多的是陌生人的社区，因此，城市家长一般会教育孩子"不要和陌生人讲话"，以免上当受骗。

交往载体是指交往赖以进行的硬件设施、场地等。社区是否提供交往载体，如体育运动器材，在很大程度上影响着中小学生交往的频率和愿望。当问及社区交往载体的主要来源时，有2.56%的中小学生的回答是"社区提供"，26.21%的中小学生的回答是"自己准备"，71.23%的中小学生的回答是"没有"。调查还显示，有45.21%的学生表示所在社区"几乎没有"

公共娱乐设施，33.74%的学生表示所在社区“有一些”公共娱乐设施，只有21.05%的学生表示所在社区“有很多”公共娱乐设施，而且城乡差异显著。随着全民健身运动的开展，城市小区普遍配备了健身器材，有的小区还有儿童游乐设施，而这在农村却很少。当然，在城市一些老的小区，也存在缺乏交往设施和空间的问题。如同调查中一些城市中小学生所说：“我们社区根本就没有可以聚在一起聊天玩耍的地方，都被很多小商贩占据了。”“我家所在的小区每到下午就停满了车子，连人都过不去，根本没法在社区里玩。”“很大的社区只有两三个秋千，都被幼儿园的小朋友占着，又不好意思去‘抢’。”

在城市，有4.03%的中小学生表示所在社区“总是”提供丰富的活动，2.70%的中小学生表示所在社区“经常”提供丰富的活动，29.47%的中小学生表示所在社区“有时”提供丰富的活动，其余较多的中小学生表示所在社区“从不”提供丰富的活动。在农村，有1.28%的中小学生表示所在村子“总是”提供丰富的活动，9.48%的中小学生表示所在村子“经常”提供丰富的活动，9.48%的中小学生表示所在村子“有时”提供丰富的社区活动，此外，表示“不能”提供丰富的活动的中小学生占了相当大的比例。

由此看来，无论是城市，还是农村，社区交往都是最薄弱的环节。社区是青少年社会化的最真实阵地，通过社区，他们进入社会，而现在贫乏的社区交往生活，使他们很少有机会进入社会。社区交往的匮乏，造成了青少年社会化的缺失。

（四）中小学生交往生活方式的特征

与现代社会全面、开放、便捷、短暂、功利的社会交往方式相比，当代中小学生的交往方式还显得比较传统和单调。一方面，由于中小学生尚未真正进入社会，依然在封闭的学校中生活；另一方面，由于应试教育的压力，中小学生把大量的时间和精力放在了书本知识的学习上，无暇顾及社会的交往生活。

从以上调查所反映的情况看，中小学生的交往生活呈现出如下特征：

第一，中小学生交往的范围相对狭窄、封闭。中小学生的生活范围主要是家庭和学校，他们交往的范围也往往都局限在家庭和学校中，很少有机会进入社会。即便是社区的交往，也只是邻里之间的交往，城市中小学生邻里之间的交往都很少，农村中小学生的邻里交往还带有家族的亲子交往性质，不是真正的社会交往。由于中小学生以学习为主，学校很少组织校外活动，使他们无法走出课堂、学校，真正参与到社会生活中，所以，社会交往的机会较少。对于他们的生活，有学生说："除了学习还是学习，真不知道外面的世界是什么样，有点儿与世隔绝了。"甚至有学生说："除了上课回答老师的提问，一天都说不了几句话。"由此可见中小学生交往生活的封闭与贫乏。

第二，中小学生交往的群体相对固定。由于中小学生的社交范围局限于家庭和学校，所以他们的交往主要有两类：一是以家庭为中心的亲子交往，二是以学校为中心的师生交往和同学交往。师生交往较为普遍，但不够深入，虽然表示愿意与同学交往的教师比例较高，但遗憾的是，愿意与教师交往的同学比例却较低。与教师的交往主要发生在学习生活中，以课堂提问与回答、向老师请教问题为主，真正和学生保持较深入的人际交往的，一般只有班主任。同学之间的交往最为普遍，同学、朋友是中小学生最主要的交往对象。

第三，中小学生交往的内容以学习为主。学校教育生活中，师生交往自然以学习为中心，主要是教师的课堂提问和向老师请教问题，与老师交流生活或心理问题的较少。同学之间，"学习好"也是他们选择朋友的重要标准，而且他们交往的内容主要是一起做作业、讨论问题，尤其是新课改之后，合作学习日益普遍，学校还要求学生在课外活动中合作研究问题。家庭本来是学生心灵的港湾，但应试教育的渗透，使家庭的亲子生活被学习生活所"殖民"，父母对子女的关注以学习和成绩为主，家庭交往也带有浓厚的学习色彩。

第四，中小学生交往的方式比较单一。由于中小学生交往的对象主要是老师、同学和家长，他们生活在一起，其交往的方式主要是直接交往。即便是住校生，父母也会隔一段时间来看望子女。虽然中小学生都拥有一定的电子交往方式，尤其是城市中小学生，几乎每人都有手机、电子邮箱和QQ号，但由于学校的限制和学习的压力，使用得比较少。上课期间手机不能开，平时也没有时间和机会上网。所以，中小学生虽然拥有很多电子交往的手段，但真正使用的并不多，他们的交往主要是面对面的直接交往。

第五，中小学生的交往关系整体比较和谐、纯洁和稳定。调查显示，79.56％的学生愿意与家人交流，88.75％的学生认为师生关系“非常融洽”和“比较融洽”，同学之间具有良好人际关系的比例更高。尽管也出现了师生冲突、同学之间的欺负现象，但整体来说属于极个别现象，中小学生的交往关系还是比较和谐的。而且中小学生的交往关系以学习为主，家庭的地位、家长的身份、家庭的贫富差别，对他们的交往影响不大，同学之间选择朋友的标准，不是家庭的身份、地位等，而是彼此的性格、兴趣、爱好等。在功利化、庸俗化的社会交往中，同学间的交往是最单一、纯洁的，他们更多是基于感情的考虑，比较容易结下深厚的友谊。

三、网络生活与网络文化

马克思指出：“随着新生产力的获得，人们改变自己的生产方式，随着生产方式即保证自己生活的方式的改变，人们也就改变自己的一切社会关系。”[①] 生产力的发展，信息技术的出现，网络技术的日臻完善和网络资源的不断开发，使网络成为人类一种新的生活方式，催生了一种新型的交往方式——网络交往，也塑造了一种新型的文化——网络文化，一个新的社会——网络社会正在崛起。

（一）网络生活方式的形成

一种媒介形成一种生活方式的首要条件，是该媒介的普及以及媒介接受行为的日常化；而一种媒介文化的形成是该类型的媒介在多大程度上渗入了人们的生活，影响人们的行为和心理。[②] 文化从发生学上看，来源于生活，局部的生活广泛地被人们接受，并渗透到生活的方方面面，成为一种生活方式，改变了人们的价值观念、思维方式、行为特征，形成了文化。在这个意义上，生活方式塑造了文化。

网络是否已经成为当代社会人的一种生活方式，并形成了网络文化，

① 《马克思恩格斯选集》第1卷，人民出版社1995年版，第108页。

② 孟建、祈林：《网络文化论纲》，新华出版社2002年版，第14页。

这需要我们从网络的普及程度及人们对网络的使用情况作一分析。

1993年，全美网络成立，互联网第一次向公众开放。进入新世纪后，网站总数迅速增加。1987年9月，中国的王运丰教授和李澄炯博士等在德国卡尔斯鲁厄大学（Karlsruhe University）维纳·措恩（Werner Zorn）教授带领的科研小组的帮助下，在北京计算机应用技术研究所（ICA）建成一个电子邮件节点，并于9月20日向德国成功发出了第一封电子邮件。1988年初，中国第一个X.25分组交换网CNPAC建成。1990年11月28日，在王运丰教授和维纳·措恩教授的努力下，中国的顶级域名.CN完成注册，由于当时中国尚未实现与国际互联网的全功能连接，中国.CN顶级域名服务器暂时设在德国卡尔斯鲁厄大学。1994年5月，中国正式接入互联网。1995年5月，中国互联网接入和服务向社会全面开放。我们在这里之所以对互联网的短暂历史作一回顾，主要是感受一下互联网发展的迅速。这些曾经的互联网中的第一，经过短短的十多年，已经变成了大众的日常生活。到2009年6月底，中国网民达到3.38亿人，其中宽带网民数为3.2亿人，网站数为306.1万个，上网普及率达到25.5%，超过了世界的平均普及率(23.8%)。网民规模持续扩大，互联网普及率平稳上升。互联网已走进寻常百姓的家庭生活，更是现代化办公的必要条件。

中国互联网络信息中心历次调查报告数据表明，青少年上网比例在不断增加。截至2009年6月中国互联网络信息中心的统计，中国青少年网民为1.75亿人，目前这一群体在总体网民中占的比例为51.8%，其中10～19岁青少年占的比例最大，为35.2%。统计表明，2008年青少年在网吧上网的比例为57.5%，使用手机上网的比例在逐渐升高，有近五成的青少年网民使用过手机上网。与整体网民相比，手机上网更多地吸引着10～19岁的青少年群体，因为这一年龄段多是中学生，很多中学生都拥有手机（尤其是城市高中生，几乎人人都有），而他们在学校和家庭都没有上网的机会，老师又阻止他们去网吧上网，因此手机上网就成为他们最好的选择。

从我们调查的情况看，总体而言中小学生上网比例并不高，其中小学和初中阶段比例相对高些，但到了高中比例反而下降。这一情况并不意味着中小学生不喜欢上网，而是由于学校和家长的限制，他们对网络有过多的负面认识，限制学生上网。另一方面，也是由于学习负担过重，直接影响到他们上网的比例。据蒋有慧对江西省 4 个城市 8 所中学 1056 名初一至高三学生的调查表明，当前中学生对上网普遍有着浓厚的兴趣，各年级喜欢上网的人数均超过半数以上，不喜欢上网的学生不到 10%。① 即便是家长和学校可以控制中小学生上网，但到了大学，由于学校和家长的控制放松，大学生的上网比例显著增加。更重要的是，网络已经成为现代人的生活和工作方式，不懂网络甚至无法从事现代工作，过现代人的生活。对中小学生而言，现在不上网不等于他们以后不接触网络，他们在以后的工作中不可能离开网络，所以，在使用网络方面进行阻止和限制，既不符合社会发展的趋势，也不利于培养学生适应现代生活的能力。

从网民使用网络的目的来看，可以划分为信息获取类、交流沟通类、网络娱乐类、商务交易类四种。中国互联网络信息中心的调查表明，整体来看，目前中国网民在网络娱乐、信息获取和交流沟通上使用比例较高，除了论坛/BBS 外，这三类网络应用在网民中的普及率均在 50%以上。蒋有慧对中学生使用网络情况的调查也表明，中学生喜爱的网站主要有三种：一是游戏娱乐类，二是交友聊天类，三是大众文化类（即通俗文化类）。他们上网的目的，游戏娱乐的占 66.58%，交友聊天的占 58.74%，大众文化的占 36.42%，必须指出的是，中学生为了学习而上网的比例比较低，只有 6.22%，绝大多数中学生上网都是为了寻求生活调节和交友，满足精神需求。② 劳凯声教授主持完成的课题“网络文化对学校德育的影响及对策研究”，对北京市 6 个城区 53 所不同类型中学的 3000 名初中、高中生上网情况进行了调查。调查表明，青少年学生最喜欢上娱乐时尚网站和交友聊天网站，分别占 62.10%和 42.10%。从上网目的来看，中学生热衷于上网聊天交友的比例最高，占 48.84%，以下依次为看电影等娱乐（40.50%）、看新闻（40.20%）、玩游戏（39.20%）、辅助学习（38.60%）、收发电子邮件（34.80%）、其他（11.70%）、参加论坛讨论（10.40%）。③ 可见，无论是一般的网民也好，中学生也好，上网的主要目的是交往，青少年网民对上网促进其人际交往的认同度较高，其中认同“通过互联网，我认识了很

① 蒋有慧：《中学生网络生活情况的调查研究》，《中国教育学刊》，2003 年第 7 期。

② 蒋有慧：《中学生网络生活情况的调查研究》，《中国教育学刊》，2003 年第 7 期。

③ 诗昊：《试论网络文化对人们的影响》，http：//www. globrand. com/2006/55870. shtml.

多新朋友”的达到 71.70%，认同“互联网加强了我与朋友的联系”的占 86.40%。①

中小学生由于以学习为主要任务，家长和老师限制他们上网，因此，他们还不算是真正的网民。但对于网民来说，网络已经成为他们的生活方式。中国互联网络信息中心的调查表明，77.5%的网民觉得生活离不开互联网，其中有 16.4%的网民表示一天不上网就感觉难受，有 17.4%的网民觉得与现实社会相比，他们更愿意待在网上，平均每 6 个网民里有 1 个有上网成瘾的倾向。② 上网已经成为人们的生活习惯：习惯于从网上搜索新闻，习惯于在网上听音乐、看电影，习惯于用网络和朋友交流、聊天，习惯于在工作中处理邮件，习惯于在网上购物，习惯于有事没事都挂在网上……当人们已经离不开网络，网络全面渗透到人们的生活中时，一种网络生活方式已经形成。德国社会学家齐美尔（Georg Simmel）指出，当人们的交往到达足够的频率和密度，以至于人们相互影响并组成群体和社会单位时，一个社会便产生和存在了。如此来说，随着网络生活的形成和更多网民的出现，一个网络社会已经或正在形成。

（二）网络交往方式的类型

网络交往是网络生活中最主要的生活方式，也是网络社会最基本的活动。所谓网络交往，是指从事实践活动的主体之间，在一定的目的引导下，通过互联网在网络空间进行的相互往来、相互作用、彼此联系，从而实现物质、能量、情感、信息的交换与沟通的活动。③ 网络交往作为一种新型的交往方式，不同于传统的人与人之间面对面的直接交往，它是借助于虚拟现实技术，以计算机网络为中介，以数字化语言符号为载体而进行的间接交往，是社会交往在网络空间的一种延伸和扩展。

网络交往的方式取决于网络技术的发展。随着网络技术的改进，新的网络交往方式不断涌现，变得越来越便利，越来越人性化。目前使用得比

---

① 中国互联网络信息中心：《2008－2009 中国青少年上网行为调查报告》，http：//research. cnnic. cn/html/1245132193d646. html.

② 中国互联网络信息中心：《中国互联网络发展状况统计报告》（2009 年 7 月）。

③ 李素霞、许婉璞：《网络交往与人的全面发展》，《河北师范大学学报》（哲学社会科学版），2008 年第 4 期。

较多的网络交往方式有：电子邮件、网络聊天、电子公告板、博客。

电子邮件，即 E-mail。电子邮件是以网络进行通邮的一种方式，是目前大多数人最常用的一种网络交往方式。据中国互联网络信息中心统计，截至 2009 年 6 月，我国网民中有 18,725 万人使用电子邮件。一般而言，网民学历越高，电子邮件使用率越高，科研人员、白领阶层、管理者、高校教师、大学生等电子邮件的使用率明显高于其他人群。这些人一般都有自己的电子邮箱，甚至很多人拥有两个以上的电子邮箱。互联网络信息中心预计，随着互联网的进一步普及和网民的成长，会有越来越多的人使用电子邮件作为工作和生活工具，长期来看，电子邮件的使用率还将会上升。

网络聊天。网上聊天是通过互联网，网友之间像面对面一样直接而随意的一种交谈方式。网络聊天有两类，一是使用网上聊天室，二是使用即时的聊天工具。网上聊天室是在网络的虚拟社区中，多人同时在线交谈的一种聊天方式，在同一聊天室的人们可以通过发送消息、文字、图片、语音、视频等进行实时交谈，所有的聊天者都可以实时与其他人对话。即时聊天是通过专门的软件进行聊天，如 QQ、MSN，每个人有一个固定的 ID（号码和用户名），可以即时与好友取得联系，如果好友暂时不在线，可以留言，等其登录后，就可以收到。网络聊天也是网民较为常用的交往方式，而且从 QQ 到 MSN，从文字输入到语音、视频，聊天技术越来越高级，越来越人性化，越来越“真实”。

电子公告板，简称为 BBS（Bulletin Board System）。早期的 BBS 与一般街头和校园内的公告板性质相同，就是通过电脑传播或获得消息。现在的 BBS 逐渐演变成集信息发布、思想交流和问题讨论为一体的活动场所。BBS 通常按主题设立，公布有关该主题人们的最新认识，供对该主题有共同兴趣的人讨论使用。每个人可以针对自己感兴趣的主题发表意见，也可以对别人的观点进行回应，围绕同一主题构成一个公共讨论空间，就像现实生活中的沙龙，大家对同一主题进行研讨，相互激发，相互启迪，形成某一主题的网络交流群体。

博客。博客是继 E-mail、BBS、QQ 和 MSN 之后的一种最新的网络交流方式。中文“博客”一词，源于英文单词 Blog。Blog 是 Weblog 的简称。Weblog 就是在网络上发布和阅读的流水记录，通常称为“网络日志”。作为一个网络界面，博客通常由一系列文章构成，这些文章可以是自己对生活的感悟，也可以是对别人文章的转载。但博客绝不只是一种电子版的日记，它还具备交流功能。别人可以登录你的博客，浏览博客中的信息，了解你的思想观点和你提供的所有信息，并与你进行网上交流。与BBS过于公开化、E−mail过于私密性相比，Blog很好地将公共性和私人性结合起来。目前一些大型网站，如搜狐、新浪、百度都提供了建立博客的平台，很多人都在网上拥有属于自己的一片天地。中国互联网络信息中心提供的信息表明，截至2009年6月底，中国拥有个人博客/个人空间的网民已经达到1.82亿人，在网民中的使用率为53.8%，有66.8%的青少年网民拥有自己的博客，年增长33.8%。其中，有81.7%的大学生网民拥有自己的博客，并且有80.2%的人更新过自己的博客。中小学生中也分别有65.6 %和52.0%拥有自己的博客。①

随着交往技术的改进，新的交往的方式和手段会层出不穷，诸如QQ、E−mail等交往方式都有可能逐步退出网络交往的舞台。但不管诞生什么样的网络交往方式，其特征是共同的。有学者概括为：交往角色的虚拟性、交往过程的开放性、交往方式的间接性和交往行为的直接性、交往关系的平等性。②

第一，交往角色的虚拟性。现实生活中的交往是在一个物理空间进行的，而网络交往是在以数字信息为基础的网络空间进行的；现实交往的主体是可感的、直观的，而网络交往的主体则是符号化的。第二，交往过程的开放性。互联网是一个开放的交往平台，任何人只要拥有计算机和网络，都可以参与网络任何形式的交往，没有门槛的限制；现实中的交往可能受空间的制约，也可能受身份、资格、能力的限制，无法实现对每个人开放。第三，交往方式的间接性和交往行为的直接性。传统交往是面对面的直接交往，网络交往是以语言符号为载体的一种“人—机—人”的间接互动。正因为网络具有匿名性和间接性，所以网络交往主体才能真实地表达自己的意见，不必担心因表达不同意见会被人“穿小鞋”；可以根据自己的兴趣

① 中国互联网络信息中心：《2008－2009中国青少年上网行为调查报告》，http：//research.cnnic.cn/html/1245132193d646.html.

② 童星等：《网络与社会交往》，贵州人民出版社2002年版，第44—48页。

和意愿选择交往对象，自由来去，若碰到不喜欢的对象或遭遇尴尬的局面可及时退出，或以新的角色身份重新进行交往。第四，交往关系的平等性。现实生活中的交往自觉不自觉地都会受到交往双方地位、职业、等级等社会身份的影响，但网络交往是匿名的，因此无法显示一个人的社会身份。网络交往淡化了各种社会身份，使交往双方处在“无知之幕”之后，从而真正实现了自由平等的交往。

此外，网络交往的手段还具有便捷性和超时空性。传统的面对面交往，不仅受时空的局限，而且为了聚在一起交往，受交通工具速度的限制，需要花费大量的时间和精力。网络交往压缩了文化传播的物理时空，互联网在短短的几秒钟就可以完成信息的传输，瞬间送达分布于各个地区的用户。快速、便捷成为网络交往的优势，也是网络交往备受欢迎的原因。

也正因为有了网络的交往，才出现了网络生活，形成了网络生活方式；也正因为网络交往成为一种习以为常的生活方式，才铸造了网络文化。

（三）作为生活方式的网络文化

网络不仅是技术的存在，当它成为人们的一种生活方式时，已经具有文化的内涵，成为一种文化的存在。正如德国技术哲学家弗里德里希·拉普（Friedrich Rapp）所说：“实际上，技术是复杂的现象，它既是自然力的利用，同时又是一种社会文化过程。”[①] 互联网作为一种全新的信息技术范式，它塑造了一种不同于农业社会和工业社会的全新的社会生活场域，一种新的生活形态——网络生活和支配网络生活运行的网络文化。

丹尼尔·贝尔（Daniel Bell）指出，农业社会面临的主要矛盾是“对付自然”，工业社会面临的主要矛盾是“对付制作的世界”，信息社会面临的主要矛盾则是“处理人与人之间的关系”，[②] 这就决定了对网络文化的考察，不能站在技术的角度，只能站在社会的意义上。站在技术的角度，网络文化是指以计算机技术和通信技术融合为物质基础，以发送和接收信息为核心的一种崭新文化，[③] 强调文化的数字化、虚拟化。站在社会的意义上，网

① 王世明：《技术·网络文化·文化变迁》，《情报杂志》，2004年第4期。

② 丹尼尔·贝尔著，赵一凡等译：《资本主义文化矛盾》，三联书店1989年版，第198－199页。

③ 李贤民：《民族文化不能在网络中消失》，《光明日报》，2001年12月12日。

络文化反映的是借助技术而实现的交往生活、交往方式、交往关系。网络文化是以网络生活为基础，以虚拟空间中网络交往为存在形式的交往关系的反映。也有学者主张使用更全面的观点，认为网络文化是文化外在形式（网络技术）、文化内在形式（平等性、无中心性等）和文化内容（政治、经济、宗教、哲学、法律等）的综合统一体。不过，随着网络文化研究的深入，研究的重心必然会从其外在形式特征逐渐转向内在形式特征和文化内容上来。①

立足于交往生活方式，尤其是交往关系考察文化，文化不等于具体的交往生活和交往活动，而是体现在交往生活和交往活动中的精神。文化的核心是体现在活动后面、支配活动的一种精神。但如果我们作一个回溯和分析，可以看到：之所以具有这种精神实质，是因为有这样的交往生活；之所以有这种交往生活，是因为运用了某种交往手段。所以，文化虽然是一种精神，但它不是先验存在的，而是对交往手段和交往生活的抽象。对于网络文化而言，这就是交往技术的虚拟化和交往生活的匿名化，它们构成了网络文化产生的技术基础和生活基础。

毫无疑问，网络世界是虚拟的世界。"所谓'虚拟'，即运用现代科技手段与精致的数学模型，将现实社会中的人与真实世界'数字化'，变成信息符号。网络世界是对真实世界的数字化虚拟，是通过数字对世界——现实与想象的世界进行的多种组合。"② 网络世界的虚拟性是通过"数字化"方式形成的，网络技术使通过网络所传输的文字、声音和图像等信息都还原为0和1两个原初的数字，如此，人的全部生活都被数字化，网络生存就是一种数字化生存，"赛博空间"就是由数字技术构造的虚拟空间。互联网就是以数字化为基础，用数字化及多媒体技术模拟现实，因此，网络生活是一种虚拟的生活。但网络生活的虚拟性，并不能等于网络文化的虚拟性。因此，不少学者把虚拟性作为网络文化的本质特征，认为网络文化是虚拟文化。其实，任何文化都是对生活的一种虚拟反映，不存在着"真实"的文化，从这个意义上说，不仅网络文化，一切文化都是"虚拟"的。

① 冯永泰：《网络文化释义》，《西华大学学报》（哲学社会科学版），2005年第2期。
② 刘同舫：《网络文化的精神实质》，《天津社会科学》，2005年第6期。

虚拟技术，使人在网络上只是一个符号的化身，网络的交往是符号间的一种互动、交流，每个人在符号背后都隐去了真实的信息、真实的“自我”。不同于农业社会建立在血缘关系基础上的“熟人社会”面对面的交往，也不同于工业社会建立在商品交换基础上的“陌生人社会”的交往，网络交往的匿名性更加凸显。交往中的每个人都是匿名的，网络交往中的人与人既陌生又熟悉。陌生是因为他们无法知道交往对方的真实性；熟悉是因为他们熟悉代表他们的交往符号，这种熟悉是虚拟时空中的熟悉，一旦走出虚拟的网络时空，回到真实的物理空间，他们依然是陌生人。①

网络文化是虚拟技术和匿名交往创造的复合体，虚拟技术提供了网络文化的技术支撑，匿名交往赋予网络文化的生活逻辑，网络文化的产生是匿名交往借助虚拟技术力量而实现的，是对虚拟的网络交往生活的一种文化解读。从文化的角度解读网络交往生活，网络文化表现出去中心的多元性、消解权威的平等性、跨越时空的全球性等后现代特征。

第一，网络文化是一种去中心、多元、兼容的文化。

传统社会，文化作为人类文明的结晶，为少数精英所创造。由于文化本身带有一定的价值取向，少数精英创造的文化必然是他们利益的反映和意志的表达。因此，传统社会中，精英是文化的生产者，自然居于文化的核心；对于普通百姓，他们只是精英文化的消费者，文化因为不能反映他们的利益而使他们处于文化的边缘。在网络文化中，这种情况得到了改变。网络文化是大众的文化，网络世界中的每个人，既是文化的创造者，又是文化的消费者。“在网络文化面前，实际上已经消灭了作家与读者的区别，消灭了临于上的传者与居于下的受者的差异，消灭了神气十足的记者编辑与渴求信息的读者观众的界限，大家都是平等的互动的文化参与者。”②网络文化没有精英和边缘之分。网络的大众化，打破了传统文化的精英取向，消解了霸权式的中心。网络文化的即时性，使每个人的表达都只能是“昙花一现”，一个人的思想要想长久地占领网络空间，甚至想统领所有网络人的思想，是不可能的。

---

① 王南湜、刘悦笛：《交往方式的革命——互联网的社会后果》，《学术研究》，2003 年第 5 期。

② 尹韵公：《论网络文化》，《光明日报》，2007 年 3 月 25 日。

由于人人都是网络文化的创造者、表达者和使用者，个人的文化表达和创造都必然反映各自的利益和意志，所以，网络文化呈现出多元的取向，各种声音、各种观点纷呈，真正成为了网民的大众文化。网络文化没有中心，因为人人皆是中心。

网络文化是多元文化，多元意味着“有你也有我”，而不是“有你无我”。传统的文化产生于人对世界的改造，而网络文化产生于人与人之间的交往。改造是一种对象化的“主—客”关系，交往是一种平等的“主—主”关系。因此，尽管网络文化是多元的、个性化的，但这些多元、个性的文化能够彼此共存，互相兼容。“网络文化是兼容性极强的文化”，它能够满足众多的网络主体发挥自己的能动性，表达自己的意愿，按照自己的意愿行事。[①] 网络文化是文化的大家园，各种文化都可以在其中“狂欢”。

第二，网络文化是一种平等的民主文化。

中国的传统文化是一种人伦的等级文化，不是理性的独立文化。在传统文化影响下，人与人之间的交往受许多等级身份的影响，比如说，师生交往强调师道尊严，即便今日提倡师生平等，也很难有真正平等的体现。一旦学生真要和教师平等（如学生直呼老师的名字），教师心里还不一定舒服。但在网络中，平等会变得非常自然。网络主体具有匿名性，网络交往是一种匿名交往，无论一个人在现实生活中，地位有多高、权力有多大、身份有多显赫，在网络交往中都会隐匿。网络交往不受真实社会中地位、角色乃至社会规范的限制，参与交流的网民完全根据自己的兴趣、爱好，真实地展示自我，张扬自我，平等交流。如果说工业社会争取“法律面前人人平等”的话，网络社会真正实现了“网络面前人人平等”。正如约翰·诺顿（John Naughton）所说：“计算机世界是我所知道的唯一真正把机会均等作为当代规则的一个空间。”[②]

网络文化的民主性，就在于网络文化的“去中心化”，“去中心化”的特性消解了网络文化中的霸权主义。网络的四通八达和传播的迅速性，即便一个人再有能力、再有地位，也难以控制网络中的不同声音。网络没有

① 孟建、祈林：《网络文化论纲》，新华出版社2002年版，第274页。

② 约翰·诺顿著，朱萍等译：《互联网：从神话到现实》，江苏人民出版社2001年版，第272页。

特权，不受等级控制，网络给人的言论提供了自由表达的空间。这为传统文化中处于弱势地位的群体提供了同样的文化表达机会，也提供给他们一个驳斥、拒绝文化霸权的阵地。

第三，网络文化是一种开放的全球文化。

由于缺乏充分的交往，导致传统文化具有较强的地域性、本土性和民族性。同时，由于地理阻隔、语言不通和科技手段落后等原因，各种文化之间的交流受到了限制，出现了文化的隔离和文化发展的不同步性。网络时代的到来，彻底粉碎了时空的限制和地域的隔断，超越了现实时空的限制，打破了国家和地区之间各种有形和无形的壁垒。“网络是一个具有高度活力的开放系统，能够无限扩展，只要能够在网络中沟通，亦即只要能分享相同的沟通符码（例如价值或执行的目标），就能整合入新的节点。”① 网络的开放性，使任何人都可以享有不同的文化；借助于快速的网络交往通道，可以实现快速的文化传播；借助于国际互联网，可以实现全球的文化沟通与交流。因此，网络文化是一种开放的全球文化。

文化全球化意味着什么？是民族文化的消融还是保持民族文化的独特性？是西方文化的一元还是各民族文化的多元？借助于网络技术和网络文化，显然有助于世界各国、各民族文化的交流，也有助于各民族文化之间形成共识，正如马克思在《共产党宣言》中所期盼的那样：“各民族的精神产品成了公共的财富，民族的片面性和局限性日益成为不可能，于是由各种民族的和地方的文学形成了一种世界文学。”② 但这不意味着要消除文化的民族性、个性，走向文化的一元。共识是各民族文化的共同性，共识存在于个性之中。文化都是价值的反映，价值的不同取向，决定了绝对一元的文化是不存在的。文化的全球化与民族文化的个性之间不矛盾，“全球化越广泛，标准也就越具有全球性，那么个体的选择便越独立。道理很简单，全球性的标准愈普遍，它所能囊括的特殊性就愈多”。③ 真正的全球化不是

---

① 卡斯特：《网络社会的崛起》，转引自李彦、李伟：《论网络文化的后现代特性》，《兰州交通大学学报》（社会科学版），2004 年第 2 期。

② 《马克思恩格斯选集》第 1 卷，人民出版社 1995 年版，第 276 页。

③ 王南湜、刘悦笛：《交往方式的革命——互联网的社会后果》，《学术研究》，2003 年第 5 期。

消除民族文化的差异，而是尊重民族差异。这就是我们常说的一句话："越是世界的，就越是民族的。"

网络文化是一种民族平等的文化，是一种多元的文化。各民族的文化都是其生活的反映，都有其存在的合理性。文化只有适合与不适合之分，没有绝对的正确与错误。把一个民族的文化强加于另一个民族，使一个民族按照另一个民族的方式生活，这是一种文化霸权和殖民。为了防止一些发达国家或强势民族借助网络文化的全球化推行新的文化殖民主义，发展中国家和弱势民族在网络文化交流中必须保持一定的文化自觉，坚持以一种平等和谐的方式，共处于全球网络文化之中，使全球网络文化真正成为一种多元和谐的文化。

综上所述，网络文化不同于农业社会以人际依附为核心的传统文化，也不同于工业社会以现代性为核心的现代文化，网络文化反映的是信息社会的后现代特征，它以交往理性代替工具理性，以主体间性代替主体性，以差异性代替总体性，去中心化、碎片化、个性、不确定性、主观性、开放性等成为网络文化的突出表现。因此，可以把网络文化归结为一种后现代文化。后现代性是网络文化的突出核心。

第四章　多元文化背景下中小学生的消费生活方式

消费是人类最基本的实践活动之一。如同没有生产就没有消费一样，没有消费也就没有生产，消费构成社会再生产的最后一环。在一个物质匮乏的社会，生产对社会的发展起决定作用，这个社会是“生产社会”。但在一个物质丰盛的社会，消费对社会的发展起决定作用，这个社会因此成为“消费社会”。当代社会的发展正在从“生产社会”走向“消费社会”，消费越来越成为社会发展的决定性因素，经济发展的动力也日益从扩大生产走向扩大消费。走出当前全球金融危机，很多国家都采取了刺激消费的策略。只有刺激消费，才可能有生产的需求，才会有经济的发展。“不消费就衰退”，已成为今天发展经济的口号。现代社会，消费不仅推动了经济的发展，也改变了人们的生活方式、思想观念。“消费”代替“节俭”，“花明天的钱，办今天的事”成为现代人的生活观念，消费的追求也逐渐从实用消费转向符号消费。

消费生活方式的变化是社会发展的必然还是异化？中小学生的消费生活如何？消费主义对他们会产生怎样的影响？我们该如何加以引导？本章试图就这些问题作出探讨。

一、消费生活方式及其构成要素

（一）消费生活方式的内涵与特征

自从有了人类，人类为了保持自身的生存，就有了消费活动。因此，消费是人类恒久的活动。消费有两种：一种是生产消费，一种是生活消费。生产消费是对物质生产资料的消费，通过消费物质生产资料生产出新的产品。如此，生产消费与物质生产是同一的，是物质生产的环节。

生活消费是通过对物质生产产品的消费，满足自身的生活需要，马克思称之为“原来意义上的消费”。[①] 人们通过对生活资料的消费，满足生命发展的需要，提高生活质量，它属于人类自身的再生产。

生产消费是与物质生产紧密相连的，是生活消费的前提。一般来说，生产消费是经济学研究的对象。本章我们主要探讨生活消费，而且主要偏重个体的生活消费。

人总是要生活的，但生活与生活不一样。如同马克思所说：“饥饿总是饥饿，但是用刀叉吃熟肉来解除的饥饿不同于用手、指甲和牙齿啃生肉来解除的饥饿。”[②] 肉总是要吃的，这是生活的需要，属于消费问题，但“怎样吃”，是生吃还是熟吃，是用刀叉吃，还是用手、指甲和牙齿啃着吃，这属于消费方式问题。“用刀叉吃熟肉”，还是“用手、指甲和牙齿啃生肉”，虽然都能解除饥饿，但吃的方式不同，这种不同，在人类社会的初期，反映的是生产力发展不同阶段的生活形态，属于消费生活的自然形式。“消费的自然形式，是指用什么形式去消费消费资料，它反映社会生产力和科学技术的水平。”[③] 所以，消费方式不完全是个人的自由选择，而首先是一定时代的产物。在物质匮乏的时代，生活消费不可能有过多的追求，满足生活需要，是消费的第一要义。

现代社会物质产品丰富，消费的使用价值在降低，而符号价值在不断地提升，消费越来越成为一种对符号和意义的追求。人们消费，不是为了使用，而是体现一种身份和在群体中的地位。消费越来越脱离了自然性，而具有社会性。消费生活开始形成一种社会关系的逻辑，建构一种体现社会关系的消费方式，这就是消费生活的社会形式。

不同于消费的自然形式反映生产力的要求，消费的社会形式反映的是社会关系的特征。在人类社会变迁的过程中，消费的社会形式首先反映的是不同社会的生产关系，如封建社会主奴的等级关系、社会主义社会公民的平等关系。在同一个社会内部，消费生活的社会形式反映的是阶层的关系和地位的差异。韦伯、凡勃伦和布迪厄等社会学家都探讨了消费与地位

---

① 《马克思恩格斯选集》第 2 卷，人民出版社 1972 年版，第 93 页。

② 《马克思恩格斯选集》第 2 卷，人民出版社 1972 年版，第 95 页。

③ 尹世杰、蔡德容：《消费经济学原理》（修订版），经济科学出版社 2000 年版，第 130 页。

之间的关系，强调消费是社会阶层的标志，是社会地位的象征。

马克思把生活方式作为区分阶级的指标。韦伯继承了马克思的这一思想，但同时，他又把生活方式聚焦于或缩小为消费生活，认为生活方式本身是通过一定的消费方式表现出来的，因此他把消费方式看作区分阶层的一个重要标志。韦伯在《阶层、地位和权力》中指出，一个人的财富和收入水平不决定他的阶层，经济地位相当的人，其生活方式不同，属于不同的阶层，所以，阶层的划分与阶级的划分不同，关键是看他在一定的收入水平内，具有怎样消费的生活方式。有钱不花，或者消费时不同的消费方式、对消费品的不同追求，反映出不同的生活态度和生活方式。生活方式相同、相近的人，容易组成一个群体，形成一个阶层。生活在同一阶层中的人以对自己的生活方式的认同来作为阶层与阶层之间区别的标志，从而限制不同生活方式的外人进入本阶层。如白领阶层的生活方式与农民工的生活方式之间的差异，使农民工很难进入白领的生活圈。所以，生活方式尤其是消费生活方式就成了区分阶层的指标。

凡勃伦也从消费的角度来认识生活方式，并把由消费所体现的生活方式作为阶级尊荣的标志。凡勃伦把社会上层阶级称为有闲阶级。有闲阶级首先要有财富，财富本身内在地具有尊荣性，这是成为有闲阶级的基本条件。但凡勃伦又指出："要获得尊荣，仅仅有财富和权力是不够的，有了财富和权力还必须能提出证明，因为尊荣只有通过这样的证明得来。"[①] 他认为证明自己尊贵身份的标志就是炫耀性消费，如穿戴名牌服饰、开豪华轿车等。除了他们自身的消费，炫耀性消费还包括他们的"代理有闲"和"代理消费"，即他们的女人、仆人、门客等的炫耀性消费。炫耀性消费不在于物品自身的价值，而在于给别人留下的印象，证明自己的财富和重要性，提升自己在他人心目中的地位。炫耀性消费是社会成员显示和维持其社会地位的必要手段。

布迪厄在《区隔》一书中运用资本、场域、惯习等概念，分析了消费在阶层分化中所起的作用，认为不同的消费都是消费者不同社会地位的体现，在各种消费活动中，不同的阶层都处于一个明显的等级体系中。消费

---

① 凡勃伦著，蔡受百译：《有闲阶级论》，商务印书馆 1964 年版，第 31 页。

取决于一个人的资本，不仅是经济资本，更取决于一个人的文化资本。文化资本决定着一个人的消费品位，消费品位的差异代表一个阶层的区分标准，此标准不仅影响了消费者对阶层的认同和定位，也塑造了消费者的惯习。特定群体尤其是精英阶层试图利用消费品位来彰显自己独特的生活方式，以便与其他阶层相区分。在布迪厄看来，品位是一种文化资本的形式，文化资本是品位形成的重要影响因素，而教育产生了文化资本。布迪厄根据调查，把品位分为与教育水平和社会阶层相一致的三种类型：（1）正统的品位。主要属于统治阶级上层中文化资本拥有最多的群体，文化资本越多，就越具有这种品位。（2）中间品位。属于中产阶级的群体，统治阶级和劳动阶级都相对较少。（3）大众品位。属于劳动阶级的群体，文化资本的拥有量较少。[①] 布迪厄借助于消费品位，研究了社会的分层，揭示了消费实践背后的社会区分逻辑。

韦伯、凡勃伦和布迪厄从社会关系的视角，分析消费的形式，把消费看作一种社会关系的反映，消费方式的不同体现了阶层或等级的差异，使消费生活方式具有了社会建构性。消费成为阶层的象征性行为，消费的目的不在于商品的物质性，而在于商品所代表的符号意义，符号的区别体现出人的地位差异。

注重消费方式的社会意义，这是“消费社会”与“生产社会”的差别。在物质不丰盛的社会和年代，人们消费的目的是满足生存性的物质需求，只有满足了生存需要之后，才会有对消费社会意义的追求。

我们这里考察的主要是消费的社会方式，消费的社会方式反映社会的生产关系和社会地位的差异。

消费的社会形式，既有社会的差异、群体的差异，也有个体的差异。社会的消费方式，是社会生产关系的本质反映，是一个社会消费的总体特征，如社会主义社会消费方式的特点；群体的消费方式，反映的是一个群体不同于另一个群体的独特的消费特征，体现了一个群体相同的消费理念、消费行为和消费形式，如白领阶层的消费方式、80后的消费方式。个人的消费方式，是在一定的消费价值观的引导下，个人消费生活的一种行为特

① 赵卫华：《地位与消费》，社会科学文献出版社 2007 年版，第 85 页。

征和表现。当然，单一的个人永远是不存在的，他生活在某个社会，隶属于某一群体，所以，其消费方式必然反映社会和群体的共同特征，但个人的消费方式更显示个人的独特性。

从这点来说，我们对中小学生消费生活方式的研究，主要是在群体意义和个人意义上。消费生活方式，是在一定的社会条件下，消费主体受一定的价值观的支配，对消费资料的选择、占有和享用的方式和对其社会意义解读的方式。消费生活方式，既包括人与消费资料之间的主客关系，即采用什么形式、运用什么方法来消费消费资料，还包括以什么身份消费，即消费中所隐含的社会关系、社会地位。所以，“怎样消费”不仅具有技术的内涵，还具有社会的内涵。在社会内涵上，不仅具有时代的特征，还体现个性的选择。消费生活方式不仅因为生产力、生产方式的制约而具有共同性，而且受不同地区、不同民族的风俗习惯、文化传统的限制，也表现出地域和民族的消费生活方式的多元性，形成该群体、民族的消费习俗、消费文化。即便在同一个地域、同一个民族，个人的消费生活方式也不尽相同。个人消费方式，受不同的人生观、价值观、消费观以及消费嗜好、消费习惯的影响，具有个人消费的独特性，因而呈现出多元化的状态。在一个开放、民主的社会，主流的消费生活方式尊重、容忍非主流的生活方式，同其共存于多元生活之中，构成多元文化的重要一维。

（二）消费生活方式的要素

消费生活方式表现为“谁消费”、“消费什么”和“怎样消费”。

消费主体，不只是个体，群体、阶层、民族和社会也都可以成为消费生活方式的主体。因此，消费生活方式，不仅有个体的，还有地域的、阶层的、民族的、社会的，反映出特定群体生活方式的共同特征。

消费资料，不仅有物质资料和精神资料，而且符号也成为重要的消费资料。在炫耀性消费中，人们看中的不是商品的物质属性和精神属性，而是其所代表的社会身份。人们之所以穿名牌，不是因为衣服本身的舒适，而是名牌所代表和传递的身份和意义。

消费行为是主体在消费生活中的外显要素，是消费生活方式外在化的具体表现。消费行为有多层次、多方面、多类型。从层次看，有社会的消费行为、群体的消费行为、个体的消费行为；从方面看，有衣、食、住、行、文化、娱乐等消费行为；从类型看，有日常性消费行为、发展性消费行为和炫耀性消费行为。

消费行为是消费生活方式的核心，也是生活方式的外在表征。人的消费行为，不是一种盲目的行为，而是一种有意识的理性选择行为。意识作为一种内在的力量，支配着消费主体选择某种消费行为。所以，消费生活方式还必须包含内在的消费意识，它内含于消费生活方式之中，是消费方式的内在主导力量。

“消费意识是社会主体对消费生活的感知和认识，其核心是消费价值观，并融爱好、情感、心理等复杂成分为一体。”① 消费意识包括消费心理和消费价值观。消费心理是消费活动中的心理特征，包括个人的消费需要、爱好、习惯等。消费心理受消费环境、广告和他人消费行为的影响，容易表现出从众、求异、攀比等不理性的消费行为。消费心理处于消费意识的浅层，具有情境性和不稳定性。我们常常会对从众心理作用下的消费行为感到后悔，就是如此。消费价值观是消费意识的深层表现，对消费行为起着支配作用。消费价值观是消费主体对消费对象、消费行为方式、消费结果、消费趋势的总体认识评价与价值判断。消费价值观的形成和变革是与社会生产力的发展水平以及社会、文化的发展水平相适应的，当然也会出现超前与滞后的另类消费价值观。

研究表明，消费价值观对消费行为的影响主要表现为：其一，消费观念影响消费者的品牌偏好。调查发现，消费观念越前卫，消费者越倾向于喜欢和选择国际性的品牌，而保守的消费者大多根据性价比而选择国内品牌。其二，消费观念影响消费者对其消费环境的评价。消费者的消费观念前卫，其对消费环境则没有太多的关注，对消费环境的要求也不高。其三，消费观念影响人们对消费场所、消费方式的选择。消费观念为节约型的消费者很少去专卖店或精品店购物，比例仅为12.9%，但选择去批发市场和自由市场的比率却是最高的；而具有提前消费观念的消费者，选择去专卖店或精品店以及大型商场的人数均超过一半，分别为53.7%和55.2%，去

① 何明升、王雅林主编：《中国城镇居民的消费生活方式》，黑龙江教育出版社1992年版，第11页。

批发市场和自由市场的比率又均不及其他类型的一半。其四，消费观念也直接影响人们的未来预期和未来消费。[1]

总之，消费生活方式是消费主体在一定的消费意识的支配和作用下，对消费资料的一种选择、占有和利用的行为方式的总和，是消费主体、消费资料、消费意识、消费行为综合作用的结果。

二、中小学生消费生活方式的实然判断

与成年人的消费群体不同，中小学生是一个特殊的消费群体。对于成年人来说，他们既是消费者，也是生产者，他们依靠自己的劳动，有自己的收入，因此也有独立的消费权和消费生活。但对中小学生而言，他们只是消费者，而不是生产者，他们没有自己的收入，是一个经济上尚未独立、依靠家庭的纯消费群体。中小学生的消费生活很大部分列入家庭消费之中，实际的消费状况在很大程度上仰赖于父母和家庭。但这并不意味着他们没有自己"自由"支配的"收入"与消费能力以及独特的消费活动。一方面，他们都有一定的零花钱；另一方面，他们是未来的消费主体，他们对自己的消费生活都有一定的期待，突出地反映在他们的消费意识上。

目前，媒体对中小学生消费的负面报道很多，反映了中小学生消费中的畸形、浪费等现象。他们在消费中带有明显的名牌意识，消费各种高档手机、MP4，进行同学之间的人情消费，存在严重的攀比和炫耀消费心理，等等。

中小学生的消费生活果真如此吗？带着这个问题，我们进行了一次抽样调查。[2] 调查的对象是江苏省的泗洪、盐城、常州、苏州、海门、南京、连云港、扬州等地区的小学、初中和高中的学生，年龄范围为10～18岁。采用分层抽样和整群方便抽样的方法获得有效问卷2091份，从城乡分布看，农村学生占29.2%，城市学生占70.8%；从学段分布看，小学生占51.8%，初中生占33.0%，高中生占15.2%；从性别分布看，男生占50.6%，女生占49.4%；从是否为独生子女看，独生子女占78.4%，非独

① 消费观念，http：//baike.baidu.com/view/1472762.htm.

② 参与调查的有冯建军、马多秀、王亚琼、郝永贞、白莲莲，马多秀、王亚琼负责消费生活方式的调查和调查报告初稿的撰写。

生子女占21.6%。

我们根据消费生活方式的要素设计了《中小学生消费生活方式的问卷》，对回收的2091份有效问卷进行统计分析。我们对中小学生消费生活方式的判断，正是基于对本次调查问卷统计分析的结果。

（一）中小学生的消费行为

1. 日常性消费行为

（1）中小学生大多拥有一定的消费力，其可支配的零花钱与家庭的富裕情况以及学段都显著相关。

日常性消费就是学生日常生活中的消费行为。对“你每个星期的零花钱是多少”的统计结果显示，没有零花钱的占21.98%，10元以内的占39.15%，10～30元的占21.01%，30～50元的占8.56%，50～100元的占6.96%，100元以上的占2.33%。调查表明，大部分学生都有零花钱，而且零花钱的数额不小。调查中是以每周计算零花钱的数额，如按月计算，大多数学生的零花钱有40～120元，占60.25%，有120～200元的占8.56%，有200～400元的占6.96%。百十元对于成人生活来说不算多，但对中小学生来说，这些钱只是用来“零花”，其数量已不算少。

农村学生和城市学生零花钱的对比研究表明，他们之间存在显著差异（$p<0.01$），农村学生中有小额零花钱的比例比城市学生高，而城市学生中有大额零花钱的比例比农村学生高。

对不同学段学生零花钱数量的比较研究表明，不同学段学生之间也呈现出显著差异（$p<0.01$）（见表4-1），没有零花钱的比例随学段的升高而降低，低学段学生的零花钱相对高学段学生较少，随着学段的升高，有大额零花钱的学生比例逐渐增大。

表4-1　对“你每个星期的零花钱是多少”回答统计结果（%）

	没有	10元以内	10～30元	30～50元	50～100元	100元以上
小学	31.43	46.81	13.51	3.94	3.10	1.22
初中	12.45	37.19	29.43	10.69	8.05	2.20
高中	10.42	16.94	28.34	19.87	17.92	6.51
总体	21.98	39.15	21.01	8.56	6.96	2.33
$x^2=386.740\quad p=0.000<0.01$						

家庭经济状况与学生拥有零花钱的数量也呈显著差异（$p<0.01$）（见

表 4-2)，家庭经济状况差的学生没有零花钱的比例较高，有较大数额零花钱的比例相对较低，相反，家庭经济状况好的学生没有零花钱的比例较低，而且有大额零花钱的比例相对较高。

表 4-2 对“你每个星期的零花钱是多少”回答统计结果（%）

	没有	10 元以内	10～30 元	30～50 元	50～100 元	100 元以上
富裕	22.80	22.80	24.87	9.84	12.44	7.25
一般	21.68	40.31	20.80	8.87	6.58	1.76
比较贫困	22.66	48.44	21.88	2.34	3.91	0.78
很困难	31.03	51.38	10.90	3.45	2.90	0.34

$x^2=71.302 \quad p=0.000<0.01$

（2）中小学生日常的消费主要集中在与学习、生活密切相关的方面，并且随着学段的升高，精神消费的比例不断增加。

关于零花钱的用途，表 4-3 显示，小学阶段排在前三位的是买文具或书籍（77.94%）、买零食（43.39%）和给同学买礼物（23.82%）；初中阶段排在前三位的是买文具或书籍（73.52%）、买零食（62.13%）和给同学买礼物（21.45%）；高中阶段则是买文具或书籍（64.69%）、买零食（64.69%）和吃快餐（36.75%）。总的来看，中小学生零花钱的用途基本是一致的，他们的消费支出项目与他们的学习、生活、交往密切相关，主要用于购买学习资料、食品和人情消费上。另外，上网、打电子游戏、买光碟、买化妆品的比例随学段的升高也在增加，尤其是买光碟和上网的比例随着学段的升高增加较快，说明娱乐生活已经成为当今青少年消费生活的一个重点。他们不只满足于吃穿的物质享受，还追求精神享受。但值得引起注意的是，个别学生还花钱雇佣别人给自己做事情，给同学买礼物等人情消费也占有一定的比例。

表 4-3 对“你的零花钱主要用于什么”回答统计结果（%）

	买零食	买文具或书籍	上网	打电子游戏	给同学买礼物	吃快餐	买光碟	买化妆品	雇佣别人做事
小学	43.39	77.94	7.12	4.62	23.82	17.81	10.91	1.35	2.12
初中	62.13	73.52	10.80	5.19	21.45	14.20	18.05	1.92	1.33
高中	64.69	64.69	15.23	7.97	17.16	36.75	21.12	7.26	2.64

2. 发展性消费行为

随着知识经济理念逐渐深入人心和社会整体上对教育的重视，现在的家庭用于孩子发展性消费的比例在逐步增加。无论是城市还是农村，父母都想把孩子送到最好的学校，于是，就出现了高昂的择校费和借读费。为了发展孩子的兴趣爱好，提高孩子的学习成绩，还要让他们参加各种兴趣班、特长班、培训班等，城市学生参加各类班的比例高达72.93%，农村学生较低，但也有30.73%。在城市，一般学生都不止参加一个培训班，有的周末赶场子般连轴转。学生辛苦是一方面，家长的智力投资也不是一个小数目。

在发展性消费上，城市学生和农村学生的回答存在显著差异（$p<0.01$），城市学生参加课外辅导的比例比农村学生高出42个百分点。不同学段学生的回答也呈现出显著差异（$p<0.01$），参加课外辅导和参加培训班的比例小学生是65.81%、初中生是56.16%、高中生是51.80%。可见，低学段学生相对高学段学生课外辅导等发展性消费的比例更高，高学段学生发展性消费的比例反而较低。这可能是因为高学段学生在校内补课时间相对较长，他们没有更多的时间去上课外辅导班，而低学段学生情况则正好相反。这并不是说高学段学生的家长不注重子女的发展性投资。事实上，随着中考、高考的临近，他们更加关注孩子的学习成绩，但主要是在学校补课。另外，不同家庭经济状况的学生的回答也有显著差异（$p<0.01$），经济条件越好，发展性消费比例越高。望子成龙、望女成凤是家长们普遍的心态，在当今知识经济理念愈加被人们所理解的时代，家长们会在经济能力可承受的范围内增加对子女的发展性消费投资。

不同学生群体用于发展性消费的数额也存在显著差异。在不同学段之间，小学阶段出现两极化现象，即在花费的最小值和最大值上所占的比例都相对较高，初中阶段选择每学期用于参加各种课外班和家教补习的花费在100～500元的占60.72%，而高中阶段主要集中在100～800元，占75.54%。通过对城市学生和农村学生之间对比发现，高数额投资的比例城市学生高于农村学生，而低数额投资的比例则是农村学生高于城市学生（见表4-4）。不同家庭经济水平之间，用于发展性消费的高投资行为中，家庭经济条件好的学生多于家庭经济条件差的学生，而低投资行为中，家庭经济条件差的学生多于家庭经济条件好的学生。

表 4-4　对"你每学期用于上辅导班、特长班或家教的花费是多少"回答统计结果（%）

	100～300 元	300～500 元	500～800 元	800～1000 元	1000 元以上
城市（1148 人）	31.88	21.78	20.21	12.28	13.85
农村（289 人）	47.75	24.57	14.53	6.92	6.23

$x^2=38.097 \quad p=0.000<0.01$

3. 炫耀性消费行为

凡勃伦在《有闲阶级论》中指出，有闲阶级为了显示自己的荣耀或博得某种尊重，总是会在金钱使用上比较阔绰；而非有闲阶级也总是争取按有闲阶级的消费标准来生活，在荣誉方面符合高人一等的生活习惯。中小学生中炫耀性消费现象也存在。调查统计显示，中小学生有手机的占 28.5%，没有手机的占 71.5%。不同群体学生之间存在差异（$p<0.01$），城市学生有手机的比例高于农村学生，高学段学生有手机的比例高于低学段学生，家庭经济状况好的学生有手机的比例高于家庭经济状况差的学生。

过生日在中小学生中也成为一种时尚，许多家长为给孩子过生日不惜花费高额费用。调查统计显示，中小学生举办过生日聚会的占 58.51%，没有举办过生日聚会的占 41.49%。城市学生举办过生日聚会的占 62.50%，农村学生举办过生日聚会的占 48.56%，二者之间相差大约 14 个百分点。而家庭经济条件好的学生举办生日聚会的比例也高于家庭经济条件差的学生。在生日聚会所花费的金额上，不同群体学生之间也存在差异（$p<0.01$），具体表现为：城市学生用于生日聚会的花费高于农村学生，低学段学生的花费高于高学段学生，独生子女的花费高于非独生子女，家庭经济条件好的学生的花费高于家庭经济条件差的学生。

（二）中小学生的消费意识

1. 大多数中小学生具有务实和理性的消费观念，对待名牌比较理性，只有少数学生追求名牌，暴露出炫耀性消费的倾向

中小学生是非生产者，他们的全部支出来源于家庭，家庭的经济状况直接制约其消费行为。从总体上看，有 82.83%的学生认为自己的家庭经济状况属于一般水平，但是在城市学生和农村学生之间存在显著差异（$p<0.01$），城市学生家庭富裕的比例（12.13%）比农村家庭富裕的比例（3.19%）高出近 9 个百分点，而农村家庭经济很困难和比较贫困的比例都

比城市高。这表明，城市和农村家庭之间在经济状况方面还有很大的差距。

对于不同背景的学生来说，他们在消费时是否考虑其家庭经济的承受能力，这可以考察其消费观念是否务实。从总体上看，只有5.42%的学生在购买商品时从不考虑家庭经济状况，经常和总是考虑家庭经济状况的学生占64.12%。这说明，绝大部分学生的消费观念是比较务实的。从表4—5可以看出，城市学生和农村学生之间的选择不存在差异（$p>0.05$），独生子女和非独生子女，以及不同学段之间都没有差别。但是，家庭经济条件不同的学生之间的选择有显著差异（$p<0.01$），家庭经济条件富裕的学生选择不考虑家庭经济条件的较多，相反，家庭经济条件差的学生选择经常和总是考虑家庭经济状况的比例相对较大。可见，家庭经济水平低的学生在消费方面更加务实，更能体谅父母挣钱的不易。

表4—5　影响学生购买高档商品的因素的比较分析

	（卡方值）x^2	（自由度）f	（显著性水平）p
所在地（城市、农村）	6.071	3	0.108
是否为独生子女	2.287	3	0.515
家庭经济水平	108.999	9	0.000
学段	6.220	6	0.399

当问及“你选择商品时看重的是什么”时，有63.32%的学生选择商品的“舒适实用”，有31.12%的学生选择商品的“价格合理”，只有5.52%的学生选择商品的“高档名牌”。可见，绝大部分的学生在消费观念上是务实和理性的，追求高档和时尚只是极少部分学生的偏好。就学段而言，将名牌作为首要标准的小学生有5.85%，初中生有4.55%，高中生有6.54%；就家庭经济状况而言，将名牌作为首要标准的富裕家庭的学生有15.90%，经济一般家庭的学生有4.31%，经济比较困难家庭的学生有3.91%，经济很困难家庭的学生有13.79%。经济很困难家庭的学生选择名牌的比例非常高，这出乎调查者的意料，也可能是因为家庭越贫困，他们看到别人穿名牌，对名牌就越向往。

对于为什么选择名牌，从对学生的访谈中可以看出，炫耀性消费的倾向明显。一名高中生说：“我的衣服都是韩国品牌的，因为现在上学也是要讲身份的，穿得不好会被同学笑话，况且我们家也不缺我穿衣服的钱。”一名初中生说："我很喜欢名牌，因为它不仅外观好、质量高，而且也时尚、随潮流，穿戴名牌服饰就感觉自己的身份不再普通，还能给自己带来自信。"对于孩子们选择高档名牌，一些家长也有自己的看法。"其实穿戴名牌可以培养孩子的高贵气质，提升孩子的品位，请客也是交际的好手段啊!""我也觉得现在孩子的不必要的花费在增加，可是其他孩子有的，我们不想委屈了自己的孩子，只要经济允许，我们会义无反顾地满足。对于负面影响，我真的还没认真考虑过。"有家长如是说。

2. 大多数学生攀比观念不强，少数学生具有攀比观念，高中生的攀比观念明显强于初中生和小学生

消费中的攀比心理就是个人追随他人相同高层次消费水准的心理倾向，一种最显著的表现就是看到他人拥有高档物件时内心会产生诸如妒忌等不良情绪和积极购买的行为。当问及"你对穿名牌高档衣服的同学的态度是什么"时，92.53%的学生认为穿着打扮不重要，关键是要学习好，而只有6.01%的学生表示羡慕，要求购买；有1.46%的学生表示嫉妒，认为不公平。城市学生和农村学生之间没有差别（$p>0.05$）。但是不同学段学生的回答存在着显著差异（$p<0.01$）（见表4-6），统计显示，随着学段的升高，选择"羡慕、要求购买"和"嫉妒"的比例明显增大。由此可以推断，从总体上讲，消费中的攀比心理只是极少部分中小学生的消费心理倾向，而绝大部分学生认为同学之间应该比的是学习。而且，随着年龄的增长，中小学生对外在的形象诸如长相和打扮等就更加关注，攀比的消费心理和行为也就更强。

表4-6　对"你对穿名牌高档衣服的同学的态度是什么"回答统计结果（%）

	羡慕、要求购买	认为穿着不重要	嫉妒
小学（1064人）	5.36	94.08	0.56
初中（680人）	4.71	94.41	0.88
高中（304人）	11.18	82.89	5.92
总体（2048人）	6.01	92.53	1.46
$x^2=68.500 \quad p=0.000<0.01$			

3. 半数学生具有朴素观念，但随着学段的升高，朴素观念呈下降趋势

朴素是中华民族的优良传统。但是，随着经济生活水平的逐步提高，越来越多人的消费生活更注重追求时尚，铺张浪费的现象开始普遍出现。现在的中小学生怎么看待朴素观念呢？对“如果一件衣服破了，缝补后你还愿意穿吗”的回答统计结果是，选择“愿意”的有50.00%，选择“不愿意”的有17.92%，选择“无所谓”的有32.08%。可见，从总体上看，有一半的中小学生内心具有朴素消费观念，只有少部分学生认为穿缝补过的衣服是件丢人的事而不愿意。通过对不同群体学生之间相互对比发现，城市学生和农村学生之间的回答没有差别（$p>0.05$），但是不同年级学生的回答却存在显著差异（$p<0.01$）（见表4-7），随着学段的升高，选择“愿意”的比例逐渐降低，而选择“不愿意”的比例却逐渐增加。可见，年龄越小，学生在消费中的朴素观念越强，而随着年龄的增长，他们更加注重外在的形象，朴素观念随之淡化。

表4-7　对“如果一件衣服破了，缝补后你还愿意穿吗”回答统计结果（%）

	愿意	不愿意	无所谓
小学四年级（300人）	70.00	14.67	15.33
小学五年级（610人）	61.48	13.28	25.25
小学六年级（163人）	45.40	11.04	43.56
初中一年级（386人）	41.71	18.39	39.90
初中二年级（274人）	41.61	20.07	38.32
高中一年级（162人）	23.46	36.42	40.12
高中二年级（147人）	33.33	25.85	40.82
总体（2042人）	50.00	17.92	32.08
$x^2=190.420$　$p=0.000<0.01$			

4. 中小学生消费价值观多元化，选择物质消费和享受消费的比例远大于再生产

在本次问卷中有一道开放式问题“如果你有一大笔钱，你想用来干什么”，设计这个问题的目的是想了解中小学生一旦真正有了自己的收入，他们最想把钱用来干什么。从整理得到的数据来看，有57.2%的学生要将这笔钱用于消费，其中90.2%的学生希望购买自己喜欢的东西，包括买房子、汽车、电脑等，剩下的9.8%的学生想周游世界或请人吃饭；有14.3%的学生想将钱捐给慈善机构、希望工程或留给父母；有13.3%的学生想用钱生

钱，主要是想自己开电脑公司、服装店或网吧，还有的想炒股票和买彩票；另外，有15.2%的学生要将这笔钱存起来，留到需要的时候再用。

中小学生在这个问题上的不同选择反映了他们不同的消费价值观：想用于消费的中小学生大多认为，人活着就是要让自己开心，就是要享受生活，所以有钱就应该消费，满足自己的心愿；想用这笔钱帮助社会或他人的中小学生认为，有不少人还过着艰苦的生活，有一些偏远地区的适龄儿童不能上学，如果大家都贡献自己的一份力量，明天会更好；想用钱投资经营的中小学生认为，人应该有参与竞争的意识，开店、炒股赚更多的钱既利己又利人，可推动经济的发展；想把钱存起来的中小学生认为，要用钱的地方太多了，大手大脚地花钱可能什么都没办成，钱已经见底了，不如留起来在需要花钱的关键时候再用。虽然他们的回答各不相同，但有57.5%的学生仍然是将金钱与物质消费、享受生活直接联系在一起，没有考虑用钱做一些利于社会、利于他人的事，也不考虑再生产的问题。

应该看到，这个问题的调查结果与前面提到的中小学生具有务实的消费观有较大的反差。这主要是因为，前面的调查是针对中小学生的现实消费行为，现实中的消费主要是依靠父母给予的零花钱；后面的调查是针对他们一旦拥有了较好的经济收入后自主的消费生活，即假定他们生活在富裕社会中，他们可能的消费价值观。务实的消费观是受到个人“经济状况”的限制，不得不如此，带有被动性；后面的调查假定是一种自主的、富裕的经济生活，反映的是中小学生更真实的消费价值观。所以，我们还不能据此就以为中小学生在消费价值观上比较务实、节俭，实际上多数中小学更倾向于追求物质消费和享乐消费。

（三）中小学生消费方式的总体判断

1. 中小学生的消费以日常性消费为主，发展性消费也占有较大的比例

从拥有零花钱的情况看，大多数中小学生都具有一定的消费能力，城市学生日常性消费支出数额多于农村学生，高学段学生多于低学段学生，家庭经济条件好的学生多于家庭经济条件差的学生。他们的消费支出项目与他们的学习、生活密切相关，主要用于买文具、书籍和零食。在知识经济理念和应试教育的促动下，中小学生家长对子女的发展性消费投资增大，在发展性消费投资的比例和数额上，城市学生高于农村学生，家庭经济条

件好的学生高于家庭经济条件差的学生。

2. 在消费观上是传统与现代并存

传统的消费观，如量入为出、勤俭节约等仍然占主导地位，新型的消费观，如友情消费、炫耀性消费有一定的比例，但没有为中小学生普遍接受。当前中小学生在消费观念上的主流趋势是比较务实和理性的，有艰苦朴素意识，绝大多数学生看重的是同学之间学习成绩的对比，而不是消费高档商品的攀比。在消费价值观上，存在着多元化倾向，但享受生活明显高于其他倾向，这说明近年来西方消费主义对青少年也产生了不小的影响。

3. 炫耀性消费、人情消费和一些不良的消费现象开始出现

随着年龄增长，学生的自我意识逐步增强，更关注外界对自身的评价。调查结果显示，随着学段的升高，攀比、炫耀等消费观念和行为增加，家庭经济条件好的学生在消费中的攀比、炫耀等观念和行为比家庭经济条件差的学生强。不能忽视的是，还存在少部分的校园人情消费和雇佣别人为自己做事情的交易消费。

总之，中小学生是一个具有特殊身份的消费群体，他们没有独立的经济来源，他们的生活主要由父母承担，所以，也没有独立的消费能力，这极大地限制了他们的“自由”消费。从调查的情况看，中小学生的消费观念是务实和理性的，追求享受型消费不是中小学生的主流。一项对首都青少年消费状况的调查也得出了同样的结论。① 媒体报道的青少年追求享乐的高消费现象，只是个别情况，没有构成青少年中的主要消费群体。

但这并不等于说，青少年进入社会后不会出现享乐消费的情况，因为现代社会已经进入了消费时代，消费主义作为一种价值观和生活态度正在对青少年不断地产生影响。所以，需要我们认识消费社会的本质，认识消费主义可能对人的消费生活产生的影响。

三、消费社会与消费主义

“我们处在‘消费’控制着整个生活的境地”，②至少在西方，生产主人

① 张晓华、纪秋发：《首都青少年消费情况研究》，《当代青年研究》，2006 年第 9 期。

② 鲍德里亚著，刘成富、全志钢译：《消费社会》，南京大学出版社 2008 年版，第 5 页。

公的传奇现在已经让位于消费主人公，整个社会也因此由“匮乏的生产社会”转变为“丰盛的消费社会”。这是法国当代著名的社会理论家鲍德里亚（Jean Baudrillard）对当代西方发达国家社会状况的基本判断。消费主义已经成为西方发达国家普遍接受的一种生活方式和价值观。中国改革开放后，经济迅速发展，尤其是20世纪90年代后期以来，进入了高消费和奢侈品消费发展的阶段。有报道指出，“中国的奢侈品消费者”人群已经超过总人口的10%，并且还在迅速的增长中，中国已经成为了全球奢侈品的最大消费国之一。但由于中国社会经济发展的不平衡，区域差距、城乡差距较大，还不能说中国已经全面进入了消费社会，但在一些经济发达地区和大城市，消费社会已经出现。对于中国人来说，甚至不一定太富裕，只要不愁吃穿，中国人特有的“要面子”心理，也会使消费者尽可能以提高消费的档次来体现自己的身份和地位，这就是俗话说的“打肿脸充胖子”。在这个意义上，消费主义已经渗透到一些并不富裕的寻常百姓的日常生活中。

（一）从“生产社会”到“消费社会”

“消费社会”最早出现在二战之后的西方。消费社会之前的社会被称为“生产社会”。消费社会与生产社会的根本的区别在于社会再生产的动力不同，生产社会的动力在于生产，消费社会的动力在于消费。

马克思在其政治经济学中指出，社会再生产包括生产、分配、交换及消费四个基本环节，消费作为社会再生产的最终环节而存在。在物质产品极度短缺（资本主义之前）和相对匮乏（资本主义初期）的时代，生产具有决定性意义。人们消费什么、消费多少，以及普通百姓有没有消费的可能，都受生产什么、生产多少的限制。所以，生产社会中，“生产—消费—再生产”是社会再生产的链条，生产是整个链条的逻辑起点，也是逻辑的归宿，消费是生产的“附庸”。

随着生产力的发展，科学技术的改进，生产效率的提高，产品的大量生产，成本的降低，物质产品越来越丰富。当物质产品供大于求时，社会就由卖方市场转为了买方市场。生产者不仅要考虑生产问题，更要考虑消费问题。必须是社会有买方，产品能够销售，才能够再生产。这时，社会再生产的过程转变为“消费（对产品的需求）—生产—消费”。消费成为整个社会再生产的起点和重点，为消费而生产，消费决定和引导生产，“消费的真相在于它并非一种享受功能，而是一种生产功能——并且因此，它和物质生产一样并非一种个体功能，而是即时且全面的集体功能”。[①] 由此，生产社会转变为消费社会。

消费社会的首要特征是消费大众化。大众化意味着奢侈品不断地成为生活必需品。如果没有大众化的消费，商品只能作为奢侈品进入少数人的生活，就不可能形成消费社会。消费社会是以进入大众消费为起点的。按照丹尼尔·贝尔（Daniel Bell）的说法，大众消费开始于 20 世纪 20 年代，它的出现应该归功于技术革命，尤其是三项社会的发明：（1）采用装配线流水作业的大批量生产，使得一些昂贵消费品增多，而且成本降低，有可能为更多的大众使用。（2）市场的发展，促进了购买集团和刺激消费欲望的科学化手段。（3）分期付款购物法的发明和传播，彻底打破了新教徒害怕负债的传统顾虑，使得他们不仅可以消费现在的积蓄，也可以预支未来的收入消费。[②] 三项社会发明为大众消费提供着可能。消费社会在二战后出现，也是作为发达资本主义国家应对世界经济危机的产物，即通过增加消费促进经济增长。“为消费而生产”成为经济学家改变全球经济大萧条的思路，国家试图通过消费拉动内需，刺激经济增长。例如在应对金融危机中，我国政府推出了家电、汽车、摩托车下乡的措施，后来又制定了 1.6 升排量以下的汽车购置税减半的政策，实行了家电、摩托车、汽车以旧换新的政策等，试图通过扩大消费，来促进经济增长。

今天发达国家出现的消费社会，已经不是为了解决一时的经济危机，而在生产过剩、物质丰盛、买方市场已经满足的情况下，如何刺激人们的购买欲望，增加消费。只有这样，才能够进行再生产，才能够最终促进经济的再增长。因此，消费社会，不是生产什么就消费什么，而是要消费什么就生产什么，是否能够生产，取决于有没有消费需求、有什么样的消费需求。消费成了社会再生产的核心。如果说生产社会是“为生产而消费”，那么消费社会就是“为消费而生产”。前者是生产在先，生产引导消费；后者是消费在先，消费引导生产。

---

① 鲍德里著，刘成福、全志钢译：《消费社会》，南京大学出版社 2008 年版，第 60 页。

② 丹尼尔·贝尔著，赵一凡等译：《资本主义文化矛盾》，三联书店 1989 年版，第 113－119 页。

生产社会是“人找物”，产品的消费满足人的生活需要。消费社会是“物找人”，人的一般生活需要满足之后，对物本身的使用价值已经不感兴趣，如何刺激人产生新的消费需求和消费欲望，消费社会将产品的使用价值转向产品的符号价值，消费也因此从消费“物”转变为消费“符号”。

（二）从“物的消费”到“符号消费”

生产社会人们需要消费满足基本的生活需要，维持个体的生命发展和种族的繁衍，所以，消费主要表现为对物的利用、消耗和享受，消费注重的是物本身的属性，体现的是物的使用价值，物本身成为人们的消费对象。然而，消费社会的情况发生了变化。人们消费物品不再是满足生理的、生活的基本需要，不再是物本身，而是物所代表的意义。“消费者和物的关系因而发生了变化：他不会再从特别用途上去看这个物，而是从它的全部意义上去看全套的物。洗衣机、电冰箱、洗碗机等，除了各自作为器具之外，都含有另外一层意义。”[①] 如此，消费不再是一种物质性的实践，而是“一种符号的系统化操作活动”，消费不在于我们所消化的食物，不在于我们身上穿的衣服，不在于我们使用的汽车，而在于“把所有以上这些元素组织为有表达意义的东西”。[②] 商品的价值不再是满足人的生活需要的功能性价值，而是它的符号价值。消费的不是商品本身，而是商品所赋予的符号意义，一切消费都只是象征符号的消费。符号消费因此成为消费社会的对象，“消费系统并非建立在对需求和享受的迫切要求上，而是建立在某种符号（物品、符号）和区分的编码上”。在消费社会，消费遵循的不再是生活逻辑，而是社会的区分逻辑。“作为社会逻辑，消费建立在否认享受的基础上……享受会把消费规定为自为的、自主的和终极的。然而，消费从来都不是如此。”[③]

虽然看起来人们消费的还是物，但人们为什么消费，以及消费什么，最看重的不是物本身是否必需、是否舒适，甚至也不是是否能够给人们带来享受，而是这种物本身所代表的社会意义，向人们所传达的财力、地位和身份以及某种优越感。此时的物已经不是物本身，而是物所传达的“符

① 鲍德里亚著，刘成富、全志钢译：《消费社会》，南京大学出版社 2008 年版，第 3 页。
② 鲍德里亚（原尚·布希亚）著，林志明译：《物体系》，上海人民出版社 2001 年版，第 223 页。
③ 鲍德里亚著，刘成福、全志钢译：《消费社会》，南京大学出版社 2008 年版，第 60 页。

号”。消费是“在否认事物和现实的基础上对符号进行颂扬”。[①] 因此，消费社会“被消费的东西，永远不是物品，而是关系本身”，[②] 是符号和符号所代表的意义，对名望和地位的追求不是建立在物品或财富本身的基础上，而是建立在符号的基础上。消费一种产品就在于消费其符号的象征意义，符号标志着人的一种身份或社会地位，并用它来强化社会的身份与地位。具有同样物的属性的商品，因为带有不同的符号，例如品牌或时尚，为不同的人所使用，因此，消费成为社会分层的工具和标志，不仅不同社会阶层的人使用不同的消费符号，而且要进入该阶层的人也必须认同这种符号标志，保持对符号的认同感。“这种认同感，不再是特定的经济阶层、社会身份团体、种族或性别的认同所直接决定。这种认同感，必须由人们自己去主动建构，这是越来越多人投入的一个过程。鲍德里亚指出，消费者购买衣服、食物、装饰品、家具或娱乐的风格，并不是为了表达他们是谁的既存意义，反之，他们是想要透过自己所消费的东西，来创造出他们是谁的意义。”[③]

在消费社会中，符号构成了人与人的区别。从生活用品到奢侈品，从品牌到消费场所的选择，无处不打上符号的烙印。消费社会关注的不再是物的实际价值，而是它的一个巨大的附加值，这就是“对拥有者的成功、高贵的身份、受人尊敬的社会地位和人生价值实现的宣示和确定”。[④] 对符号消费而言，消费的是社会身份，符号消费是建构社会身份的手段。

按照生产社会消费“物”的观点，消费社会其实已经没有消费的必要了，因为有了富裕的生活，人们没有强烈的物的需求。但在消费社会，需求瞄准的不是物，而是价值。需求也不再是生活的必需，或者是生理的需要，而变成了“欲求”、“欲望”，“欲求”、“欲望”超越了生理的本能需要，而进入了心理和社会的层面。这样，消费从满足人的生理的、生活的必需，转变满足人的一种心理欲求。生理的需要是有限的，是可以满足的；但欲

---

① 鲍德里亚著，刘成福、全志钢译：《消费社会》，南京大学出版社 2008 年版，第 86 页。

② 鲍德里亚（原尚·布希亚）著，林志明译：《物体系》，上海人民出版社 2001 年版，第 224 页。

③ Robert Bocock 著，张君玫、黄鹏仁译：《消费》，台湾巨流图书公司 1995 年版，第 104 页。

④ 路日亮：《消费社会的悖论及其危机》，《北京师范大学学报》（哲学社会科学版），2009 年第 1 期。

求是无限的，是永无止境的。我们注定要不停地“欲求”下去，永无满足之时，因为这种消费是“一种完全的理想主义的实践”，不再与需要的满足和现实原则有什么关系，纯粹是理想性和象征性的，这注定了它永远无法实现，愈消费愈想多消费。因此，在鲍德里亚看来，要求适度消费，或要建立需求的正常网路，都是天真而荒谬的道德主义。①

消费社会刺激人们的消费欲求的不是物本身，而是广告。广告营造着时尚，吊起了人们的消费胃口，掀起了一个又一个的时尚高潮，也注定了一波又一波的消费热潮。“广告最基本的经济功能不是告诉消费者哪里有他需要的东西，而是劝说消费者去购买他们并不需要的东西。”② 精心策划的广告成为一种消费的刺激物，用动人的语言、优美的画面突出商品的迷人魅力，展示一种成功的境界、一种愉悦的生活体验，充满着诱惑。要想获得成功，过一种愉悦的生活，就只能按照广告所指引的路向去消费，去打造和包装自我。广告制造了生活，而不管人们是否具有这种生活需要和能力，人们渴望像广告中那样的生活，广告不断地给人们制造生活的样板和幻想。广告实施着“可怕的影响力”，使人们变成广告的“奴隶”。在广告面前，消费者已经失去了感觉，失去了自我的判断。

广告引导着时尚。齐美尔认为，时尚是对一种既有标准的模仿，时尚也造成了一种阶层的分野。上层阶级总是出于阶层分野意识和标新立异的欲望，以一种明显的风格与其他阶层区别开来，而一旦一种消费品成为时尚之后，就会使下层阶级去模仿和追逐。这样，时尚普遍化，变得不时尚，上层阶级就会放弃，再追求一种新的时尚，以新的时尚区分于其他阶层。广告作为成功的上流阶层的反映，总是在引导上流阶层的生活、上流阶层的时尚，也引导整个社会的消费。广告不止，时尚就不断翻新。广告制造时尚，时尚代表新潮。消费符号的价值大小，很大程度上要看是否符合时尚。时尚是任意的、变幻的、循环的，“在这种情况下，每个人同样都应该做到‘跟上潮流’，并且每年、每月、每个季度对自己的服装、物品、汽车

① Robert Bocock 著，张君玫、黄鹏仁译：《消费》，台湾巨流图书公司 1995 年版，第 105 页。

② 路日亮：《消费社会的悖论及其危机》，《北京师范大学学报》（哲学社会科学版），2009 年第 1 期。

等进行再循环。如果不这样做，就不是消费社会的真正成员”。[①] 时尚像巫术一般引导着消费。时尚循环得越快，消费品的寿命就越短，挥霍、浪费现象就越多。

按照物的消费的逻辑，符号消费是一种浪费。人们不是因为需要而消费，而是因为无限的欲望。例如，对于女人来说，哪怕她已经拥有了几十套衣服，也还是看到新的款式就想不断地购买，因为要追逐时尚，显示自我与他人的不同。这种消费，完全失去了满足人的生存和发展基本需要的价值，追求一种“功能无用性”，成为一种无用的摆设，就是凡勃伦所说的“炫耀性消费”。

为什么同样生活在广告下，有的人就不追求符号的炫耀性消费呢？这提示我们：不应该把消费只看作是广告的消极被动的产物，或者是消费社会强加给人的一种生活方式。消费已经成为一种主动的过程，这个过程受消费社会新的价值观——消费主义的支配。

（三）从“禁欲主义”到“消费主义”

在前资本主义时期，核心的消费价值观是“禁欲主义”。亚当·斯密（Adam Smith）在《国富论》中指出：“节俭而不是企业的经营，才是资本增加的直接原因。……如果没有节俭所导致的储蓄把资金积累起来，那么，不论企业的经营能获取多大的利润，资本的数量不会增加。”[②] 在资本主义初期，积累是经济发展的关键，因此反对消费、倡导节俭和禁欲，被认为是国民财富增长的必要条件。马克斯·韦伯也认为：“禁欲主义的节俭必然要导致资本主义的积累。强加在财富消费上的种种限制使资本用于生产性投资成为可能，从而也就自然地增加了财富。”[③]“禁欲主义”是资本主义早期发展中重要的精神支柱，也正是这样的精神支柱，完成了资本的原始积累，扩大了社会再生产，使资本主义逐渐走向了发达。

随着资本主义完成原始积累，由初级阶段走向成熟，进而进入高消费

---

① 鲍德里亚著，刘成福、全志钢译：《消费社会》，南京大学出版社 2008 年版，第 86 页。

② 转引自杨魁、董雅丽：《消费文化——从现代到后现代》，中国社会科学出版社 2003 年版，第 65 页。

③ 马克斯·韦伯著，于晓、陈维刚等译：《新教伦理与资本主义精神》，三联书店 1987 年版，第 135 页。

阶段，消费社会开始出现。在这个阶段，促进经济增长的因素不是生产和积累，而是消费。因此，资本主义初期提倡的禁欲主义开始解体，“美国资本主义已经失去了它的传统合法性，原来建立在视工业为神圣事业的新教观念上，并依赖从中滋生出来的一种道德化报偿体系，现在，这一切已为鼓励人们讲究物质享受与奢侈的享乐主义所取代。文化（在严肃的领域）已被颠覆资产阶级生活的现代主义原则所支配，而中产阶级的生活方式已被享乐主义所支配，享乐主义由此摧毁了作为喉舌道德基础的新教伦理”。①资本主义发展初期以倡导禁欲为核心的新教伦理被现代社会倡导物质享受的消费主义所取代，成为支配消费社会的文化精神。美国销售分析家维克特·勒博说：“要求使消费成为我们的生活方式，要求我们把购买和使用货物变成宗教仪式，要求我们从中寻找我们的精神满足和自我满足……我们需要消费东西，用前所未有的速度去烧掉、穿坏、更换或扔掉。”②可见，消费主义伴随着消费社会的出现，已经成为消费者一种普遍的生活方式和精神追求。

其实，任何社会都有消费，消费是人类的最基本活动，但消费的目的却不同。生产社会，消费只是社会再生产的一个环节，为生产而消费不是消费主义；即便是在消费社会，如果消费只是作为刺激经济增长的手段，也不能看作是消费主义。消费社会所有消费者的生活方式不能完全归为消费主义，消费社会依然存在着清教徒式的消费者；生产社会也不能说没有消费主义的存在，上层社会的富有者依然可以挥金如土。消费主义不必然成为消费社会的价值观，但消费社会丰裕的物质生活，为消费主义特别是普遍的消费主义提供了可能。可以这样认为，消费主义不是生产社会的主要价值观，但消费主义是消费社会的主要价值观。生产社会不排斥消费主义，消费社会也不排斥禁欲主义，但都是作为特殊而存在。在这个意义上，消费主义可以认定为是“当代社会，特别是当代发达社会的本质特征之

① 丹尼尔·贝尔著，赵一凡等译：《资本主义文化矛盾》，三联书店 1989 年版，第 132 页。
② 艾伦·杜宁著，毕聿译：《多少算够？——消费社会与地球的未来》，吉林人民出版社 1997 年版，第 5 页。

一”,[①] 或“消费社会的意识形态”。[②]

消费主义不是具体的消费方式，它是渗透到当代社会制度和日常消费生活中的价值哲学、价值观念。这种价值观“把物欲的满足、感官的享受作为人生追求的主要目标和最高价值。个人的自我满足和快乐的第一位的要求是占有和消费物质产品”。[③] 消费主义不是把消费作为生产手段，而是把享乐作为人生的目的，通过满足人的物欲，实现人生的享乐。消费主义作为消费生活的态度和价值观，坚信消费是人们精神满足和自我满足的根本途径；消费是人生的根本目的；人生的意义在于消费，体现在消费的质和量上。[④]“消费——享受——幸福”是消费主义的生活逻辑，以为多占有、多消费、满足感官的享受和物质的欲求，就能够实现人生的幸福，幸福是建立在消费和物欲满足的基础上的。可以说，消费主义是物质主义和享乐主义的高度结合。

享受是生活的目的，不断地改善生活，就是不断地追求享受。但消费主义的享受，不只是满足生理和生存需要的适度享受，而是一种奢侈型的享受，享受的意义在满足生理和生存需要的基础上，增添了符号的意义。人们之所以无限地追求物质占有和消费，不是因为需要，而是因为消费什么、消费多少是一个人的身份或地位的象征。符号消费不是满足人的需要，而是满足人的物欲，物欲一旦与符号的象征性联系起来，它就成为一种无限的、不能满足的贪欲。符号的消费不是需要的消费，而是比较的消费，与上流社会比较，与成功人士比较，与时尚潮流比较，试图在比较中自我肯定，获得一种价值体认、“虚像”的意义和幸福。比较中的满足是一种无限的满足，比较中的消费是一种上瘾的消费。因为总会有别人超过你，为了不被别人超过，就不停地消费，在广告的作用下不停地追逐时尚，制造潮流，一波又一波、一浪又一浪，永无止境、永不停息。这样，消费就是一场时尚的比赛、物欲的竞赛，人生就是不断追求消费的人生，人也因此成为了被物异化的“物欲人”、“消费人”。

① 徐琴：《鲍德里亚消费社会理论的意义和局限》，《哲学研究》，2009年第5期。

② 杨志华、卢风：《消费主义批判》，《唐都学刊》，2004年第6期。

③ 厉以宁：《消费经济学》，人民出版社1984年版，第116－117页。

④ 杨志华、卢风：《消费主义批判》，《唐都学刊》，2004年第6期。

消费不等于消费主义，合理的、适度的消费是人的正常生活的需要。消费主义是一种无节制的、以最大限度的占有物为目的的消费观念，人的一切需要都被归为物质的需要，人的一切欲望都被归为占有欲，人的一切价值都被归为物的价值，人的一切关系都被看作是物的交换关系。人对物顶礼膜拜的“拜物教”心态，使人成为物的奴隶。在消费主义的观念中，人生只有一个目的，那就是消费；人生只有一个追求，那就是对物的追求；人生只有一种幸福，那就是满足物欲的享乐。由此，消费主义“成为一种享乐主义的文化、物质至上主义的文化，成为身体的文化”。①

我们应该认识到消费主义的危害：一方面，无节制的消费，通过支持“大量生产—大量消费—大量废弃”的消费生活方式，必然导致资源危机和生态危机。资源危机、生态危机、环境问题成为严重的全球性问题，它必须通过国际社会的共同努力，以全球共同遵守的协议、公约来限制过度消费，倡导一种可持续的绿色消费。另一方面，消费主义的价值观加剧了人的异化，使人彻头彻尾地成为金钱、财富和欲望的奴隶，成为被动、贪婪的欲求者，物质的欲望代替了人的精神追求，最终出现马克斯·韦伯所讽刺的“专家没有灵魂，纵欲者没有心肝；这个废物幻想着它自己已达到了前所未有的文明程度”。② 消费主义不仅营造了一个物欲横流的社会，而且还制造了一个占有物的病态人格，破坏了世界的环境，也破坏了人类的生活，异化着人自身，人越来越远离人，而趋近于“物”。

消费社会处在危机之中，其根本的出路在于拯救被物异化的人，这是时代赋予消费教育的伟大使命。

四、消费生活方式的教育引导

消费主义是多种因素综合的产物，既有社会的客观因素，也有个人的主观原因。就社会而言，消费主义是在生产力极大发展、社会物质丰盛的情况下，人们的物质消费需要满足之后，企图通过刺激消费，增加有效需

① 李文阁：《生活价值论》，云南人民出版社 2005 年版，第 113 页。

② 马克斯·韦伯著，于晓、陈维则等译：《新教伦理与资本主义精神》，三联书店 1987 年版，第 143 页。

求，保证经济发展平稳并适度增长。因此，消费主义迎合了发达国家经济增长的需要，成为消费社会的意识形态。从主观原因上说，是个人的一种满足虚荣的攀比心理、炫耀性消费心理、追求时尚的趋附和从众心理，以及物质至上、享乐主义的价值观支配。如此，治理消费主义的消极影响，需要多种手段，包括政治的、经济的、法律的，但教育也是一种主要的手段，尤其是在引导人们的消费需要，形成正确的观念和科学、合理的消费生活方式等方面，教育理应发挥重要的作用。

（一）重视并开展消费教育

何谓消费教育？国际消费者联盟组织在1987年召开的第十二次大会上提出："消费教育是使人们特别是处于劣势的人们成为清醒、明白的消费者的根本方法，它可以使他们具有选择信息的能力，提高对自己权利和所承担责任、义务的意识。"1990年，联合国经济社会部和联合国亚太经济理事会联合召开的亚太地区消费者保护研讨会提出："消费教育旨在发展消费者的生存技能和批判意识，使消费者能够在基本上不平等的市场上作出明智的选择。"这些定义显然是针对现实生活中的消费者，使他们在一个不平等的市场中学会辨别，作出明智的选择。我们这里所谈的消费教育，主要是面向中小学生。中小学生的消费教育，是指导他们的消费生活，培养正确的消费观念，形成文明、健康、科学的消费生活方式的教育。消费教育，不仅要使受教育者掌握消费方面的知识、技能，"学会消费"，而且要在思想上认识消费的意义、价值，形成正确的消费观念，理解"为什么消费"。只有在正确的消费观念的指导下，最终才能表现出文明、健康、科学的消费方式。

有学者列举了消费教育12个方面的内容，包括：消费经济学常识教育；消费观念教育；消费技术教育；消费习惯与消费方式教育；生活质量教育；可持续消费教育；信贷消费教育；消费决策教育；消费者组织教育；消费法律法规教育；中国消费思想的历史沿革；中外消费观念、习惯、方式比较教育。① 还有学者认为，消费教育不仅是针对消费者学会如何消费的教育，也应该对生产者、经营者进行教育，增加生产者、经营者的质量意识、

① 卢嘉瑞：《消费教育的内涵、目标和途径》，《福建省社会主义学院学报》，2003年第4期。

责任意识、诚信意识等。[①] 广义地说，这些都属于消费教育。但对消费工作的专业人员与一般消费者的教育不同，有些内容如消费经济学常识、中国消费思想的历史沿革、信贷消费、消费决策等，尽管一般消费者了解也无妨，但这更多地属于消费专业工作者、经济工作者所要掌握的专业知识技能，与一般消费者关系不大。

消费的问题是一个复杂的问题，其复杂性源于影响因素的多样性。其中，社会的问题只能通过政府及其职能部门来解决，比如颁布相关的消费法规、打击假冒伪劣产品、营造良好的市场秩序等，这是教育所无力改变的。教育尤其是学校教育，只能把重点放在使学生了解和掌握消费知识上，形成正确的消费观念，以指导现实和未来的消费生活，形成良好的消费习惯和消费行为方式。

在我国，中小学生的消费教育之所以没有引起应有的重视，可能是因为中小学生的消费总体上以理性消费、务实消费为主，享乐消费、高消费虽有表现，但不是主流。这是我们调查的结果。但这个结果需要进一步分析。一个人的消费生活方式与其经济能力密切相关。中小学生没有自主的经济能力，他们依赖于父母的经济供给，而一般的父母除了满足正常的生活和学习必需品外，都会控制他们的消费，所给的零花钱都是经过考虑的，也是有限的。我们的调查对象有大量的农村学生，他们的家庭收入整体不如城市，很多也只能满足正常的生活，还没有达到富裕的程度，因此，也极大地限制了他们的消费生活。随着经济的发展、物质富裕程度的提高，随着他们脱离了学生的角色，有了自主的消费能力，其享乐型消费的比例就可能增大。加之西方消费主义思想在成人社会出现，极大地影响着中小学生的消费价值观的形成。调查表明，中小学生已经出现强烈的对成人消费尤其是明星消费的羡慕，只是他们缺乏经济能力而已。如此说来，我们要清醒地意识到中小学生理性消费、务实消费背后随时可能爆发的消费生活、消费观念的危机。这种危机在成人社会已经出现，而且到了是非不辨、荣辱不分的程度，不得不把“以辛勤劳动为荣，以好逸恶劳为耻；以艰苦

① 王启云：《战后西方国家开展消费教育的动因、方式及启示》，《湘潭大学学报》（哲学社会科学版），2004 年第 4 期。

奋斗为荣，以骄奢淫逸为耻”作为社会主义荣辱观的基本内容而提出。

处于消费社会的西方发达国家十分重视消费教育。美国早在1928年就建立了世界上第一个消费者教育机构——消费者研究所，如今，消费教育已纳入美国的学校教育之中，开设专门的课程，或渗透在《健康与幸福》等课程中。日本20世纪60年代在全国各地设置“消费者生活中心”，专营消费教育；1966年将“保护消费者”的内容引入学校教育；1986年制定的《学校消费教育的新规定》指出：小学从1993年开始，中学从1994年开始，大学从1995年开始，全面实施消费者教育。[①] 1985年4月9日，联合国大会通过了《保护消费者准则》，在这部具有世界意义的保护消费者的纲领性文件中，对消费者教育也作出了具体规定。

中国作为发展中国家，固然经济发展状况与发达国家还有较大的差距，普遍出现消费主义没有可能。但消费教育也不只是要杜绝消费主义，更是要倡导文明、科学、健康的消费方式，这无论是对于社会的可持续发展，还是对于个人消费生活质量的提高，都十分必要。

（二）形成正确的消费价值观

人的消费行为受到消费价值观的支配，消费价值观是个人消费行为的向导，一定的消费价值观引导着个人的消费行为。所以，改变人的消费行为和消费方式，不是强制人们不做什么，而是要在根本上改变人们的消费观念，使他们自觉地形成合理的消费方式。

消费主义作为一种消费价值观，就是一种不合理的价值观，导致了人生意义的迷失、精神的缺失和生态的问题、资源的危机。走出消费主义的误区，我们必须倡导新的消费价值观，主要包括：

第一，树立适度消费的观念。亚里士多德认为，“过度和不及都属于恶，中道才是德性”。[②] 他在论述消费观时指出：“在财富的接受和支付上，中间性是慷慨，过度了变成挥霍，不及了就变成吝啬。”[③] 而节俭刚好处在挥霍和吝啬之间，适度也可以说是过度和不及之间的一种中道。适度消费并不是完全否定节俭，相反，节俭应合理地、更为深层次地包含在适度消

---

① 尹世杰、蔡德容：《消费经济学原理》，经济科学出版社2000年版，第270页。

② 陆珊年：《亚里士多德名言录》，中国少年儿童出版社2003年版，第24页。

③ 陆珊年：《亚里士多德名言录》，中国少年儿童出版社2003年版，第43页。

费之中，适度消费与节俭消费在某种程度上有一致性。我们反对“苦行僧”式的传统的禁欲主义，但也反对过度的消费主义。恰当的消费生活不是不要消费，而是要适度消费。人们创造财富就是为了消费，不断地改善和提高人们的生活水平和生活质量；适度消费既是人类美好生活的需要，也是现代社会经济增长的需要。问题的关键是如何把握消费的“度”，不是“过度”，而是“适度”。这种适度，从个人来说，就是要与个人的经济收入、支付能力相适应，以个体生活需要的满足为限，否则就是过度；从社会来说，就是要与社会的经济发展水平相适应，以当代社会主流生活的需要为限，否则就会侵犯多数人的利益和后代人的利益，就是过度。消费不只是个人的行为，想怎么消费就怎么消费，还是要考虑社会影响，防止少部分人的过度消费影响社会财富的分配，导致社会贫富差距的扩大。

第二，树立可持续的消费观念。站在可持续发展的角度看，消费主义是一种不可持续的发展。一方面，它倡导“大量消费—大量生产—大量废弃”的现代生活方式，导致了资源的枯竭与废弃物的过剩。2009 年哥本哈根气候变化大会召开，全球领导人共商应对气候变暖的对策，已经说明了这种生活方式所导致的问题的严重性。另一方面，“消费主义在消费性质上是一种不公平消费”。[①] 既有同代人之间、穷人和富人、穷国和富国之间的消费不公，也有代际消费的不公，当代人的过度消费占用了后代人的资源，甚至已经威胁到了后代人的生存。1995 年 3 月世界社会发展问题首脑会议通过的《哥本哈根社会发展问题宣言》严肃警告：“全球环境继续恶化的主要原因，是不可持续的消费方式和生产方式，这在工业化国家尤为突出。这是一个令人关注的严重问题，它加剧了贫穷和失衡。”可持续发展，强调“既满足当代人的需求，又不对后代人满足其需求的能力构成危害”。这种发展的理念，不只是对“唯经济发展”模式的批判，其实经济发展的背后是人的生活方式的问题，因此也是对人的生活方式、尤其是消费方式的批判。可持续发展要求我们确立可持续的消费观念。这种观念同样涉及两个方面：一是人的消费与自然资源、自然环境的和谐关系。消费应当不超过生态环境承载力的限制，不破坏环境系统更新的能力，倡导绿色的环保消

① 倪瑞华：《可持续消费：对消费主义的批判》，《理论月刊》，2003 年第 5 期。

费，实现废弃物的最小排放和对环境的最少污染；二是人与人之间、代与代之间的公平关系。消费既要考虑当前的需要，又要考虑未来的需要，不能以牺牲后代人的利益为代价来满足当代人的利益。

总之，倡导一种适度消费和可持续消费的观念，就是要实现“人们的消费方式由奢侈性消费转向生态型消费，由数量型消费转向质量型消费，由贫富悬殊的不公平消费转向更为人道的相对均衡公平的消费”，① 最终达到人与自然、人与社会、人与人之间的全面和谐。

（三）反对炫耀性消费和奢侈消费

消费主义以炫耀性消费和奢侈消费为特征。传统消费是一种物的消费，以满足人的生理需要和生活需要为目的。生理需要和生活需要的有限性，使物的需要容易得到满足，因此，传统消费必然是一种节俭型消费。消费主义思想影响下的消费是一种符号型消费，消费的目的不是为了生活的需要，而是为了炫耀自己的身份、地位、富有和高贵等。炫耀会导致一种无止境的欲求和贪婪，使消费成为一种奢侈性、挥霍性消费，消费不再是因为需要，甚至完全与需要无关，而是为了体面、虚荣和时尚。

虽然我国的物质程度没有达到发达国家消费社会的发展水平，但在满足温饱生活后，中国人特有的“要面子”心理使炫耀性消费和奢侈性消费提前到来。有学者在 20 世纪 90 年代初的一项调查表明，对“人们都爱面子，在外人面前舍得花钱”的认同度，认为部分存在的占 24.7%、较多存在的占 31.9%、普遍存在的占 31.2%、不存在的只占 1.0%；对“人们爱讲排场，喜欢‘摆谱’”，认为部分存在的占 30.3%、较多存在的占 26.3%、普遍存在的占 17.2%、不存在的占 2.8%；对“现代人赶时髦，喜欢用流行的东西”，认为部分存在的占 24.6%、较多存在的占 38.3%、普遍存在的 23.3%、不存在的占 2.2%。② 可见，国人的炫耀性消费、攀比消费、时尚消费的思想较为普遍。随着中国经济的快速发展，这些炫耀性消费、攀比消费和时尚消费的观念，只能是有增无减。

---

① 程秀波：《消费主义及其伦理困境》，《河南师范大学学报》（哲学社会科学版），2004 年第 5 期。

② 何明升、王雅林主编：《中国城镇居民的消费生活方式》，黑龙江教育出版社 1992 年版，第 151 页。

人类生产的目的，不是为了生产，也不是为了积累资本，而是为了生活。不断提高生活质量，过幸福美好的生活，应该是生产的目的，也是消费的目的。在物质匮乏的时代，连基本的物质生活需要都难以满足，因此，满足基本的物质生活需要就成了第一需求。今天，经济的发展、物质的丰裕，使人们的基本生活需要得到了极大的满足。但我们的消费不能因此而走向炫耀性消费和奢侈消费，而是要提高人们的生活水平，改善人们的生活条件，追求高质量、高品位的生活，这才是消费的根本目的。

（四）抵制物质至上和享乐主义

人作为人不同于动物，就在于人性既有物性，又有超物的精神性和社会性。因此，人的生活也应该是一种全面的生活，既有物质生活，也有精神生活，二者紧密联系，相互作用，相互制约，共同构成了完整的人性和人的完整生活。

但消费主义把物质生活当作唯一的生活，把满足物欲的享乐作为人生的唯一目的，把占有物的多少作为人生价值的体现，人被物异、被物化，被降低为动物。从根本上说，消费主义的危机是一种人性危机，消费主义的一切价值观、生活方式、行为表现都根源于这种片面的人性观。

"'真正的人'应当是有全面需要的人，应当是一个全面的人。他不仅有吃喝穿住性等物质需要，而且应当有美、道德、自由等精神需求。"① 消费主义生活的根本错误就在于把人的完整生活归结为片面的物质生活，归结为物欲的满足、感官的享受，而忽略了人的精神需要和精神生活。消费社会是一个富裕的社会，但物质的富裕和精神的空虚同时存在。因此，走出消费主义的困境，在根本上抵制物质至上、享乐至上的消费生活方式，就是恢复人的完整生活，以精神生活引领物质生活，在不断提高人们生活水平、改善生活质量的同时，引导人们超越世俗，走向一种精神的存在。正如马克思所言："富有的人同时就是需要有完整的人的生命表现的人。"② 富有不意味着只有物质、只有金钱，还应当有精神和意义的追求。富有的人，也应该是一个具有全面需要、完整生活、丰富个性的全面的人。

---

① 李文阁：《生活价值论》，云南人民出版社 2005 年版，第 131 页。
② 《马克思恩格斯全集》第 42 卷，人民出版社 1979 年版，第 129 页。

第五章　多元文化背景下中小学生的闲暇生活方式

人类自工业社会以来，随着社会生产力的不断发展，生产效率的提高，工作时间的缩短，闲暇时间日益增多，闲暇生活日益引起人们的关注。我国从1995年5月1日实行周双休日制度开始，公众的自由时间和闲暇时间拥有量也显著增加，使闲暇成为现代生活的重要方面，也逐渐改变了传统的“懒惰”、“不务正业”的闲暇观念，拥有充足的闲暇时间和高质量的闲暇生活，成为现代人幸福生活的重要标志。

闲暇时间的增多，并不一定必然带来高质量的闲暇生活，它需要教育的引导，闲暇教育已成为当代引人注目的教育课题。中小学生的闲暇教育，既是提高他们当下生活质量的需要，也是培养未来社会闲暇主体的需要。本章在认识闲暇的意义和价值的基础上，从中小学生的闲暇生活现状入手，为提高他们的闲暇生活质量，培养闲暇的主体，提出了教育建议。

一、闲暇与闲暇观念

（一）闲暇的含义

“闲暇”的英文词是leisure（有人也译作“休闲”），源于拉丁文licere，意指被允许（to be permitted）或自由（to be free）；由拉丁文licere所引申出来的法文词loisir，意指自由时间；所引申出来的英文词license，意指免除公务责任后的自由行为。希腊文schole或skole的含义也为闲暇

(leisure)，指摆脱工作后所获得的自由时间或从事的自由活动；后来它引申出拉丁文 scola 和英文 school（学校）、scholar（学者），闲暇与学校一词相连，是因为古希腊贵族或自由民的闲暇时间主要用于学习活动，且是在自由状态下的具有精神启蒙意义的学习。总的来说，从词源上看，西方的“闲暇”一词，指的是自由时间、自由活动和自由状态。

中文的“闲暇”一词多义。一是指“空闲、暇时”，即“有空的时间”、“闲暇时间”；二是指“休闲”，即一个人在工作之余借助于轻松的活动，驱除工作的压力、单调、乏味所造成的疲劳或烦恼，以恢复体力或精神的活动。尤其是近年来，随着节假日的增多，人们的闲暇主要是一种休闲、放松的活动。三是指人的一种存在状态，“悠闲自得”，指人在劳动之外的一种精神状态，具有积极的意义。

工业社会以来，随着闲暇时间的增多，闲暇生活开始引起人们的重视和研究。人们站在不同的角度，对闲暇提出了不同的认识。归纳起来主要有古典闲暇论、社会阶层论、社会工具论、自由时间论、自由活动论、整体论的观点。兹分别介绍如下：[①]

(1) 古典闲暇论：以亚里士多德、约瑟夫·皮珀（Josef Pieper）、葛拉齐亚（De Grazia）的观点为代表。亚里士多德认为，闲暇是存在的一种状态，闲暇对生活具有本体性的意义，“我们多次说过，人的本性谋求的不仅是能够胜任劳作，而且是能够安然享有闲暇。这里我们需要再次强调，闲暇是全部人生的唯一本原。假如两者都是必须的，那么闲暇也比劳作更为可取，并且是后者的目的。”[②] 在亚里士多德看来，一切事物都围绕一个枢纽在旋转，这个枢纽就是闲暇。“我们闲不下来，目的就是为了能悠闲。”闲暇是劳作的目的，也是幸福生活之所在，是我们的追求。在他看来，闲暇的最好方式就是音乐和沉思，音乐可以涤净心灵，沉思可以格致真理，获得真正的快乐。约瑟夫·皮珀认为：“闲暇不是为了工作的目的而存在，一个正在工作中的人不管如何努力，从其中得到多少新的力量，借以重新投入工作，闲暇从来不会是为工作而存在。在我们看来，闲暇也许可以提

---

① 林东泰：《休闲教育与其宣导策略之研究》，台湾师大书苑发行 1992 年版，第 15—19 页。
② 亚里士多德著，颜一等译：《政治学》，中国人民大学出版社 2003 年版，第 269 页。

供给进一步工作所需的体能恢复或使心灵复元某种新的动力，但闲暇的意义并非由此而得到证明。”他把闲暇看作人类灵魂中的基本能力，“能够超越工作世界的束缚，进而触及超人的、赋予生命的力量。我们唯有能够处于真正的闲暇状态，通往‘自由的大门’才会为我们敞开，我们才能够摆脱‘隐藏的焦虑’之束缚”。皮珀十分恳切地指出：“在闲暇中——唯有在闲暇中，不是别处——人性才得以拯救并加以保存。”[①] 1962 年，葛拉齐亚在《论时间、工作和休闲》中把闲暇定义为一种意念、一种存有状态(state of being)，感受自由的心态，以及作为一个人的条件，它没有外在的功利性要求，也不追求获得什么，只强调内心的安然与自由。可见，古典闲暇论者把闲暇当作人生的目的、人性的追求，闲暇是自由的状态，是心灵的境界，而不是外在的、形式化的要求。古典的闲暇观，由精英主义发展而来，是对大众休闲和消费休闲的批判。

（2）社会阶层论：把闲暇视为一种代表社会阶层的符号、一种阶级的社会象征。1899 年，凡勃伦的《有闲阶级论》就指出，闲暇已经成为一种标志和社会制度，人们用它来区别上层阶级与广大劳动群众之间不同的生活方式。他还指出，在闲暇过程中对奢侈品或是对闲暇活动支付昂贵价格进行无节制的消费，是一种社会差别的象征，是有闲阶级带有社会优越感和阶级荣誉感的消费心理的表现。“一切奢侈品和生活上的享用品是属于有闲阶级的。如果这类消费代价高昂，其间就含有了高贵和光荣的成分。”在社会阶层论看来，闲暇是特定阶层有品位的生活方式。但随着经济、科技、文明的迅速发展，“现代技术已经可能使有限的悠闲不成为特权阶级小小的特点，而是一种均等地分属于整个社会的权利”，[②] 闲暇不再是特权或身份的象征，而成为每个人普遍的生活方式。

（3）社会工具论：把闲暇作为工具、手段，实现某种社会目的或社会功能。例如当代社会因闲暇时间增多而没有正确地利用，导致了社会问题，为了解决社会问题而倡导闲暇教育，给他们正确的闲暇引导。社会工具论是从社会学角度对闲暇的认识，与古典闲暇论从人的本性的认识相反，它

① 约瑟夫·皮珀著，刘森尧译：《闲暇：文化的基础》，新星出版社 2005 年版，第 45—47 页。
② 伯特兰·罗素著，李金波、蔡晓译：《悠闲颂》，中国工人出版社 1993 年版，第 4 页。

关注的不是人的内心自由，而是社会的需要。闲暇是对身心不健康的人的社会治疗、社会控制。因此又称为“治疗—改变模式”。

（4）自由时间论：把闲暇与工作对立起来，闲暇是完成工作之外的自由时间。如梅耶（Meyer）和布莱特比尔（Brightbill）对闲暇的定义就是“自由、不被占据的时间，一个人可以随其所好，任意地休息、娱乐、游戏或从事其他有益身心的活动”。① 马克思把时间分为“工作时间”和“自由时间”。“自由时间”就是广义上的闲暇时间。不过，人们在广义的闲暇时间里，不一定就真正地“消闲”和“自由”。所以，阿斯曼（Assmann）把闲暇时间进一步分为“生活必需的时间”（与职业生活有关的时间、家务劳动的时间、满足个人生理需要的时间、照顾家属和教育子女的时间）和“按个人意愿休息、娱乐、满足多种需要的自由时间”。② 只有后一类时间，才是真正的闲暇时间。一般人也都把闲暇时间作为闲暇的表征，认为闲暇是人们摆脱了生存和生活时间之外的一段自由时间，可以娱乐身心，甚至达到个人发展及社会成就的状态。

（5）自由活动论：把闲暇看作是一种自由的、可选择的活动，因其偏重休闲，所以又称为游憩活动论。杜马兹迪埃（Dumazedier）在 1967 年出版的《走向休闲的社会》中指出，闲暇乃是免于工作、家庭和社会的职责之外，个人随着自己的意愿所从事的活动，是为了休息、消遣或培养与谋生无关的智慧，以及为了自发地参加社会活动和自由发挥创造力。他还提出了著名的“休闲三部曲”，认为休闲包括放松、娱乐和个性发展三个层次，其中个性发展是最主要的。但也有学者认为，自由活动比较倾向于指各种休闲活动，它是闲暇的外在行为表现，是闲暇的重要成分，但未必涵盖闲暇的所有内涵，比如说亚里士多德所提倡的重要的闲暇形式——沉思。与把闲暇视为一种态度相比，活动可以观察、测量、计算，具有客观性。同时，增加休闲活动，也可以成为维护社会平等、和谐的工具。

（6）整体论的观点：此观点尝试综合闲暇的内在主观意义和外在客观的自由时间与活动形态，兼顾闲暇的质与量的双重层面的意涵，把闲暇视

---

① 转引自谢政谕：《休闲活动的理论与实际》，台湾幼狮文化事业公司 1989 年版，第 9 页。

② 阿斯曼、斯托贝格著，李景琪等译：《马克思列宁主义社会学原理》，黑龙江人民出版社 1983 年版，第 267 页。

为在自由时间里个体能够觉知的休闲自由，在自由自在的休闲行为中，获得心灵的明净、精神的愉悦、筋骨的舒畅等功能。如戈比（Geoffrey Godbey）在对闲暇的时间、社会活动、生存方式和心态等进行考察和评判后，对“闲暇”给出了一个综合性定义：“休闲是从文化环境和物质环境的外在压力中解脱出来的一种相对自由的生活，它使个体能够以自己所喜爱的、本能地感到有价值的方式，在内心之爱的驱动下行动，并为信仰提供一个基础。”①

闲暇的定义之所以会出现差异，一方面是学科认识视角的差异。如哲学把闲暇与人的本质相联系，视为一种存有状态、一种自由境界，闲暇为人类构建一个意义世界，守护一个精神家园，使人类的心灵有所安顿、有所归依；社会学把闲暇看作是一种社会建构以及人的生活方式和生活态度，体现社会分层和人的社会身份，也实现着社会的控制功能；当然还有心理学对闲暇的态度、行为表现的测量等。另一方面是闲暇表现形式的多样和人们对闲暇的不同期望。人们渴望闲暇，但从闲暇中要得到什么，期望有所不同。体能的恢复、心灵的宁静、社会的功能等，导致对闲暇强调的着力点不同。闲暇既是社会发展的表征，也是个体的表现；既有社会的功能，也有个体发展的功能；既是客观的，也是主观的。因此，在这个意义上，整体论的观点是比较合适的。

有学者认为，闲暇的基本向度包括有觉知的自由、本身的满足感、个人的动机等。虽然这些向度在所有的闲暇中具有稳定性，但很明显，它侧重的主要是心理层面。站在综合的立场上，我认为，闲暇具有如下基本要件或向度：

（1）闲暇时间：闲暇以拥有闲暇时间为前提。人的活动需要时间，闲暇也以占有时间为前提。人的时间从功用上一般分为：第一，工作、劳动及与它们直接有关系的时间（如上下班途中的时间）；第二，家务劳动和照料家属、教育子女的时间；第三，满足生理需要的时间，包括吃饭、睡觉、做卫生等时间；第四，个人自由支配的时间。闲暇时间就是“人们在劳动时间之外，除去满足生理需要和家务劳动需要等生活时间后，剩余的个人

① 杰弗瑞·戈比著，康筝译：《你生命中的休闲》，云南人民出版社2000年版，第14页。

可自由支配的时间”。[①] 闲暇以占有闲暇时间为前提，没有闲暇时间，整日忙于工作和家务，不可能有时间闲暇。但时间只是可能闲暇的前提，有闲暇时间未必懂得闲暇，无所事事和游手好闲不是闲暇，而是对闲暇时间的浪费。

（2）自由：闲暇的本质是自由。在词源上，闲暇表示“许可”或“自由”的意思，泛指在劳动之余获得许可进行的自由活动。柏拉图曾把闲暇理解为四层含义，即“空闲”、“从活动中获得自由”、“一种自我控制的自由状态”和“休闲的状态”。显然，他已经触摸到了现代闲暇的观念及闲暇的“自由”本质。闲暇时间不等于空闲时间，就在于它强调这种时间是可以自由支配的。只有在自由时间中，人们才可能不为外力所支配，根据自己的愿望和爱好从事自由选择的活动。亚里士多德区分了“为着必需的、为着他物而被选择”的工具性活动和“以其自身而被选择”的自由活动。他指出，闲暇与工作、劳动相对立，就在于工作受外力的驱动，具有社会的功利性，而闲暇是一种内心的自由，闲暇活动是基于个人需要自由选择的活动。也有学者认为：“只要一种行为是自由的、无拘无束的、不受压抑的，那它就是休闲的。”因此判断闲暇有且只有一个判据，“那便是心之自由感”。[②] 我认为，仅以自由判断闲暇不妥，因为也有人因为热爱工作，而在工作中有自由的体验，工作对这些人来说并非是外在的约束和压力，如热爱科研的科学工作者，科研成为他的事业，他在科研中体会到的是乐趣，但科研毕竟是工作，不是闲暇。这意味着自由的活动不一定都是闲暇活动，但闲暇活动一定是自由的活动，否则便谈不上闲暇。闲暇的本质是自由，自由如同闲暇的灵魂，贯穿于闲暇的活动过程之中。

（3）态度：闲暇是一种宁静的心境、一种灵魂的状态。闲暇是一种自由，这种自由不一定都表现为活动的状态，而在于内心的自由、自在和轻松，因此，闲暇是人自由放松的心态。约瑟夫·皮珀认为，对照“工作”那种全然活动性质的观念，闲暇是一种“不活动”的观念，这种观念强调

① 《中国大百科全书·社会学卷》，中国大百科全书出版社 1991 年版，第 431 页。

② 转引自杰弗瑞·戈比著，康筝译：《你生命中的休闲》，云南人民出版社 2000 年版，第 6 页。

一种内在的无所忧虑、一种平静、一种沉默、一种顺其自然的无为状态。[①]闲暇在于投入真实世界之中，去听闻、观看、沉思默想，使自己与世界相融，让身心完全自由地释放，达到忘情的地步，好比安然入眠的境界。因此，闲暇是一种沉思、一种心灵的宁静和愉悦。

一个人生活在空闲之中，可以随心所欲，但内心的忙碌感使他焦灼不安，乃至绝望，无法享有闲暇生活的美好。所以，闲暇不能简单地以时间、空间、形式来定义，其关键在于状态。约翰·凯利（John Kelly）认为，它既是一种现实的存有状态（state of being），也是一种面向未来的成为状态（state of becoming）。[②]

（4）生活品质：闲暇的真谛在于提升生活的品质。作为一种社会生活，闲暇的意义随着社会的进步而变化。“最初，休闲仅被视作人们在紧张工作后得到恢复的一个方法。后来，休闲成了人们寻求快乐与地位的一种手段；当然，也许休闲最终会成为人们生活意义的一种活动。”[③]当代社会，闲暇时间增多，闲暇已不再是一小部分人、一个阶级的特权，而是全体社会成员的权利，闲暇成为每个人的生活。工作虽然是必要的，但工作和闲暇的关系发生了转换，由“为工作而闲暇”转变为“为闲暇而工作”，闲暇由手段转变为目的。闲暇是人们获得健康身体、自由心灵、愉悦精神和满意生活的重要基石。提升生活品质，改善生活质量，是现代社会闲暇生活的真谛和目的所在。

（二）闲暇的历史发展与闲暇观念的变化

闲暇观念因为时代不同、社会形态不同，有着相当大的差异。现代意义上的闲暇出现于工业社会。前工业社会（农业社会），闲暇与劳动之间没有绝对的界限；工业社会随着劳动的职业化、工具化，劳动与闲暇分离，资本主义初期原始积累的需求，客观上排斥闲暇；后工业的现代社会，技术的发达和物质的富裕，高节奏、高效率的工作，呼唤人们在工作之余的

---

① 约瑟夫·皮珀著，刘森尧译：《闲暇：文化的基础》，新星出版社2005年版，第40页。

② 约翰·凯利著，赵冉译：《走向自由——休闲社会学新论》，云南人民出版社2000年版，第22页。

③ 杰弗瑞·戈比著，康筝译：《你生命中的休闲》，云南人民出版社2000年版，“中文版序”，第1页。

闲暇，闲暇回归生活，越来越成为生活的组成部分。总的来看，从劳动与闲暇的一体化，到劳动与闲暇分离，排斥闲暇，再到当代社会呼唤闲暇，闲暇观念随着社会的不同而发生变化。

农业社会，劳动与闲暇是浑然一体的，闲暇并没有单独划分出来，人们的劳动更多是为了生活，而闲暇就是生活本身，所以，农业社会“日出而作，日落而息”的劳作方式和自给自足的生活，使人们惬意地与自然融合在一起，感受着生活的自在。有这样一个故事：

一位渔夫在下午天色还早的情况下，坐在沙滩上晒太阳，有人问他为什么不再打更多的鱼。他反问道：“我为什么要多打鱼呢?”那人回答说：“因为你可以卖更多的钱，钱多了后，你就可以更好地生活呀!”渔夫说：“我现在坐在沙滩上享受阳光，不就是享受我所期望的生活吗?”

这个故事的观念，现在不少的“工作人”难以接受，但它却是农业社会“生活人”的生活观念，即劳动是为了闲暇生活。所以，古希腊哲学家认为，工作是一种手段，闲暇才是目的。每个人之所以努力工作，就是为了闲暇生活，幸福存在于闲暇之中。所以，故事中的渔夫一旦拥有了闲暇生活，就开始体味幸福，工作因此也就没有了压力。

农业社会的劳动，技术含量和机械化程度较低，以身体劳动为主，因此，农业劳动本身渗透着闲暇的成分，或者说，闲暇本身就构成了劳动的一部分。人类学家斯普顿（Stumpf）和考恩斯（Cozens）在研究毛利人的生产劳动时指出：“不管他们的捕鱼、捉鸟、耕田，或者盖房子、造独木舟，所有这些场合中，都能找到可以被认为是娱乐性的活动的痕迹。”这种休闲活动，在非洲很多部落的集体劳动中现在还可以看到。

农业社会的生产方式是小农的个体生产，劳动从什么时候开始、到什么时候结束、以什么方式进行、怎样进行，完全取决于个人的愿望，不受他人的约束和限制；劳动的强度、时间根据个人的需要而定，可以说完全是一种自由的劳动，即便在今天，农村的个体劳动还是如此。

近代以来，劳动的职业化使所有的劳动都成为一份职业工作，脱离了农业社会劳动的自在性和自由性，成为谋生的工具、手段。劳动的职业化、固定化、程序化，使劳动必须在特定的时间、地点以特定的速度完成，劳动失去了自由的选择，只能成为大机器生产中的一个环节，成为社会生产中的一个部分。劳动具有逼迫性和工具性，劳动与闲暇出现分离，劳动的过程只能是工作的过程，而无法随意选择闲暇。

由于工业社会以来，资本主义正处于上升时期，其原始积累的观念，使他们把生产看作是第一位的。资本主义初期是生产社会，生产成为经济发展的决定性因素，因此，为了发展经济，实现资本的积累，必须重视生产和工作，排斥和鄙视闲暇。韦伯在《新教伦理与资本主义精神》中指出："你须为上帝而辛劳致富，但不可为肉体、罪孽而如此。"[①] 新教伦理作为发展时期的资本主义精神，不仅教导人们克制自己的欲望，倡导禁欲主义的节俭，限制消费，最大限度地投入生产，而且为证明生产的正当性和合法性，以宗教的名义赋予其"天职"的理念。在清教徒的心目中，一切生活皆是由上帝设定的，人理应服膺上帝的召唤，尽可能地利用上帝提供的良机，谓之"天职"。生产劳动是上帝的安排，辛勤劳动就是完成上帝交给的任务，是人的义务。既然生产、工作是一份天职，那么消费、闲暇就是违背天职。所以，在新教伦理和资本主义精神中，排斥消费，根本没有闲暇的存在。[②]

近代工业社会，劳动的职业化和资本主义初期的发展需要，使劳动成为工作，与闲暇分离。不仅如此，资本主义原始积累的需要，还使生产成为获取资本和发展经济的重要手段，重视生产，鄙视闲暇，闲暇成为"无所事事"、"虚度光阴"的代名词，受到道德的谴责。马丁·路德劝诫人们，人生为劳动犹如鸟生而为飞翔，没有人因劳动而死，但无所事事和游手好闲却给人的生命带来危险。对闲暇的鄙视在我国封建社会也同样存在，民间广为流行的"勤有功，戏无益"、"小人闲居为不善"等，把闲暇等同于懒惰、视为恶而加以反对。

工业社会早期，缺少闲暇时间，以及形成排斥闲暇的观念，是对广大劳动者而言的。闲暇作为一种稀缺资源，在这个阶段，成为某一阶层人所享有的特权，也成为他们地位的象征。这就是凡勃伦所说的"有闲阶级"。所以，工业社会早期的闲暇同剥削有着密切的联系，它只为少部分的剥削

---

① 马克斯·韦伯著，于晓、陈维刚译：《新教伦理与资本主义精神》，三联书店 1987 年版，第 127 页。

② 李文阁：《生活价值论》，云南人民出版社 2005 年版，第 255—256 页。

者所拥有。

当代社会，尤其是 20 世纪中期以来，工作与闲暇的观念在发生变化。虽然现代化的大工业生产方式依然使工作与闲暇分离，但随着技术的改进、生产效率的提高、工作时间的缩短，给工作之外的闲暇提供了越来越多的可能。20 世纪后期消费社会的到来，也要求人们在闲暇中消费，以消费闲暇的方式促进经济的发展。如此，闲暇越来越成为多数人的生活方式。

我们今天把闲暇看作是工作之外的活动，实际上是把工作与闲暇对立起来。如果说闲暇是人的一种自由活动，工作则是对人的自由的异化。工作与闲暇的对立，必然随着后工业社会的到来、工作方式的改进而扭转。与工业社会大规模的社会化协作生产不同，后工业社会由于网络等信息技术手段的运用，从事信息与服务的经营和管理，而不再是从事直接的物质生产和商品经营活动，大规模的生产和经营就变得没有必要，正在趋于一种客户化（customised，或称为个别化、对口化）的生产和服务模式，其生产中的合作模式也由大型化转变为小规模合作，趋于小型化、扁平化、松散化。因此，相对于大工业的划一性生产，后工业生产更强调个性化，工作本身将越来越多地体现个人的自由选择，这导致工作与闲暇重新趋于融合。正如戈比所说："后工业社会的发展和民主化进程已经使休闲阶层遭到了削弱，取而代之的是一个更大的阶层，对于他们而言，工作不再是一件非常痛苦的事情。"① 因此，人们要求的不是不工作，而是一份符合自己心愿的好工作。工作不再成为人的一种苦役，而是一种幸福的选择。

历史的发展就是一个圆圈，但这个圆圈不是简单的重复，而是一种螺旋上升。从农业社会劳动与闲暇浑然一体到工业社会劳动与闲暇分离，从早期排斥闲暇到后期呼唤闲暇，后工业社会克服了闲暇与工作的对立，工作重新具有闲暇的性质，闲暇再次回归工作。但后工业社会闲暇的性质，不是农业社会的随意和娱乐，而是一种精神的自由和选择。

当代中国的发展正处于农业社会向工业社会的主导转型，后工业社会的生活只是初露端倪。闲暇对于中国人来说，还主要是工作和必要的生活劳动之外能够享有的生活，随着技术的发展所带来的工作时间的缩短、家

---

① 杰弗瑞·戈比著，康筝译：《你生命中的休闲》，云南人民出版社 2000 年版，第 55 页。

务劳动的减轻以及可支配收入的增加，休闲成为工作之后当代人生活的主题，也成为当代人提高生活质量的标志。

二、中小学生闲暇生活方式的实然判断

把闲暇指向于工作和必要生活之外的时间和活动，是对成人而言的。对中小学生而言，没有创造物质财富的直接“工作”，他们的闲暇主要指向正规的学习活动和满足基本生存活动之外的可自由支配的时间，即中小学生的闲暇时间。在闲暇时间内，每个学生可依照自己的需要安排学习和生活，选择自己认为有价值、有意义的活动方式，使其获得愉悦的生活体验和感受，促进其个性的发展。我国自1995年以来就实行了五天工作日制度，加上每年的公众节假日和寒假、暑假，在应然的层面上，中小学生的闲暇时间已经达到了200天，超过了在校学习时间。但实际上中小学生的闲暇生活怎么样呢？

我们对中小学生闲暇生活的判断，是基于我们2007年6～9月在江苏省开展的调查。[①] 该调查涉及泗洪、盐城、常州、苏州、海门、南京、扬州、连云港等地，涵盖了江苏省的苏南、苏北和苏中地区，调查共发放问卷2100份，回收2091份，回收率是96.6%。问卷调查对象的选择采取的是随机性原则和方便性原则。其中，农村学生占29.2%，城市学生占70.8%；小学生占51.8%，初中生占33.0%，高中生占15.2%。对所有调查结果的数据采用社会科学软件包SPSS12.0进行了统计分析。现将调查的情况报告如下：

（一）闲暇时间拥有状况

拥有充足的闲暇时间是中小学生开展闲暇活动的时间保证和前提条件。学生的闲暇时间是指除去吃饭、睡觉的生活时间和课堂学习、完成作业之外可以自由支配的时间。苏霍姆林斯基曾经说过：“只有当孩子每天按照自己的愿望随意使用5～7小时的闲暇时间，才能培养出聪明的、全面发展的人。”爱因斯坦也指出：“人的差异在于业余时间。”[②] 美国闲暇研究专家布

---

① 参与调查的有冯建军、马多秀、王亚琼、郝永贞、白莲莲，王亚琼、马多秀负责闲暇生活方式的调查和调查报告初稿的撰写。

② 转引自冯建军、万亚平：《闲暇及闲暇教育》，《教育研究》，2000年第9期。

莱特比尔甚至说："告诉我你在可以为所欲为的时候做些什么，我就可以告诉你，你是哪类人。"① 可见，闲暇时间内的生活质量决定人的生命质量，是人的发展中具有决定意义的因素。它关乎人的生理、心理、精神与社会性等多种需要的满足，为全面的、个性化的发展提供可能。

在本次问卷调查中，当问及"每天除了上课、做作业，你有闲暇时间吗"时，有16.81%的学生认为自己"几乎没有"闲暇时间，有62.56%的学生认为自己"有一些"闲暇时间，有20.63%的学生认为自己的闲暇时间"比较充裕"。从表5-1可以看出，所处年级不同，学生在闲暇时间的拥有量上表现出不同的情况。随着学生年级的增加，认为自己"几乎没有"闲暇时间的学生比例呈增加趋势，而认为自己闲暇时间"比较充裕"的学生比例在逐渐减少。相对来讲，小学生拥有的闲暇时间最多，而高中生拥有的闲暇时间最少，初中生居中。

表5-1　不同年级学生对"每天除了上课、做作业，你有闲暇时间吗"回答统计结果（%）

	几乎没有	有一些	比较充裕
小学四年级	11.63	66.11	22.26
小学五年级	10.32	56.61	33.06
小学六年级	15.24	64.02	20.73
初中一年级	13.30	67.52	19.18
初中二年级	18.35	71.58	10.07
高中一年级	34.15	61.59	4.27
高中二年级	42.76	50.00	7.24
总体	16.81	62.56	20.63

$x^2=224.007$　$p=0.000<0.01$

同时，从总体上看，认为自己的闲暇时间"比较充裕"的学生仅占20.63%，绝大部分学生的闲暇时间处于贫乏状态。城市学生和农村学生回答统计结果也呈现出显著差异（$p<0.01$），城市学生选择"比较充裕"的

① 转引自夏永华：《大学生闲暇生活的道德教育》，《长沙大学学报》，2007年第4期。

占24.04%，而农村学生只占11.96%。可见，城市学生拥有的闲暇时间多于农村学生。

为什么国家提供了多达200天的休息日和节假日，学生却没有闲暇时间呢？在问及“假日里你们学校补课吗”时，小学生回答“从不”的比例是62.10%，初中生是54.90%，而高中生则是9.00%；相反，高中生回答“经常”和“总是”的比例总和是62.17%，而初中生和小学生则分别是7.61%和7.88%。在同一学段内作比较还发现，毕业班学生比非毕业班学生补课频率更高。沉重的学业负担，挤占了学生的闲暇时间。正如调查中学生所说：“除了要完成老师布置的家庭作业外，还要做父母规定的大量习题，就连星期天也要上各种辅导班、提高班。我没有一点儿休息的时间，完全失去了自由。”可见，学生闲暇时间短缺的根源在于应试教育，只有减轻学生负担，才能把闲暇时间还给学生。

（二）闲暇空间状况

闲暇空间是构成人们闲暇生活的重要因素。从广义上讲，一个人参与的活动类型、其活动的物质环境与社会背景结合在一起，都构成了闲暇空间。① 狭义的闲暇空间专指闲暇活动的场所。

在调查中问及“平时你通常去哪里娱乐和休闲”时，中小学生有17.64%选择所居住的小区，有12.55%选择游乐场，有35.52%选择图书馆和书店，有8.55%选择少年宫和科技馆，还有25.74%表示没地方去。可见，图书馆和书店是中小学生最主要的闲暇场所，其次是所居住的小区和游乐场。作为青少年传统闲暇场所的少年宫和科技馆不再是他们最青睐的对象。另外，还有一部分学生表示没地方去，选择此项的比例随学段的升高而明显增加。

表5-2显示，不同学段学生在选择平时通常去的娱乐和休闲场所时存在差异。随着学生学段的升高，选择所居的小区、游乐场、少年宫和图书馆的学生所占的百分数在减少，表示没地方去的学生所占的百分数在增加。不同学段学生的选择呈极显著差异。这可能是由于随着学段升高，年龄增长，很多娱乐和休闲场所都不太适合他们，这也表现出高、中年龄段学生

① 田翠琴、齐心：《农民闲暇》，社会科学文献出版社2005年版，第156页。

对一些与自己年龄相符的休闲场所的需要。

表 5-2 不同学段学生对“平时你通常去哪里娱乐和休闲”回答统计结果（%）

	所居住的小区	游乐场	少年宫和科技馆	图书馆和书店	没地方去
小学	21.22	14.37	9.95	34.37	20.09
初中	14.64	10.83	7.61	40.85	26.06
高中	11.65	10.03	5.50	27.83	44.98
$x^2=98.550$ $p=0.000<0.01$					

城市学生和农村学生对闲暇场所的选择也有差别。城市学生选择所居住的小区的比例高出农村学生3个百分点。一般来讲，城市小区建设可以满足部分学生闲暇生活的需要。而农村学生选择没地方去的比例高出城市学生将近15个百分点，这说明农村的闲暇场所远远少于城市。

家庭的经济状况也影响到中小学生对闲暇场所的选择。表5-3显示，随着家庭经济状况由富裕到很困难的变化，选择所居住的小区、少年宫和科技馆的学生所占的百分数呈减少趋势，表示没地方去的学生所占的百分数基本呈增加趋势。可能的原因是，经济条件好的家庭选择居住的小区往往比较高档，娱乐和休闲设施较齐备，能为小区内的学生提供闲暇场所；而对于家庭经济状况较差的学生来说，他们所居住的环境条件就相对较差，通常享受不到较好的闲暇设施。

表 5-3 不同家庭经济状况学生对“平时你通常去哪里娱乐和休闲”回答统计结果（%）

	所居住的小区	游乐场	少年宫和科技馆	图书馆和书店	没地方去
富裕	19.07	20.62	12.37	33.51	14.43
一般	17.90	11.84	8.30	36.57	25.38
比较贫困	14.06	8.59	5.47	26.56	45.31
很困难	6.90	17.24	3.45	31.03	41.38
$x^2=56.992$ $p=0.000<0.01$					

（三）闲暇内容状况

中小学生在周末一般都做些什么？表5-4表明，小学生周末活动排在前三位的是：做家庭作业（78.56%）、看课外书（49.63%）、上辅导班（32.34%）；初中生周末活动排在前三位的是：做家庭作业（81.20%）、看课外书（47.45%）、看电视（47.45%）；高中生周末活动排在前三位的是：

做家庭作业（62.70%）、看电视（61.22%）、找朋友一起玩（31.41%）。其中，做家庭作业所占的比例远远高于其他选项，做家庭作业、上辅导班，成为学生周末最主要的活动。

表 5－4 不同学段学生对“你在周末一般都做些什么”回答统计结果（%）

	做家庭作业	上辅导班	看课外书	参加体育锻炼	上网	看电视	打电子游戏	做家务	找朋友一起玩
小学	78.56	32.34	49.63	14.11	21.84	31.16	6.50	21.38	25.44
初中	81.20	16.18	47.45	16.16	23.76	47.45	6.70	18.63	27.07
高中	62.70	15.06	29.17	18.59	25.64	61.22	5.45	16.35	31.41

城市学生和农村学生的周末活动对比（见表 5－5），他们首要的周末活动都是做家庭作业，其次都是看课外书。城市学生上辅导班的比例高出农村学生大约 26 个百分点，上网的比例高出农村学生近 18 个百分点，参加体育锻炼的比例高出农村学生大约 6 个百分点；但是农村学生参加家务劳动的比例高出城市学生大约 20 个百分点，农村学生看电视的比例也比城市学生高。

可以看出，中小学生的闲暇生活被学业所累，他们的闲暇时间被学习所剥夺，闲暇生活的内容也被家庭作业填满。大多数城市学生还要参加各种辅导班。值得注意的是，体育锻炼的重要性被忽视，参加家务劳动显得过少，上网开始成为闲暇生活的重要内容，并随着学段的升高不断增加。中小学生闲暇生活的内容透露出应试教育对他们的闲暇生活的强大渗透力，也说明素质教育不仅在学校没有得到很好的贯彻，即便在闲暇生活中也无立足之地。

表 5－5 城市学生和农村学生对“你在周末一般都做些什么”回答统计结果（%）

	做家庭作业	上辅导班	看课外书	参加体育锻炼	上网	看电视	打电子游戏	做家务	找朋友一起玩
城市	77.36	32.21	46.43	17.23	28.32	35.53	6.79	13.87	24.85
农村	76.33	5.82	44.02	11.13	10.63	54.65	5.48	33.89	32.06

（四）闲暇自主性

所谓闲暇自主性，就是指中小学生在闲暇时间里能否按照自己的意图自由支配闲暇时间。自主性是闲暇生活的基本要求。在本次调查中，当问及“你的假日活动通常是由谁安排的”时，有66.29%的学生表示假日活动由自己安排，33.71%的学生表示假日活动由老师、父母和其他人安排。表5-6显示，小学生自己安排假日活动的占57.60%，初中生自己安排假日活动的占72.81%，高中生自己安排假日活动的占81.17%。随着学段的升高，选择“自己安排”的比例明显上升，而选择“父母安排”的比例则明显下降。这表明，随着年龄增长，学生的自我管理能力、自我判断能力提高，父母对他们的干预就随之减少。而且，在独生子女和非独生子女之间也呈现显著差异（$p<0.01$），非独生子女较独生子女享有更大的闲暇自由，一般地讲，独生子女的生活往往由父母安排和管理，他们缺少自我管理的自由。

表5-6　不同学段学生对“你的假日活动通常是由谁安排的”回答统计结果（%）

	自己安排	父母安排	老师安排	其他人安排
小学	57.60	40.90	1.03	0.47
初中	72.81	24.85	1.75	0.58
高中	81.17	14.29	3.25	1.30

$x^2=105.237 \quad p=0.000<0.01$

从表5-7可以看出，城市学生和农村学生闲暇自由的程度呈显著差异（$p<0.01$），农村学生选择“自己安排”的比例高出城市学生近14个百分点，而选择“父母安排”的比例则比城市学生低近14个百分点。这表明农村学生比城市学生享有更多的闲暇自由，也说明他们有更强的自主生活能力。

表5-7　城市学生和农村学生对“你的假日活动通常是由谁安排的”回答统计结果（%）

	自己安排	父母安排	老师安排	其他人安排
城市	62.19	35.60	1.66	0.55
农村	75.88	21.78	1.51	0.84

$x^2=38.123 \quad p=0.000<0.01$

在调查中，当问及“你是否觉得你的闲暇生活会经常遭到父母或其他人的干预”时，有10.73%的学生认为自己的闲暇生活总是会遭到父母或其他人的干预，经常或偶尔遭到干预的占63.30%，只有25.97%的学生表示闲暇生活不会遭到干预。统计结果表明，农村学生的闲暇生活受到他人干预的比例相对城市学生要低，他们有更多的闲暇自由。而且，父母对学生闲暇生活的干预还与父母的文化程度呈显著差异（$p<0.01$）。父母的文化程度越高，学生选择“总是会”和“经常会”干预自己闲暇生活的比例总和就越大。母亲的文化程度为初中及以下，表示“总是会”干预自己闲暇生活的学生有7.30%，而母亲的文化程度为大学及以上，表示“总是会”干预自己闲暇生活的学生达15.82%，高出前者近9个百分点。同样，父亲的文化程度为初中及以下，表示“总是会”干预自己闲暇生活的学生有8.13%，而父亲的文化程度为大学及以上，表示“总是会”干预自己闲暇生活的学生达14.90%，高出前者将近7个百分点。我们一般认为父母的文化程度越高，在孩子的教育上应该更开明些、民主些，为什么统计结果却相反呢？可能的原因是，文化程度高的父母更能意识到闲暇生活对孩子健康成长的重要性，所以他们会更多地参与到孩子闲暇生活的计划中去，但表现出的是专制、干涉，而不是协商、指导，使得孩子闲暇生活的自主性消失。

（五）闲暇心态

本调查以闲暇观念、对闲暇生活的满意度、闲暇生活的体验等来反映中小学生的闲暇心态。

1. 中小学生的闲暇观念

调查结果显示，大部分中小学生都能意识到闲暇生活的重要性。但是，他们对闲暇生活的价值和作用的认识却存在分歧：有62.70%的中小学生认为闲暇生活最重要的作用在于“培养兴趣特长”，有14.87%的中小学生认为闲暇生活最重要的作用是“进行娱乐享受”，还有22.43%的中小学生认为闲暇生活就是“消遣解闷，打发时间”。选择后两者的学生所占百分数合计为37.30%。可见，虽然大部分学生有正确的闲暇观念，但是仍有相当多的中小学生对闲暇的价值和作用缺乏正确的认识。他们往往把闲暇等同于劳逸结合的“逸”，认为闲暇的核心就在于玩、在于放松，这种认识导致中小学生的闲暇生活只停留在“娱乐”这种较低的层次。

2. 中小学生对闲暇生活的满意度

闲暇最根本的目的在于让生活主体获得愉悦的生活感受和体验，提高中小学生的生活质量。表5-8显示，中小学生的闲暇感受和体验与他们的所在地（城市或农村）、年级、家庭经济状况都有关，而且呈现显著差异($p<0.01$)。

表 5-8　影响闲暇生活感受和体验的因素分析

	卡方值（x^2）	自由度（f）	显著性水平（p）
所在地	12.559	2	0.000
年级	328.178	12	0.000
家庭经济状况	40.108	6	0.000

城市学生和农村学生在回答“你觉得暑假生活过得怎么样”时，城市学生选择“有意思”的比例高出农村学生 7 个百分点，而选择“没意思”的比例则比农村学生低大约 5 个百分点，表明城市学生闲暇生活的总体感受比农村学生好。城市本身比较繁华，闲暇资源相对丰富，也给学生生活带来生机；而农村相对封闭，学生除了参加农业劳动外，就是在家看书、学习或到学校补课，仅有的闲暇生活也只是看看电视，相对城市学生来说，比较单一、乏味。

不同学段学生在回答“你觉得暑假生活过得怎么样”时，表示假期生活过得有意思的学生中，小学四年级占 67.23%，小学五年级占 61.19%，小学六年级占 42.33%，初中一年级占 44.73%，初中二年级占 29.96%，高中一年级占 16.67%，高中二年级占 10.81%。可以看出，从小学到高中，随着学段的升高，学生对假期生活的满意度明显下降，不满意度上升。因为年级越高，升学压力越大，学习任务越重，学生没有时间和心情享受假期闲暇生活，以至于感到假期生活没意思。值得注意的是，即便是没有升学压力的小学阶段，也有 1/3～1/2 的学生对假期生活不满意，这表现出升学压力提前渗透的迹象。

不同家庭经济状况的学生在回答“你觉得暑假生活过得怎么样”时，表示假期生活过得有意思的家庭富裕的学生占 60.21%，家庭经济情况一般的学生占 45.68%，家庭经济情况比较困难的学生占 33.61%，家庭经济情况很困难的学生占 25.00%。可见，随着家庭经济情况从富裕到很困难，学生对假期闲暇生活的满意度呈下降趋势。造成这一情况的原因可能是因为当前公共、免费的闲暇资源欠缺，闲暇生活要有一定的消费支出，家庭经济状况不好的学生因此无法享受丰富的闲暇资源和闲暇生活；也可能是因为部分中小学生过于追求物质享受，廉价的或者不需要花费的闲暇娱乐并不能满足他们的闲暇生活，他们需要更好的闲暇资源，而这些资源都要用钱消费。

3. 中小学生对闲暇生活的评价与期待

中小学生对闲暇生活的期待，指中小学生对闲暇生活状态的希望、要求或追求的状态、境界等。针对中小学生对自己的闲暇生活表示不太满意的情况，我们在访谈中设计了“你对闲暇生活有什么想说的”这一问题。调查显示，不同性别、年级的学生对闲暇生活的期望虽然多样，但归纳一下可以看出，主要是对自己、对学校、对家长、对社区的期望：

“社区中的娱乐休闲场所很多，可是看看哪个都不适合我们去。”

“生活需要七彩阳光，不只是学习这一种颜色。”

“希望爸爸妈妈能还我一片天地，给我一点儿自由，我需要休息！”

“希望社区可以提供便宜的体育馆，我喜欢打乒乓球、游泳。”

“父母不要太多地干涉我对闲暇时间的支配，不要硬要我做不喜欢做的事，不应干涉我与同学出游，让我自由支配我的闲暇时间。”

“我们社区有一座图书馆，可是蛮贵的，我借同学的月卡去过几次，要是能便宜点儿就好了。”

“放假在家，除了温习功课，也没有什么事情，出去玩家人又不放心。希望社区多开展活动，参加社区活动不仅可丰富我们的假期生活，也可让我们的身心更健康。”

三、中小学生闲暇生活的问题

根据我们调查所反映的情况，结合其他研究者对中小学生闲暇生活的调查，我们发现中小学生闲暇生活突出的问题主要有：

1. 闲暇时间大量被作业、补课所占用

从应然的角度而言，因为减负、双休日、新课改的实行，我国中小学生闲暇时间有较大幅度的增加，已接近世界发达国家水平，但实际上真正能够用于闲暇的时间到底又有多少呢？全国少工委和中国青少年研究中心1999年公布的研究报告指出，有8.3%的学生没有自己能支配的时间，有

1～30分钟的占22.3％，有31～60分钟的占21.6％，有61～120分钟的占26.2％，有121～180分钟的占13.2％，只有8.4％的学生自主支配的时间在180分钟以上。[①] 共青团中央调研组的调查表明，小学生一个星期上课时间超过五天的达32.5％，中学生一个星期上课时间超过五天的更是高达71.5％。[②]

中学生的闲暇时间都被作业、上课、补习所充斥，小学生的情况稍微好些，但也并不乐观。小学生平均每天用于完成家庭作业的时间为1小时39分钟。接受家教的小学生占24％，上校外班的占71％。在暑假期间接受家教的占14％，上校外班的占57％。在暑假期间接受家教的小学生中，平均每人上了17天的家教补习课。在参加校外班的小学生中，平均每人参加了21天的校外班。[③]

调查表明，中小学生为学习所累，大量的课外时间、暑假都用在补课上，闲暇时间严重不足。正中一首灰色童谣所说："起得最早的是我，睡得最晚的是我，最苦的是我，最累的是我，是我，是我，还是我。""没时间玩"成为中小学生普遍苦恼的一件事。

中小学生闲暇时间缺失的原因主要有两个方面：一是家长对闲暇生活及其意义缺乏正确的认识；二是应试教育侵占了学生的闲暇时间。

我国的传统文化向来不提倡闲暇，"业精于勤荒于嬉"、"书山有路勤为径，学海无涯苦作舟"、"吃得苦中苦，方为人上人"等名言、警句影响了一代又一代学子，而参与闲暇活动曾被认为是"不务正业"、"游手好闲"的表现。现在这种观点虽然有所改观，但是绝大多数父母还是把闲暇与学习对立起来。大多数家长觉得孩子玩就是没出息的表现。他们希望孩子在课余时间进行学习自修或完成他们布置的学习任务，他们把牺牲闲暇时间作为孩子用功的表现而加以鼓励，把享受闲暇当作贪玩而加以批评。在他们看来，即便是闲暇也只能是看书，看电视、上网、听音乐、旅游、玩等

① 全国少工委、中国青少年研究中心：《新发现：当代中国少年儿童报告》，中国少年儿童出版社1999年版，第211－212页。

② 共青团中央调研组：《关于青少年学习与生活的调研报告》，载素质教育调研组编：《共同的关注——素质教育系统调研》，教育科学出版社2006年版，第121页。

③ 国家统计局调研组：《中小学学生学习生活专项调查报告》，载素质教育调研组编：《共同的关注——素质教育系统调研》，教育科学出版社2006年版，第141页。

都不鼓励。

更重要的问题是，应试教育侵占了本应该属于学生的闲暇时间。学生负担过重一直是困扰教育的大问题，也是个难以解决的问题。要解决这个问题，不只是认识问题，更需要强有力的措施。2009 年江苏省教育厅、省委组织部、省委宣传部、省监察厅等联合下发了《关于进一步规范中小学办学行为，深入实施素质教育的意见》，针对违规补课多、考试多、作业多、学生睡眠少、学生课业负担过重等突出问题，明确提出"严格控制学生在校集中教学活动时间"，"切实保证师生法定休息权利"。其中规定：小学、初中和高中学生每天在校集中学习时间分别不得超过 6 小时、7 小时和 8 小时；不得组织非住校学生上晚自习，住校生晚自习每天不超过 2 小时，并严禁用来组织文化补习或考试；小学一、二年级不得布置书面家庭作业，小学中高年级、初中和高中学生每天书面家庭作业时间分别控制在 1 小时、1.5 小时和 2 小时以内；中小学生每天在校体育活动时间不得少于 1 小时；保证学生每天的睡眠时间，小学、初中和高中分别不得少于 10 小时、9 小时和 8 小时；严禁中小学组织任何年级的学生在节假日（含双休日和寒暑假）集体上课，或以补差、提优等形式变相组织集体上课。即便是有了这样的规定，侵占学生闲暇时间的现象还是屡禁不止，假期布置的作业仍然很多，学生甚至感叹"还不如不放假的好"。

2. 闲暇生活单调，学生的满意度较低

从学生闲暇时间的分配和使用来看，学生的闲暇生活主要以学习为主。这并不是说，闲暇时间不能用于学习，而是说，闲暇作为学生"学习"之外的课余时间，应该有多样化的选择。适度的学习是其中之一的选择，但不能把闲暇时间作为课堂学习的延伸，而失去了闲暇的意义。现在的问题是，表面上看来，中小学生有不少的节假日，但这些节假日对他们来说都是徒有形式，节假日的作业比平时还要多。

除了借用闲暇时间学习外，学生真正的闲暇时间很少，形式也比较单一，主要是看电视。可以说，做完作业看电视，这几乎成了他们的生活，即便是这种生活，也多是在节假日才可能享受。平时家长一般要求孩子先做作业，做完作业，也就到休息时间了，所以连看电视的时间都很少，一些学生尤其高中毕业生平时甚至都没有看过电视。现代人的一些闲暇方式，如外出旅游、体育健身、享受美食、大众娱乐、花草养殖、饲养宠物等，几乎与中小学生无关。传统的闲暇方式，如与同学、伙伴玩耍都很少，上网、打电子游戏也只限于极少数的学生，对于大多数中小学生来说，并不经常。真正属于中小学生的闲暇生活并不丰富。

共青团中央调研组的调查发现，15.8%的小学生、29.8%的中学生对自己的暑假生活不满意，主要原因是没有活动场所、没有伙伴、假期生活单调、空虚、时间不足等。其中，小学生对暑假生活不满意的主要原因依次是：没有活动场所（23.7%）、没有伙伴（20.2%）、没有计划（16.1%）、单调（15.0%）、空虚（13.8%）；中学生对暑假生活不满意的主要原因依次是：没有活动场所（42.2%）、单调（32.1%）、没有计划（26.7%）、没有伙伴（25.8%）、空虚（25.1%）。[①] 我们的调查也反映了同样的问题，尤其是随着学段的升高，学习压力增大，学生几乎没有真正的闲暇生活，其闲暇生活的质量更低，不满意程度因此提高。

3. 闲暇生活的选择由家长控制，学生的自主意识受到压制

闲暇生活应该是一种自主生活，是实现学生自身价值的一种生活方式。但调查发现，学生的闲暇生活更多地受到家长的控制，自主生活的程度较低。家长的控制主要表现为：

（1）闲暇时间的控制。1999年“中国城市独生子女人格发展状况与教育”调查显示，11.2%的独生子女没有能够自由支配的时间，有1～30分钟的为21.5%，有31～60分钟的为24.1%。《中日韩三国首都小学生生活习惯研究报告》指出：“在课外时间的支配上，北京小学生的自主支配时间（除上课、吃饭、睡觉、写作业、预习复习功课和做家务之外）要少于东京和首尔的小学生。”[②] 在本次调查中，也发现中小学生闲暇时间被控制的情况。

（2）闲暇内容的控制。在访谈中发现，很多家长对孩子闲暇生活的内容监管很严。一方面，大部分正在上各种辅导班、特长班的学生都不是自

---

① 共青团中央调研组：《关于青少年学习与生活的调研报告》，载素质教育调研组编：《共同的关注——素质教育系统调研》，教育科学出版社2006年版，第122页。

② 中日韩三国首都小学生生活习惯研究报告 http：//vweb. youth. cn/cms/2006/syx/jygd/xsbg/200705/t20070528_546670. htm.

愿的，就连选择学习钢琴还是小提琴都得由父母说了算。另一方面，对于孩子看的电视节目、收听的流行歌曲及浏览的网站，家长都会过问或检查，更有甚者明确提出不能涉及的电视频道和内容。

(3) 闲暇空间的控制。学生闲暇的场所主要是家庭和社区，一般离开家庭和走出社区，通常都会受到家长的限制。由于学生没有经济来源，他们很难单独外出旅游和到休闲场所（如健身馆、科技馆、音乐厅、戏剧院、咖啡馆等）去休闲。

中小学生闲暇生活因受父母的限制而具有较大的被动性，但并不意味着他们缺乏闲暇生活的自主意识，恰恰相反，中小学生自主安排闲暇生活的意识随年级升高而越来越强，他们对父母的控制越来越不满。从初中阶段开始，学生的身心发展进入了“心理断乳期”，自我独立的意识明显增强，他们要求摆脱父母对他们的限制，把自己当作成人看待，使自己有和成人一样的权利。然而，在这一点上，大多数家长做得还不够好，他们对孩子过多地袒护和照顾，忽视了孩子自主、自立意识和能力的培养，但这样做也是在社会环境不佳的情况下的无奈选择。现实生活中文化的多元，尤其是负面文化和休闲娱乐的低俗化，对青少年会产生不良的影响，这是家长主宰学生闲暇生活的主要原因之一。

4. 适合中小学生的闲暇资源匮乏

在访谈中一位家长说：“城区面积在不断扩大，可是在城市的整体建设和发展中，对青少年素质教育硬件方面的人文关怀体现得很少。孩子们活得太可怜了。在学校学习，节假日走出校门可去的地方还是学习场所，少年宫成了一个服务于升学的校外艺术体育培训基地，社区里能挤出的空间给了中老年活动中心，偌大一座城市居然没有一处专供青少年集中活动的娱乐场所！青少年的健康成长谁来关心?”

闲暇资源匮乏的主要原因有：面向青少年的公益性、专门性社会闲暇场所发展缓慢，很难满足广大青少年的需求；商业性闲暇设施迅猛发展，但均以营利为目的，收费相当高，不适合中小学生消费；娱乐场所多为成年人开设，不利于中小学生身心健康发展；学校的教育资源如图书馆、运动场、网络室等在节假日里不开放，根本没有在学生的闲暇时间发挥作用。

四、中小学生闲暇生活方式的教育引导

中小学的闲暇教育不同于成人的闲暇教育，成人的闲暇教育是在闲暇中度过闲暇的教育，中小学的闲暇教育既要丰富当前的闲暇生活，更要为未来的闲暇生活作准备。所以，中小学的闲暇教育应当注重培养学生正确的闲暇意识、闲暇态度和科学的闲暇方式，使他们养成良好的闲暇习惯。

（一）树立正确的闲暇观念和意识

1．学校和家长要认识到闲暇生活的价值

学校和家长应该认识到健康的闲暇生活不是浪费时间，而是具有积极意义的。对中小学生而言，闲暇生活的价值在于：（1）闲暇时间的自由支配有利于中小学生个性的发展。闲暇时间的自由性有别于制度化学习的规定性、统一性、固定性，它可以使中小学生有较多的主观能动性，根据自己的兴趣爱好，自由地选择活动的内容和形式，从而满足他们不同的个性需求。（2）闲暇活动的多样性有助于学生获得多方面的知识和能力，促进学生的全面发展。闲暇生活的丰富多彩，有别于制度化学习的单调性，学生可以参与多种活动，培养兴趣爱好，拓宽知识面，提升各种能力，完善心理素质。（3）闲暇活动可以使学生有更多的机会直接或间接地接触社会，思考、分析、判断、解决各种在闲暇活动中遇到的问题。这种内在的心理活动与外在的实践活动，是学生个体将已经接受的知识信息真正内化为心理基础与行为基础的重要过程。

2．学校和家长要正确认识闲暇与学习的关系

做什么事都要有张有弛，学习也是这样。学习一段时间后，要进行休息，而娱乐就是一种积极的休息方式。联合国《儿童公约》第31条专门规定："缔约国确认儿童有权享有休息和闲暇，从事与儿童年龄相宜的游戏和娱乐活动，以及自由参加文化生活和艺术生活。"1995年联合国大会通过的《世界青年行动纲领》把闲暇作为10个优先领域之一，明确指出："任何社会都承认，闲暇活动对青年人的心理、认知能力和身体的发展非常重要。""为青年制订的适当闲暇方案，是旨在打击诸如药物滥用、少年犯罪及其他越轨行为等社会弊病的任何措施的要素。""各国政府可以将闲暇活动置于

优先的一个方法是向教育机构提供资源，以发展成立这种机构所需的基础设施，此外，闲暇活动可以成为正规学校课程的一部分。”

3. 学校和家长要培养中小学生正确的闲暇观念

培养中小学生正确的闲暇观念，就是要使学生了解什么是闲暇，明确闲暇的意义，知道什么是有意义的闲暇活动，知道选择积极的闲暇生活方式既有利于个人的发展又有利于社会的发展，了解自己的个性和兴趣如何影响自己的闲暇生活，学会制订闲暇生活的目标，对自己在闲暇生活中的收获有所预期。①

（二）重视中小学生闲暇生活能力的培养

闲暇生活能力的培养是闲暇教育的重要任务。马克思指出："要多方面地享受，他就必须有享受的能力。"② 教育家杜威也说："如果教育并不提供健康的休闲活动的能力，那么被抑制的本能就要寻找各种不正当的出路，有时是公开的，有时限于沉迷于想象。教育没有比适当提供休闲活动的享受更加严肃的责任，这不仅是为了眼前的健康，更重要的如果可能，是为了对心灵习惯的永久的影响。"③ 正是因为中小学生闲暇生活能力较低，家长对他们的闲暇生活才较多地控制，致使他们闲暇生活自主性低，也造成了他们对家长的不满。

1. 培养中小学生管理闲暇时间的能力

一个缺乏良好时间观念的人，闲暇会在不经意间流失，他进一步发展的机会也会在流失的闲暇中失去。指导中小学生学会自觉、有效、合理地安排时间，既要满足学习、生活的需要，又要满足全面发展的需要；既要突出重点，又要注意整体平衡，协调好学习和其他活动的关系，以获得最佳的效益。

2. 培养中小学生选择闲暇生活的能力

自由、自主是闲暇的特点，如果缺乏自主、自立的能力，就不能自由自在地享受闲暇。闲暇教育要培养中小学生闲暇的主体意识，以及对闲暇方式的选择和自我决断能力，使学生学会自由、自主地选择适合自己的、

① 胡春莉：《中小学生闲暇生活存在的问题及原因分析》，《青少年研究》，2005 年第 4 期。
② 《马克思恩格斯全集》第 3 卷，人民出版社 1972 年版，第 144 页。
③ 杜威：《民主主义与教育》，人民教育出版社 1990 年版，第 219 页。

对自己的发展有意义的生活方式和活动方式。同时，要教育中小学生遇事沉着冷静，自己开动脑筋，彻底摆脱依赖别人的心理，克服自卑，培养自信心和独立性。目前大多数中小学生都是独生子女，在家里什么事情都得父母帮忙作出决定，所以更要培养他们的自主生活能力，让他们学会自我规划，做自己想做的事；学会自我管理，合理安排自己的时间；学会控制环境，而不是被环境所控制；学会和朋友共处，获得真正的友谊；学会面对挫折，自主地解决问题，使他们具有健全的心理素质和生活自理能力，提高闲暇生活质量。

3. 培养中小学生从事闲暇活动的技能

闲暇活动技能，即从事各种闲暇活动的行为和能力。马克思说："对于没有音乐感的耳朵来说，最美的音乐也毫无意义。"① 他还说："如果愿意欣赏艺术，你必须是一个有艺术修养的人。"② 要提高闲暇生活的质量，必须相应地有一定水平的闲暇活动技能，如交往技能、体育技能、文艺技能、鉴赏技能等。当然，不能简单地把闲暇活动技能等同于某一项具体的业余爱好，闲暇不是盲目地游戏和玩，也不是简单地娱乐。适合中小学生的闲暇方式有阅读、听音乐、唱歌、画画、运动健身、旅游等，因此，闲暇教育要注重培养中小学生健康、高雅的闲暇活动技能，把促进学生身心健康、培养学生的审美情趣放在首要位置，引导学生学会健康文明、情趣高雅的闲暇生活方式。

4. 培养中小学生良好的闲暇生活习惯

由于生活条件优越和父母溺爱等原因，很多中小学生养成了懒惰、散漫、贪玩等不良的闲暇生活习惯，这些习惯如果带到以后的生活中，必然会直接影响他们良好的心理素质和意志品质的形成，使闲暇流于荒废。因此，闲暇教育要注意从日常生活中一点一滴地培养学生良好的闲暇生活习惯，使他们养成有规律的作息习惯、勤俭节约的消费习惯、体育锻炼的习惯、爱劳动的习惯等。

（三）发挥学校在闲暇教育中的作用

---

① 《马克思恩格斯全集》第 42 卷，人民出版社 1972 年版，第 142 页。

② 里夫希茨著，曹葆华译：《马克思恩格斯论艺术》第 1 册，人民出版社 1960 年版，第 880 页。

闲暇教育不只是学校的任务，但学校应该发挥主渠道的作用，既要丰富学生当下的闲暇生活，也要为他们未来的闲暇生活奠定基础。

1. 要将培养闲暇主体列为现代教育的重要目标

工业社会以来的教育，都是为工作作准备的，从计划到课程，按照工作的需要而设计，培养“会工作的人”。随着现代社会闲暇时间的日益增多，现代人不仅要在工作时间内会工作，而且还要在闲暇时间内会闲暇。“只有那些学会了既享受工作又不浪费自由时间的人，才会感到他们的生活是一体的，才会感到生活的价值。”① 因此，现代教育不仅要为人的工作作准备，培养会工作的职业人，而且要“造就闲暇时间的主体”，培养会休闲的生活人，这也是现代教育的重要目标之一。

2. 促进人的全面发展，奠定闲暇生活的根基

邦迪（Bundy）指出，闲暇教育的发展有两个取向：一个是现代的观点，认为闲暇教育就是要不断增加业余活动的种类，使人们在闲暇时间内从事娱乐活动；另一种观点则认为，闲暇不在于闲暇的时间、空间和活动形式，而是人的一种自由的存在状态，所以教育必须培养有智慧、有道德、有情趣的自由人，使人能在工作和闲暇生活中自由地展示自我价值。邦迪认为，闲暇教育应该指向后一种观点，“应当帮助人们去发现生活中真正能够展示自我价值的工作，并逐渐形成个性化的生活品位和办事风格”。②闲暇教育家曼蒂（Maddy）和奥德姆（Odum）也特别提醒人们，休闲教育不是休憩或提供休憩服务的代名词，不只是展示休闲的内容，也不只是集合大家参加某些特定的游戏活动。闲暇教育必须回归闲暇的本质——自由和人生的意义。如同亚里士多德所言，没有人生意义的追求，就不可能有真正的闲暇，不可能有真正幸福的生活。因此，把闲暇还给教育，不只是把节假日还给学生，增加他们的闲暇时间，而是把一个完整的人还给教育。闲暇教育不只是要学生掌握闲暇的技能，学会闲暇，更应该促进学生对人生意义的体验和感悟，促进学生全面和谐地发展。

3. 挖掘学校的闲暇生活资源

① 杰弗瑞·戈比著，康筝译：《你生命中的休闲》，云南人民出版社 2000 年版，第 297 页。

② 杰弗瑞·戈比著，康筝译：《你生命中的休闲》，云南人民出版社 2000 年版，第 311－312 页。

学校教育除了正规的课堂学习外，还要充分挖掘课外的闲暇生活资源。(1) 要把法定的闲暇时间还给学生，学校要严格遵守国家和省、市教育行政部门对于学生上课、作业时间等方面的规定，切实减轻学生的课业负担和作业量，使他们有时间参加闲暇活动。(2) 学校要开展丰富多彩的闲暇教育活动，既可以将闲暇教育作为专门的活动或课程纳入学校的课程计划之中，也可以利用课外活动时间组建科技、艺术、体育、读书等各种兴趣小组和社团，举办艺术节、科技节、读书会、报告会、文化知识讲座等，这样既丰富了学生的闲暇生活内容，又培养了学生的闲暇生活能力。(3) 要充分发挥学校资源在闲暇生活中的作用，如图书馆、健身中心、网络中心等都应该在闲暇时间尽量开放，在社会闲暇资源不足的情况下，为学生提供有价值的闲暇生活资源。

学校既是学生闲暇生活的实践者，又是学生闲暇生活的引导者。作为实践者，要为学生创造闲暇条件，丰富他们的闲暇生活；作为引导者，要让学生通过课程学习，确立正确的闲暇观念，掌握一定的闲暇技能，形成良好的闲暇生活习惯。闲暇教育不同于其他教育，闲暇教育必须与闲暇融为一体，既是闲暇生活，又是教育活动。闲暇教育不能侵占学生的闲暇时间，否则就违背了闲暇教育的初衷。

（四）建设有利于中小学生闲暇生活的社会环境

当前，随着社会经济的发展，人民生活水平的提高，闲暇已广泛渗透到家庭和各类社会活动中，对中小学生的影响日益显著。中小学生作为生活阅历不丰富、独立判断能力尚在发展中的未成年人，其闲暇生活的负面影响原因之一是成人对他们的闲暇生活缺乏必要的关心和正面的引导。所以，当务之急是要使社会充分认识闲暇教育的意义，发挥社会的正面引导功能，动员全社会的力量，开发闲暇教育资源，给他们创设一个积极、健康的闲暇生活环境。

1. 加强对不良闲暇环境的监督和治理

各级政府和公安、工商、文化和新闻出版等部门要对学校周边的娱乐、书刊、音像、影视等文化市场进行监督和治理，严禁一切色情、凶杀、暴力等不健康、不道德的书刊、影视、音像制品在学校周边出现，对学校附近那些格调低下、有碍青少年健康成长的歌舞厅、卡拉 OK 厅、夜总会、网吧、洗浴中心等娱乐场所采取整顿、处罚、取缔等措施，对电子游戏厅、滑冰场、台球室等应加强管理，堵塞各种漏洞。要做好群众性的书评、影视评、剧评工作，正确引导青少年分清提倡什么、反对什么、抵制什么，使文学艺术真正起到良好的教育作用。尽管尘垢和污物的消除非一日之功，但只要我们坚持不懈，将社会效益看得与经济效益同样重要，并把它摆在关系到我们社会主义祖国的前途和命运的头等重要位置来抓，一定会给学生的闲暇生活留下一片洁净的蓝天，使他们呼吸到清新的空气。

2. 创设有利于中小学生成长的闲暇环境

充分发挥青少年宫、文化宫、科技馆、儿童活动中心、青少年学生活动中心等公益性未成年人校外活动场所对促进中小学生身心发展的重要作用，进一步加强和改进青少年非营利场馆的建设与管理，切实把青少年文化活动阵地建设纳入本地区国民经济和社会发展规划之中。文化部门应在各级政府和有关部门的支持下尽可能地拓展青少年活动中心的功能，新建综合性的青少年文化活动场所，如图书馆、文化馆、书店、科技馆、文化宫、俱乐部、学生活动中心、文化沙龙等，支持共青团组织等加强“青年中心”的建设和管理，鼓励和支持社会力量兴办青少年活动场所。社区作为青少年生活的小环境，是实施闲暇教育的有效载体，一方面要加强对本社区文化生活环境的监管，另一方面要为青少年健全闲暇设施，提供健康的闲暇生活环境，开展丰富的闲暇活动。

3. 闲暇场所要为中小学生提供公益服务

闲暇生活作为当代人的基本要求之一，不能只为一部分人拥有，更不能只为社会上层的“有闲阶级”所独占。在调查过程中，我们发现家庭经济状况影响了中小学生对闲暇生活的满意度，突出表现为家庭收入低的中小学生闲暇生活少，满意度较低。这是因为不少的闲暇场所实行有偿消费，限制了他们的闲暇生活。为此，各级政府必须明确未成年人活动场所的公益性，始终坚持把社会效益放在首位，切实把公益性原则落到实处，严格按照相关法律法规、政策文件办事。各级爱国主义教育基地和博物馆、纪念馆、美术馆、科普教育基地等公共文化设施要免费或低费向中小学生开放。

4. 发挥家庭在中小学生闲暇生活中的作用

家长要改变对中小学生闲暇生活的不正确观念，充分认识到闲暇生活对丰富学生精神生活、促进学生个性发展的价值，切实改变家庭中的应试教育倾向，给予学生闲暇生活的权利，合理安排他们的假期和双休日的休息、学习、闲暇时间，同时，丰富家庭的闲暇生活，在闲暇中做到父母与子女共同参与，在共享闲暇中指导子女学会闲暇。

总之，闲暇教育是学校、家庭和社会的系统工程，其安排与设计必须坚持整体规划，按照“整体大于部分之和”的系统论思想，从有益于中小学生健康成长的要求出发，对中小学在学校、家庭和社会的闲暇生活全面整体规划，合理安排，保持其连贯性和一致性。

第六章　从生活方式到价值观

转型期的中国在现代化、全球化、信息化的进程中，文化多元的特性越来越明显，并影响到人们的价值观和社会生活方式。特别是市场经济体制的建立，人的独立意识的解放，自我利益观念的增强，主体的利益需要日趋多元，相伴而生的是多元的价值取向；改革开放和全球化的到来，西方文化的引入，冲击着中国传统的伦理价值观；信息化已经使网络世界成为表达个人价值观的自由空间。这些因素和条件，都使人们的价值观发生着由单一到多元、由封闭到开放、由传统到现代的转变。价值观的空前活跃、开放与多元，促进了人的思想解放和社会民主的发展，但多元的价值观也会迷失价值观的发展方向，导致价值冲突与价值失范。因此，我们当前既要面对价值观多元、开放的事实，又要尽可能避免价值冲突，这就需要我们对价值观现状作出科学判断，加以正确的引导，确保社会核心价值观和多元价值观和谐共存。

一、价值观及其类型

毫无疑问，价值观是关于价值的观念。作为界定“价值观”的前提，需要界定“价值”和“观念”。

“价值”一词，通常受马克思所说的“‘价值’这个普通的概念是从人们对待满足他们需要的外界物的关系中产生的”① 这一观点的影响，把“价值”界定为客体的属性满足主体需要的一种关系，是客体对于主体效用和意义的一

① 《马克思恩格斯全集》第19卷，人民出版社1963年版，第406页。

种表达。我们说某一事物有没有价值，就在于它是否能够满足人的某种需要，对人有无积极的意义；意义的大小，表示该事物对人的价值的大小。因此，价值是一种关系范畴，而非实体范畴，离开了主体及其需要，客观的事物不会自动地产生价值，价值都是由人的特定需要引发的。

"观念"一词，通常有两种说法。广义的观念，是指客观事物在人头脑中的主观映象，泛指一切形式的思想、认识、看法、观点等。狭义的观念，是指人们对客观事物的总的看法，是对一类事物或事物本质的认识。现实中，每个人都有许多观念，从大到小，事无巨细，我们对每个事物都会有自己的看法，观念不过是个人思想认识的一种表达。但在狭义上，只有在具体认识基础上抽象、概括出关于某类事物总的认识，才能称为观念。例如闲暇观，不是对某个人一次休闲活动的看法，而是对特定时期人们怎么闲暇的总的认识。广义的观念因人而异，多种多样；但狭义的观念是对某类事物的根本认识，一个时期可能只有一个。

按照"观念"的两种认识，我们对于价值观也有两种认识：一种是广义的价值观，一种是狭义的价值观。广义的价值观，也称为"价值观念"，是对某个事物的意义和价值状况的认识或看法，它指向于具体的事物，但也不是随便什么看法都可以称为价值观念，只有那些具有稳定性的看法才可以称为价值观念。例如对高档物品的消费，有的人可能是基于符号消费的意识，有的人只是一种冲动或从众，前者可以构成消费观念，后者则是一种消费心理。狭义的价值观，是对事物价值的一般的、根本的看法，它指向于一类事物，是对一类事物本质的总认识。

价值观念和价值观在层次上是不同的。价值观念是对具体事物的价值认识，价值观是对一类事物价值的总认识。价值观念是具体的、下位概念，价值观是抽象的、上位概念。价值观是在价值观念的基础上形成的，是对各种价值观念的抽象、概括与提升，是对价值关系更为根本的认识和看法；价值观念是特定的价值观在个别事物上的体现和具体化，是现实生活中的具体价值关系。价值观反映着社会的客观要求，价值观念更多的是个体的主观认识。价值观念与价值观是个别与普遍、特殊与一般的关系，价值观念的外延比价值观的外延要大，可以涵盖价值观，价值观作为具体价值观念的共性存在于个性的价值观念之中。我们可以使用价值观念包含价值观，但不能使用价值观包含价值观念。价值观是对价值的根本观点和看法，那些对某一事物价值的具体看法，即价值观念，无法纳入价值观之中。王玉樑在《价值哲学新探》中指出，价值观决定价值观念，价值观念是价值观的表现，二者是一般与特殊的关系。但同时他又指出，如果把二者等同使用，用价值观来表示价值观念，似乎没有多少困难。如果用价值观念来表示价值观，那就明显不行了。[①] 他对价值观与价值观念的分析，得到学界的普遍认同，但他认为，可以用价值观表示价值观念，却不能用价值观念表示价值观。我认为这与他上面的观点是不符合的。价值观作为普遍的共性，价值观念是个性，共性只能在于个性之中，而不是相反。价值观只能代表对事物价值关系的总的看法、根本的认识，个人的具体认识不能包括其中。但如果是价值观念，它是个人对事物价值的看法，既可能是具体的看法，也可能是总的看法，所以，价值观念外延较大，可以将价值观纳入其中。

在严格的哲学研究中，价值观与价值观念是要区分的，哲学研究更多研究的是价值观而不是价值观念。“但在一般情况下，‘价值观念’与‘价值观’是作为同一个概念使用的，人们对此并不加以特别仔细的区分。”[②] 无论是广义还是狭义，价值观都是关于事物价值的判断、选择的倾向性，哪种价值有意义、哪种价值没有意义，赞成哪种价值、反对哪种价值，喜欢什么、憎恨什么，追求什么、摒弃什么等，都属于价值观的认识。价值观是判断是非曲直、真善美与假恶丑、好与坏的价值标准，是人们在处理普遍性价值问题上所持的立场、观点和态度的总和。[③]

还有学者在狭义的价值观中又区分出“世俗的价值观”与“哲学的价值观”。世俗的价值观反映的是人们在世俗生活中自发形成的价值的一般认识。哲学的价值观是一种理论化、系统化的价值观点、价值学说，是关于价值的理论体系。[④] 世俗的价值观是人们对日常生活中价值观的系统表达，与每个人的人生追求和选择有关。哲学的价值观更多的是学理上的认识，

① 王玉樑：《价值哲学新探》，陕西人民教育出版社 1993 年版，第 413 页。

② 袁贵仁：《价值观的理论与实践》，北京师范大学出版社 2006 年版，第 130 页。

③ 北京师范大学价值与文化研究中心：《关于价值观研究现状的调研报告》，载《价值与文化》，北京师范大学出版社 2002 年版，第 31 页。

④ 张岱年：《文化与哲学》，教育科学出版社 1988 年版，第 204 页。

是学者研究的话题，表现为学界讨论的“价值论”、“价值哲学”。

本书所论及的价值观不都是普遍性的价值观，还包括具体的价值观念。因此，我们在使用“价值观”一词时，对广义和狭义没有作具体的区分，对青少年价值观的调查，无法分清哪些是属于根本的认识，哪些是属于具体的认识。我们研究的是支配中小学生生活方式的价值观，属于生活中的“世俗的价值观”，而不是“哲学的价值观”或“价值论”。

多数学者都同意，价值观是多层次、多类型的系统。但具体有哪些层次和类型，存在着不同的认识。个人可以根据自己的研究需要，划分不同的类型与层次。本书研究的价值观层次和类型主要有：

从价值观的主体看，有个体价值观、群体价值观和全球（类）价值观。价值观都是主体的价值观，反映主体对事物价值的认识。主体除了以个体的形式出现，还以群体和类的形式出现。个体价值观是个体基于理性思考对事物所做的是非、善恶的价值判断，是个人对于特定事物价值的认识。但人不是孤立的，个人生活在社会关系中，个人在社会关系中所处的地位以及所从事的活动影响其价值观的形成，这就使某一群体形成了特定的价值观。群体价值观是以一定的群体为主体，基于群体特定的年龄特点、阶层地位、职业生活和文化认同等共同性所形成的对于事物的基本看法和态度，如一个国家、民族和政党的价值观等，也可以分为青少年的价值观、大学生的价值观、知识分子的价值观、白领阶层的价值观、农民的价值观等。群体的价值观反映了群体成员共同的价值认识，对群体成员的行为具有约束作用。全球（类）价值观是反映人类作为一个整体在共同生活中所应该具有的价值追求，如当前所讨论的全球伦理、面对气候变暖和生态危机应该确立的天人合一的价值观等。全球（类）价值观是人类共同生活的需要，它超越了阶级、民族、国家、宗教、意识形态的对立，属于全人类的共同价值财富。随着全球化的交往日益密切，人类越来越成为一个地球村，全球（类）价值观越来越重要。

从价值观的内容看，纷繁复杂的社会生活，大致可以分为政治生活、经济生活、道德生活、文化生活、审美生活、宗教生活等，因此，价值观就有政治价值观、经济价值观、道德价值观、文化价值观、审美价值观、宗教价值观等。当然，还有某些价值观不为一类生活所特有，而是贯穿于所有生活之中，如人生价值观、理想、信念、信仰等，这些都是价值观的特定内容，而且是居于支配地位的、核心的价值观，处于价值观的深层，是一切生活领域价值观的基础和魂灵。价值观不包括世界观，世界观是对世界的根本认识，世界观既包括对世界本来面目的认识，也包括对世界价值的根本认识。前者属于科学观，后者属于价值观。① 所以，价值观是世界观的组成部分。人生观是关于人生目的、态度、价值和理想的根本观点，它回答人生的意义是什么、人生要做些什么才有意义、哪些是值得追求的、应当怎样度过自己的人生等，这些都是价值观的重要内容。人生观有时候也称为"人生价值观"。

此外，从范围上看，也有学者将政治价值观、经济价值观、文化价值观、道德价值观等通称为"公共价值观"，它们反映的是公共领域生活的价值准则。人不仅在公共领域从事社会的再生产，也在个人领域从事个体的再生产，因此，也有"个体价值观"，如交往价值观、消费价值观、审美价值观、婚姻价值观等。公共生活是公民的共同生活领域，应该遵循共同的价值观。但对于个体生活领域而言，在不违背公共价值观的前提下，价值观应该反映个体的人生追求和生活选择，具有多样性。

价值观从性质上看，有正确与错误、先进与落后、主流与非主流之分。有人把正确的、先进的价值观与主流的价值观相等同，换言之，把符合主流的价值观，都看作是先进的、积极的、正确的价值观，其实也未必。有时候，主流价值观是先进的价值观，但有时候，主流价值观恰恰是落后的价值观。"一种价值观是否科学、合理、先进，归根到底要看它如何反映和反映了什么样的主体利益、条件和需要，是否同事物的发展规律和人类历史进步的趋势相一致。"② 如果一种价值观能够代表广大人民群众的利益，符合人类社会进步的趋势和人性解放的要求，不管是否与统治阶级主流的价值观、意识形态相一致，都是正确的、先进的。主流的价值观通常有两种形式：一种得到广大人民群众的认可和接受，成为他们自觉的行为准则和价值标准，这是真正的主流；另一种为统治阶级所奉行，作为一种意识

① 袁贵仁：《价值观的理论与实践》，北京师范大学出版社 2006 年版，"序"，第 3 页。

② 北京师范大学价值与文化研究中心：《关于价值观研究现状的调研报告》，载《价值与文化》，北京师范大学出版社 2002 年版，第 32 页。

形态，要求公民必须遵从和接受，对个人来说是被动的。后者是统治阶级推行的“主流”，但并非真正的“主流”。如果把主流价值观当作一种主导文化的话，非主流价值观是一种亚文化，是部分人或某个团体、阶层所倡导的价值观。如当前我国主流的价值观是提倡“合理消费”而反对“骄奢淫逸”，但也有人倡导“享乐主义”和“禁欲主义”，后者就构成非主流价值观。非主流价值观也并非完全与主流价值观对立，许多非主流价值观与主流价值观根本上是一致的，只是在局部问题或个人生活领域有其差异。一个社会需要主流价值观引导，缺少主流价值观，必然导致社会价值失范和混乱，不利于社会的稳定。但民主社会在保持主导价值统一的前提下，不能排斥非主流价值观，而是要宽容与允许多元价值观的存在，否则就会走向专制。主导价值观的一元与多元价值观的“和而不同”，是和谐社会的体现。

二、多元文化、生活方式与价值观

关于多元文化与生活方式的关系，我们已在第一章中作了说明，这里再阐述文化与价值观、生活方式与价值观的关系，形成多元文化、价值观和生活方式相互联系和相互作用的体系。

（一）多元文化与多元价值观

1. 价值观是文化的核心

尽管对文化的含义存在着较大的争议，但把文化由表及里分为不同的层次，得到了比较多的认同。这些层次包括：物质文化、制度文化和精神文化。物质文化和制度文化是文化的浅层和显性的表现，是文化在物质和制度上的外化。文化在真正的意义上是一种精神。我们说某个建筑物代表一种文化，并不是说该建筑物是文化，而是说建筑物蕴含着某种文化的精神，构成某种文化特色，所以，文化在根本上是一种精神文化，精神文化是文化的深层表现，也是隐性的文化。精神文化是一个人对真善美的精神追求，表现为科学、伦理和艺术等诸方面。在科学、伦理和艺术中，价值观直接表现为伦理道德，虽然科学和艺术不是直接的价值观，但科学和艺术都离不开价值观，离开了价值观，科学和艺术就没有了魂灵。所以，价值观在精神文化中又处于核心的地位。因此，我们有理由认为，价值观是文化的最深层次，是文化的核心。

价值观作为文化的核心，是一种隐性的文化，它不表现为人的行为方式和行为结果，而是渗透在人的行为活动和生活中，回答“为什么做”的意义和价值问题，引导人的行为方向和行为方式。物质文化和制度文化都是价值观引导下人的活动的产物，是价值观外化的结果。因此，从根本意义上说，“所谓文化，就是指一个社会中的价值观，是人们对于理想、信念、取向、态度所普遍持有的见解”。[①] 说文化在根本上是一种价值观，并不是缩小文化的外延，排除物质文化、制度文化和非价值观的文化，而只是表明，一切文化的内核都是价值观。因为文化是人的生活的反映，“为什么生活”、“生活的意义”是生活的真谛，也是文化的真谛，更是价值观的精髓。

2. 多元文化的根本是价值观的多元

多元文化不是文化主体的多元，而是文化性质的多元；文化性质的差异，主要是价值观的差异。所以，文化的不同是价值观的不同。如果文化的核心价值观是一致的，对生活的意义有着共同的理解，那么文化之间就不会产生根本的差异和冲突。文化的差异最主要的是价值观上的差异，由于基本价值观追求方向的不同使文化表现出不同的类型，不同的文化具有不同的价值观。所以，多元文化必然意味着多元的价值观。

价值观具有主体性。任何的价值观都是特定主体的价值观，都是主体需要和自我意识的呈现，它反映着个体特有的、个性化的立场、观点和价值评价。正因为现实主体的需要和自我意识的多元，每个主体都有自己的价值观，不同主体之间的价值观存在着差异，因此，人们的价值观必然具有多元性，这是一种不可避免的基本现象。[②] 李德顺区分了多元性的两种情况：一种是性质上一元，形态上多元，多元可以在同一根据和基础上统一起来，这叫“一元的多样性”；另一种是性质上完全不同，缺少统一或一致的根基，这叫“多元的多样性”。文化的多元两种情况都存在。“一元的多样性”，虽然存在差异，但差异不是根本性的，不会引起社会主导价值观的

① 袁贵仁：《价值观的理论与实践》，北京师范大学出版社2006年版，“序”，第3页。

② 李德顺：《价值论》第2版，中国人民大学出版社2007年版，第219页。

混乱；而“多元的多样性”则会导致价值观的根本对立与冲突，使社会失去主导价值观，而陷入迷茫之中。

中国是个多民族的社会，各个民族具有独特的文化传统，具有鲜明的文化个性，这属于“一元的多样性”，民族文化的特色与社会的主流价值观不发生冲突。但处于转型期的当代中国还存在着“多元的多样性”。总的来看，目前我国的价值观主要表现为三个方面：一是与计划经济相适应的集体主义的价值观；二是与市场经济相适应的重物质利益和个人主体性的现代价值观；三是西方文化影响下的个人主义的价值观。市场经济的价值观冲击着计划经济的价值观，西方的价值观冲击着中国传统的价值观。以市场经济和西方价值观为基础构成的现代价值观，整体上与以中国传统的价值观和计划经济的价值观为基础构成的传统价值观存在冲突。如集体主义与个人主义的冲突，自由、民主与专制、等级的冲突，精神追求与拜金主义的冲突，勤俭节约与消费主义的冲突，等等。社会的转型期，是一个价值观不稳定的时期，旧的价值观没有完全退却，新的价值观也没有完全形成和稳固，新、旧价值观同时存在，造成了转型期特有的价值观多元和冲突的局面，使我们进入了一个价值观多元和冲突的时代。

文化和价值观的多元，不能只看作是转型期的特殊现象。随着个人主体性的解放，以及民主社会对个人的尊重，价值的多元是民主开放社会的必然反映。相对于封闭的、一元的价值的霸权，开放取代封闭，多元取代一元，价值多元是一种巨大的社会进步。问题是，一个民主的国家不仅需要尊重每个主体，还要有共同生活的规范和社会的凝聚力，所以，多元价值观不能走向相对主义，必须确立社会核心价值观的主导地位，以主导的价值观整合多元的价值观，只有这样，才能保证多元价值观的健康发展。

3. 多元价值观对价值观教育的影响

相对于一元文化的封闭与专制，多元文化是文化的进步与发展，也是社会民主化的必然要求和民主社会的必然表现。多元文化导致价值观的多元，既对价值观教育有着积极的影响，也有着不利的消极影响。多元文化、多元价值观对价值观教育的影响主要表现为：

（1）多元价值观解放了人，但带来了价值认同的危机。不同于一元价值观的专制，多元价值观赋予每个人同等的价值观表达的机会，尊重每个人的价值观以及由此带来的行为和生活方式。多元价值观意味着价值主体的多元，不存在价值观的强迫。但价值观作为个人利益的表达，必然存在价值冲突，甚至是根本上的冲突，这就导致了主导价值观的缺失，绝对价值被遮蔽，形成价值认同的危机。认同危机使人与人之间不能靠价值和信仰的一致性来维系和谐，而越来越诉诸契约关系。①

（2）多元价值观丰富了价值观教育的内容，但带来了价值观的混乱。多元价值观的优点在“多元”，缺点也在“多元”。因为价值观有正确与错误、先进与落后之分，多元如果只意味着承认与尊重，就等于接受每一种价值观，无论正确与错误、先进与落后。这样，价值观教育的内容固然丰富了，但良莠不齐，甚至造成缺乏判断是非的标准，使青少年价值观陷入混乱之中，价值观教育也无所适从。比如，是“重义轻利”，还是“重利轻义”；是“大公无私、公而忘私”，还是“人人为我、我为人人”；是“集体利益大于个人利益”，还是“捍卫个人权利不容侵犯”，等等。在各种价值观的冲突中，简单地尊重多元，必然意味着混乱。

（3）多元价值观改变了传统价值观教育的方式，但带来了新的问题。一元价值观教育采用的是价值观说教和灌输的方式，使学生被动地遵从特定价值观的要求，难有好的教育效果。多元价值观教育反对价值灌输与强制，而强调价值生活中的自主体验和选择，与一元价值观的灌输相比，它注重学生主体性的发挥，有利于取得良好的教育效果。一元价值观教育的内容是固定的、单一的，道德教育的目的在于获得特定的道德规范，并依据规范而行动。多元价值观教育强调的是选择，选择或澄清符合自己生活的价值观，它培养的是价值选择、价值判断和道德思维的能力，但又因此缺失了道德内容，出现了无道德的“道德空心人”。

总之，我们既要看到多元价值观对价值观教育的带来的契机，又要意识到其可能带来的不利影响，但不能因此而放弃“多元”，退回到“一元”，关键是对多元价值观的整合与引导。

（二）价值观与生活方式

多元价值观作为内隐的行为力量，影响着人们的行为方式和生活方式，

① 刘济良等：《价值观教育》，教育科学出版社 2007 年版，第 12 页。

特别是影响着青少年的生活方式。生活方式的改变，是价值观的改变，价值观的多元也给生活方式带来了新的挑战。

1. 生活方式受一定价值观的支配

从发生学上讲，价值观不是源于客观事物自身，也不是人先天具有的，而是在后天的社会生活中形成的。正如马克思在《共产党宣言》中指出的："人们的观念、观点和概念，一句话，人们的意识，随着人们的生活条件、人们的社会关系、人们的社会存在的改变而改变。"① 一定的价值观是生活的价值观，源于一定的生活实践、生活体验和一种对美好生活的期待。从这个意义上讲，社会生活是价值观的基础，价值观的变革根本上取决于社会物质生活条件，尤其是社会生产方式的变革，一定社会的价值观因此具有客观性和共同性。价值观是特定社会的价值观，超社会的价值观是不存在的，至多是一种想象的价值观，而不可能成为生活的价值观。

价值观虽然来自于生活，但与生活方式不同。价值观反映的是美好生活的应然观念，生活方式反映的是实然生活的行为特征。人作为一种超越性存在，不仅生活在现实中，还生活在未来的期待中。什么是好的，什么是坏的，什么是有意义的，什么是值得追求的，什么是必须抛弃的，等等，都是基于人对美好生活的一种期盼和追求。所以，价值观作为人们关于基本价值的理想、信念、信仰的系统，反映的是人对美好生活的向往和追求。一个人有什么样的生活向往，就会有什么样的价值观。一个人对什么生活向往，有什么样的价值观，就会有什么样的生活行为，就会形成什么样的生活方式。因此，价值观和生活方式都源于人的生活。但价值观反映的是应然的生活理想，生活方式是一种实然生活的写照。一种生活没有变成现实，一个人没有生活的实践，他就不可能具有某种生活方式。生活方式是"过去时"、"现在时"，但价值观是"将来时"。此外，价值观是一种精神形态，它以理想、信念、信仰等表现为人深层的精神追求，是内隐的；生活方式是生活主体在生活实践中的一种行为表现及其特征，是外显的。

人的生活不同于动物的生存，就在于它的目的性、意识性。人要追求有意义的幸福生活，力图通过自己的活动，将美好的生活理想转化为现实。

① 《马克思恩格斯选集》第1卷，人民出版社1995年版，第291页。

因此，人如何生活，生活得怎么样，都受其价值观的支配。“人类的生活正是有了价值观的指导，才使生活具有了真正的意义，才使人类的生活与动物的生存区别开来。”① 所谓生活方式，就是特定社会中，人们在一定的价值观指导下，形成的满足自身需要的生活活动形式和行为特征的总和。价值观对生活方式的影响是通过生活主体和行为方式实现的。

第一，价值观对生活主体的影响。生活主体既可以是个体，也可以是组织、群体、阶层、民族等。作为个体的人，精神性是其本质的特性。人不同于动物，就在于它不只有肉体，不只有本能和物质的需要，还有精神需要和精神生活。“如果一个人只有物质需要，而没有精神需要，既不知礼节，也不知荣辱，这种人也就与禽兽无别了。”② 价值观作为人的精神，引导着人的精神生活。正如没有精神生活，就不是人的生活一样，我们也可以说，没有真善美的价值追求，也就不是真正的人，失去了人的价值。作为生活方式主体的阶层、民族、职业群体等，他们不仅具有相同的生活背景，更重要的是具有相同或相近的价值观。现代社会的群体与古代社会不同，古代以血缘或地缘组成群体，具有被动性；现代更多的是个人的独立选择，只有价值观相同或相近的人，才组成一个共同的群体。每个组织、每个群体都有自己独特的价值观。价值观是现代组织、群体的黏合剂，它通过成员间的相互认同而将组织凝聚起来。

第二，价值观对个体行为方式的影响。人的行为不是本能的反映，不是一种盲目的行为，就在于他的意识性，因而人都会按照自己的价值观选择行为目标，确定行为方式。“价值观作为一种实践精神，发挥着其他社会意识所不具有的特殊功能，它是左右个人思想和行为的主导因素。”③ 从人的内在因素来说，人的行为方式是由价值观决定的，它决定着人选择什么、排斥什么、该怎么办、不该怎么办。行为方式作为生活方式的因素是外显的，一切行为方式的深层和背后都有一定的价值观，它不仅影响着人们做什么，而且影响着人们怎么做以及做的结果。

因此，生活主体具有什么样的价值观，就会表现出什么样的生活方式。

---

① 刘济良等：《价值观教育》，教育科学出版社 2007 年版，第 1 页。

② 张岱年：《论重新估定一切价值》，《东方杂志》，1994 年第 1 期。

③ 陈章龙、周莉：《价值观研究》，南京师范大学出版社 2004 年版，第 8 页。

不同的价值观，具有不同的生活方式。生活方式的差异，尽管有多种多样的影响因素，但归根结底，深层的因素是价值观。例如，改革开放前，倡导“勤俭节约”、“艰苦朴素”的价值观，因此“新三年，旧三年，缝缝补补又三年”成为人们崇尚的生活方式，“铺张浪费”被视为资产阶级腐朽的生活方式。改革开放后，随着西方消费主义观念的侵入，物质主义、享乐主义成为一部分人的价值观，“勤俭”不再受到追捧，而是要“学会享受”、“学会生活”。生活也不再满足于生理和生存的需要，而是要体现身份和地位的符号意义。价值观的改变，影响着人们对“什么是好、什么是坏、什么是值得追求的、什么是时尚、什么是落伍”的判断，这些作为内在的力量支配着一个人的外显行为，改变着他的生活方式。所以，生活方式不是人的随意选择。一个人有可能随意选择生活行为，如果这种行为成为一种生活方式，一定是其价值观的改变。价值观是人的生活方式的先导，要改变一个人的生活方式，根本上在于转变他的价值观，只有这样，他才会主动地产生某种行为，表现出某种生活方式。因此，人的生活方式的改变取决于价值观的变革。

2. 社会价值观的变迁影响社会生活方式的变革

价值观和生活方式都有个人和社会之分。社会价值观和社会生活方式是对社会政治、经济、文化和道德生活的反映。社会价值观和生活方式都不是第一性的，它们随着社会生产力、生产关系的变化而变化。但社会的变革或转型，首先引发价值观的变革，是价值观的变革从根本上改变了人的生活方式。

价值观是应然生活的反映，生活方式是实然生活的反映，因此，价值观具有超前性，超前于生活，是对生活的预期。价值观对实然的生活方式的影响，主要是通过对旧生活方式的批判和对新生活方式的引导实现的。

社会转型期，新、旧价值观并存。社会的发展要求一种新的价值观，但人们依然是一种旧的生活方式，这使得思想与行为不同步。价值观的变革，使新的价值观不仅批判旧的价值观，而且抵制旧的生活方式。如计划经济条件下人的依附性，形成了以社会、集体为本位的价值观，在这种价值观的支配下，人们必须无条件地服从集体和国家的要求，没有自我的生活和个人的空间，只有集体的“我”、国家的“我”，“一切行动听指挥”。

这种社会生活方式，显然无法适应市场经济的需要。市场经济是利益经济，各利益主体在市场竞争中追求自身利益最大化，必然要求参与市场竞争的主体具有独立性和自主性，这使得计划经济下依附性的行为方式无法适应市场经济的需要。因此，市场经济的价值观就会把依附性的生活方式作为落后的生活方式加以批判，从而引导人们过一种与市场经济价值观相适应的新型生活。一种新的价值观的出现，使人们明白应该如何做，为人的行为指明了方向，它也必然通过一定的实践转化为一种行为定型，即与新价值观相适应的生活方式。

3. 个人价值观影响个体生活方式的选择

个人的生活方式表现在个体日常的交往、闲暇、娱乐、消费等方面，属于个人生活的领域。个人的生活方式虽然总体上受社会生活方式的制约，但它更能自由地体现出个体的价值观。与社会生活方式相一致的个体生活方式，往往成为生活方式的主流，但任何社会都会出现一些特例，或者“超前”，或者“怀旧”，这些另类生活方式典型地受个人价值观的支配。当然，即便是社会价值观，也必须通过个体选择，使其内化为个人的价值观。

个人价值观对生活方式的影响，主要通过定向、判断、选择、引导和规范而实现。① 信念、信仰和理想都是价值观的典型表征，一个人相信什么，不相信什么，具有什么样的信仰，胸怀什么样的理想，决定了他的生活目标与生活方向，影响了他对生活道路的选择。价值观不同，其生活追求、目标不同，对事物意义的判断就不同。人们会根据自己的价值观判断一个事物是好是坏、有无意义、有无价值、值不值得追求、要不要放弃。如果认为该事物有意义、有价值，就选择该事物，作用于该事物；如果认为该事物没有价值，不能满足自己的需要，不符合自己的理想追求，该事物自然就不会成为选择和追求的对象。价值观在选择一定事物后，会明确地指示什么是对、什么是错、什么是善、什么是恶，对个体的行为具有引导作用。价值观不仅是个体行为的发动机，而且是个体行为的监督器，它规范个体的行为，一旦发现其偏离目标，就及时加以矫正和调节，以保证个体的行为与价值观相符合。可以说，价值观是人的行为的指示器。

① 陈章龙、周莉：《价值观研究》，南京师范大学出版社2004年版，第22—23页。

承认个体生活方式受主体价值观的左右，但不能失去其前提条件。个体的生活方式具有一定的时代性，价值观也同样具有时代性。超越时代的价值观和超越时代的生活方式都是不存在的。这就使生活方式和价值观都具有相对稳定性与一致性。所以，生活虽然丰富多彩，人们的价值观和生活方式也五彩缤纷，但其生活时空和场景的共在性，却决定了价值观和生活方式具有一定的共同性，这是人类共同生活的基础。只有在这一基础上，个体价值观的多元和生活方式的多样才有意义和可能；而超越了这个客观的限度，就会陷入片面之中。

三、中学生价值观的实然判断

中学阶段是价值观形成的关键时期，中学生发展的首要问题是价值观问题。现代中学生正生活在多元文化中，多元文化是他们价值观形成的背景。面对不同文化的融合与冲突，他们会作出什么样的价值判断与选择，他们的价值观状况如何，需要我们有一个清晰的判断，以便根据他们的价值观现状，寻求多元文化背景下价值观教育的有效策略。

为此，我们以江苏省为取样的范围，在苏南、苏中、苏北三个地区选取城市、城镇、农村，好、中、差三种不同办学水平的中学，综合考虑地区、发展水平、学生的性别、家长的职业、家长的文化程度及家庭收入等多种因素，随机调查初一至高二学生共1200人（考虑到高三学生学习紧张，没有进行调查），发放问卷1200份，回收有效问卷1096份，回收率为91.33%。其中，男生占54.47%，女生占45.53%；初一学生占26.00%，初二学生占17.61%，初三学生占8.94%；高一学生占30.75%，高二学生占16.70%。同时，为深入了解情况，我们还对学校德育处或政教处的领导和老师、各年级班主任和任课老师等进行个别和集体访谈，以全面收集中学生价值观发展的资料。[①]

裴娣娜和文喆主持的北京市教育科学“十五”规划重大课题“首都现

① 参与本调查的有冯建军、白莲莲、马多秀、郝永贞、王亚琼、提秀雷和柴华丽，白莲莲负责本部分的调查和报告初稿的撰写。

代化进程中学校、社区教育一体化发展研究”在进行中学生价值观调查时，将中学生的价值观划分为政治价值观、经济价值观、文化价值观和生活价值观。我们在参照这一划分标准的基础上，又添加了人生价值观。严格说来，人生价值观与上述价值观是不并列的，作为价值观的核心，它渗透到政治、经济、文化和社会生活等各个领域。但它作为对人生意义、人生价值的根本性认识，不仅重要，而且具有一定的独立性。为此，我们从人生价值观、政治价值观、经济价值观、文化价值观、生活价值观五个方面来具体探讨中学生价值观的表现形态，参考有关学者对中学生和大学生价值观调查研究的结果，编制了“江苏省中学生价值观调查问卷”。

我们对中学生价值观的判断，主要基于对江苏省 1096 名中学生的问卷调查。现将调查的结果报告如下：

（一）中学生的人生价值观

人生价值观是价值观的核心，是指个体对自身的社会地位、人生的目的和意义以及个人与社会、人与人之间的关系等进行认识和评价时所持的基本观念。它主要回答：人究竟为什么活着？人活着有什么意义？怎样活着才有意义？一句话，就是回答什么样的人生才有意义，才有价值，才值得过。在问卷调查中，我们侧重了解中学生对人生、幸福以及职业理想等方面的看法。

1. 中学生的人生价值取向多元化、功利化，自我倾向增强

对“你认为人的一生什么东西最重要”这一问题（见表 6−1），各种价值观都占有一定的比例，这说明中学生人生价值取向的多元化，他们开始在纷杂的社会中探求与寻找自己的人生价值基点和途径。但总体来看，排在前三位的是“身体健康”、“名誉和尊严”、“事业有成”，追求权力、地位和财富的比例较低，这说明中学生人生观的主流是健康的。

表 6−1 对“你认为人的一生中什么东西最重要”回答统计结果（%）

选项	财富	权力和地位	名誉和尊严	婚姻和家庭	身体健康	事业有成	其他
第一位	3.37	1.91	22.40	9.38	56.92	5.56	0.46
第二位	4.76	3.75	28.94	23.08	21.15	18.13	0.18
第三位	10.54	4.31	15.22	22.36	11.37	33.64	2.57
合计	18.67	9.97	66.56	54.82	89.44	57.33	3.21

在对男女性别的对照分析中，调查结果显示（见表6－2），男生和女生对6个选项的排序是一致的，但各项的百分数有明显的差别，尤其在“名誉和尊严”、“财富”、“权利和地位”方面，男生比女生有着更强烈的追求，其百分比分别是12.83％对9.62％、2.47％对0.92％、1.65％对0.27％。

表6－2　性别与排在第一的选择作交互分类

你认为人的一生中什么东西最重要（第一位）（％）								
选项	财富	权力和地位	名誉和尊严	婚姻和家庭	身体健康	事业有成	其他	合计
男	2.47	1.65	12.83	5.32	28.78	3.39	0.09	54.53
女	0.92	0.27	9.62	4.12	27.96	2.20	0.37	45.46
合计	3.39	1.92	22.45	9.44	56.74	5.59	0.46	99.99
$x^2=21.057$　$p=0.002<0.01$								

调查还显示，中学生人生价值的核心开始转向自我，越来越强调个人发展，“为国家和社会作贡献”排在“家庭”、“事业”、“知足快乐”的后面，且有59.73％的学生“为改变自己的命运”、“为能够有一个好工作”而努力读书。可见，中学生的主体意识增强了，但这并不等于他们已有良好的自我辨析能力和正确的自我意识。由于他们的知识、经验和认识水平的限制，容易出现认知行为上的片面性、表面性和极端性。所以，对教育者来说，中学生主体意识的增强是喜中有忧。

2. 中学生的幸福观表现为传统与现代并存

中学生对幸福有着自己深刻的认识。对“你认为人生最大的幸福是什么”这一问题（见表6－3），回答“家庭和睦、幸福平安”的占37.09％，“成就事业、实现理想”的占28.83％，“知足、快乐”的占15.43％，“为国家和社会作贡献”的占14.42％，“有钱、有车、有房”的占3.40％。中学生把家庭、事业放在前两位，两者累计占65.92％，说明中学生的价值观深受中国传统的“成家立业”观念的影响。通过性别差异性检验，男生和女生有一致性。同时，我们惊喜地发现，有12.03％的女生选择“成就事业、实现理想”，使其成为继“家庭和睦、幸福平安”（18.27％）之后的第二个最高选择。这说明，女生已突破了“男主外、女主内”的传统观念，自我意识觉醒，渴望通过理想、事业来达到自我实现，挖掘自身的价值，从而更好地发挥“半边天”的功效。在实现幸福的手段上，有53.02%的中学生选择“靠自己的努力和奋斗”，认为“幸福掌握在自己手中”，表现了中学生要求自立、自强的愿望。

表6－3　对“你认为人生最大的幸福是什么”回答统计结果（%）

选项	为国家和社会作贡献	成就事业、实现理想	有钱、有车、有房	家庭和睦、幸福平安	知足、快乐	其他	合计
男	8.82	16.80	3.03	18.82	6.80	0.28	54.55
女	5.60	12.03	0.37	18.27	8.63	0.55	45.45
合计	14.42	28.83	3.40	37.09	15.43	0.83	100.00

$x^2=33.894 \quad p=0.000<0.01$

3. 经济收入、地位影响着中学生的职业选择

职业是实现人生目标的手段，从某种意义上说，人的一生就是在职业生涯中体现的，一个人的职业生活浓缩其人生精华，职业是人生价值观的具体体现。对“你的职业理想是什么”这一问题（表6－4），回答“知识分子、科技人员”的占32.11%，“企业家”的占18.13%，“自由职业者”的占15.64%，“公务员”的占11.69%，“军人”的占6.53%，“银行职员”的占1.84%，“工人、农民”所占比例最少（1.01%）。在职业选择上，男生和女生差异显著。可以看出，知识分子、科技人员、企业家、自由职业者、公务员等是中学生青睐的职业，而工人、农民则是选择人数最少的。

当问及“你选择职业时，经济待遇在你心中的位置”时，回答“很重要，占第一位”的占18.96%，“比较重要”的占72.56%，“不太重要”和“不考虑经济待遇”的分别占7.29%、1.19%。地位形象也是中学生在选择职业时主要的参考因素。在回答“很多人不愿意去当工人、农民，你的看法是什么”这个问题时，有39.44%的中学生认为“农民地位低、收入少、太辛苦”。可见，地位形象、经济待遇是影响中学生职业选择的主要因素，这是社会大环境的影响在中学生身上的体现。还有一个现象值得我们注意，中学生认为“农民、工人创造财富，应尊重，劳动光荣”，其比例是60.56%，但在回答“假如你以后成了工人或农民，你的感受会怎样”这一问题时，选择“不乐意”的占54.19%，过半数，“坚决不当工人和农民”

的占12.60%，两者累计达66.79%。这说明中学生的价值观存在着观念与行动脱节的现象。

表6-4 对“你的职业理想是什么”回答统计结果（%）

选项	工人农民	知识分子科技人员	军人	公务员	银行职员	企业家	自由职业者	其他	合计
男	0.83	18.86	4.69	5.34	0.64	11.78	7.27	5.34	54.74
女	0.18	13.25	1.84	6.35	1.20	6.35	8.37	7.73	45.26
合计	1.01	32.11	6.53	11.69	1.84	18.13	15.64	13.07	100.00

$x^2=45.329 \quad p=0.000<0.01$

（二）中学生的政治价值观

政治价值观是指某特定主体对政治事务、政治现象、政治行为等的基本评价、态度以及人与人之间政治关系的准则。① 政治价值观是中学生价值观的重要组成部分，它反映的是中学生关于政治现实和政治理想的一般评价。

1. 爱国主义、集体主义是中学生价值取向的主导，但出现了新的变化

爱国主义是民族精神的核心，是中华民族几千年来生生不息、发展壮大的强大精神动力，也是中国人民在未来发展岁月里薪火相传、继往开来的强大精神动力。调查显示，当代中学生具有强烈的爱国主义情怀，有96.60%的中学生认为爱国主义非常重要或比较重要，他们拥护党的领导，支持国家的各项政策，对祖国的发展前景充满信心。有73.06%的中学生认为党中央提出的“八荣八耻”非常必要，有89.41%的中学生认为党中央提出的“建设和谐社会”非常必要，其中高达87.18%的中学生认为我国建设和谐社会“尽管道路艰难，但目标会实现”、“前途光明”。爱国不仅表现在观念上，还要表现在行动上，有63.04%的中学生“经常看新闻”、“关心国家大事”。对“如果你出国留学了，学成之后愿意回国吗”这一问题，有67.98%的中学生选择“愿意，心系祖国，报效祖国”，说明大多数中学生的观念与实际行动保持一致；但也有6.42%的中学生选择“不愿意，一心想在国外发展”；还有25.60%的中学生选择“比较国内外条件、待遇，然后作出取舍”，这也说明，对于爱国主义，当代中学生存在着比较多的言行不一。

① 陈章龙、周莉：《价值观研究》，南京师范大学出版社2004年版，第29页。

集体主义是中国文化乃至东方文化所推崇的精神，并作为传统文化的内核，延续至今。当个人利益与集体利益发生冲突时，有51.88%的中学生认为应该“根据集体利益和个人利益的重要性权衡后决定”，有43.43%的中学生认为“个人利益无条件服从集体利益，必要时可牺牲个人利益”，且随着年龄的增长，这种认同呈下降趋势，初中阶段认同率为26.91%，高中阶段只有16.53%。此外，还有4.68%的中学生认为“集体服从个人，保护个人利益”。对个人与集体的关系的认识，已经不再是向集体一边倒了，而是对个体利益的强调不断增强，甚至出现了“集体服从个人”的认识。

2. 中学生的信仰空间复杂化，主导信仰有所动摇

共产主义信仰作为主导信仰，得到党和国家的提倡。但不可否认，它的主体地位在当代中学生群体中正受到动摇和侵蚀。在“共产主义是否已经成为你的信仰”这一问题上，有36.64%的中学生选择“是”，有36.18%的中学生选择“不是”，还有27.18%的中学生选择“不清楚”。在“你认为你周围的人入党的动机是什么”这一问题上，有5.15%的中学生选择“信仰共产主义”，有36.15%的中学生选择“为人民服务，为社会作贡献”，有42.13%的中学生选择“获得政治资本，方便以后的工作或从政”，有9.75%的中学生选择“很多人入党，随大流”，还有6.72%的中学生选择“其他”。

值得我们忧虑和关注的是，从中学生到大学生，主导信仰动摇的比例在上升。根据我们对江苏省1150名大学生的调查显示，66.9%的大学生认为共产主义不是他们的信仰。而大学生入党的动机也更加世俗化、功利化，71.7%的大学生认为周围的人入党是为了“获得政治资本，方便以后的工作或从政”，而选择“信仰共产主义”的仅占3.6%。郑卫东对上海大学生的调查也显示，对于入党的动机，选择“信仰共产主义”的占3.9%、“为他人和社会作贡献”的占17.0%；此外，选择“随大流”的占15.6%、“找工作能得到好处”的占48.2%。[①]

3. 中学生有强烈的权利意识，但权利的实现遭遇尴尬

作为公民，中学生在政治、经济生活中应该享有平等的权利。平等权

① 郑卫东：《上海高校大学生生活方式与价值观状况调查》，《青年探索》，2009年第5期。

是指公民平等地享有权利，不受任何歧视对待，要求国家同等保护的权利和原则。调查结果显示，当代中学生具有较强的平等观念，有98.00%的中学生认为“平等”非常重要或比较重要，有96.04%的中学生完全同意或比较同意“人人应该拥有平等的发展机会”。

在选举权方面，大部分中学生重视自己选举班干部的权利，在“班级要选举班干部，你怎样看待你投的一票”这个问题上，有67.37%的中学生认为自己投的是“神圣的一票”，但也有24.88%的中学生持“无所谓、应付”的态度，还有7.74%的中学生“不想投票”。我们在访谈中了解到，随着学段的升高，中学生越来越不关心选举班干部之类的事情。

可以看出，在观念层面上，中学生有强烈的权利意识，但在现实生活中，他们的平等权遭到了社会外来因素的冲击，行事权利受到一定的限制。他们的选举权也由于他们自己的不积极行动，在一定程度上造成了权利的放逐。

（三）中学生的经济价值观

在社会主义市场经济体制下，整个社会的结构和关系都是通过商品交换来形成的，因而现代社会的价值观是建立在市场自由竞争、追求利益最大化的经济价值观之上的。中学生的经济价值观具体表现在以下几个方面：

1. 多数中学生能够正确对待金钱，有通过正当途径追求金钱的愿望，但少部分中学生具有“拜金主义”的思想

金钱观是人们对金钱的作用和价值的认识。处在社会经济转型期的中国，社会的金钱观不仅正在发生变化，而且丰富多样。中学生的金钱观也是如此。多数中学生认识到钱的作用和价值，有65.17%的中学生认为“钱不是万能的，但没钱是万万不能的”，有23.65%的中学生认为“钱是个人能力的象征，挣钱不需遮掩”；有7.97%的中学生反感社会上的“拜金主义”，认为“金钱如粪土，什么事都讲钱，是道德沦丧”；还有3.21%的学生认为“有钱能使鬼推磨”。“君子不言利”、“义重于利”的说法已经遭到半数以上中学生的反对，说明现代中学生已经不再只看重精神的追求，而更加讲求物质的实惠。

2. 中学生比较认同当前提出的效率优先、兼顾公平的分配制度

分配观是指对分配制度中涉及的公平与效率、收入差距等问题的看法。

市场经济条件下，我国实行按劳分配制度，以鼓励公平竞争、提高效率为基础，同时也要兼顾公平。在“你认为个人收入的多少应根据什么来确定”这一问题上，中学生的选择排在首位的是“贡献大小”（59.93%），其次是“劳动量大小”（23.82%），再次是“按职务高低”（8.40%），“按需要程度分配”排在最后（7.85%）。这说明大多数中学生具有按能力和业绩分配的现代意识。

调查结果还表明，中学生已普遍认识到贫富差距拉大的社会现实。在“对于社会上存在个人收入差距拉大，你同意哪种看法”这一问题上，有37.79%的中学生选择“只要是劳动所得和合法收入，无须干涉”，有34.19%的中学生选择“差距过大是不公正的表现，必须纠正”，有28.02%的中学生选择“一部分人先富，然后共同富裕”，三种认识几乎是三分天下。但对国家提出的“一部分人先富，然后带动大家共同富裕”这一策略认同度不高。在“对弱势群体进行补偿”这一问题上，有86.92%的中学生认为“应该”，只有13.08%的中学生认为“不应该，它纵容不劳而获”。这说明当代中学生在重视自身和他人物质利益的同时，还具有公平正义和人道主义的思想观念。

3. 在消费观方面，“勤俭节约”已不是绝对的主流，中学生对“提前消费”表示了较高的认同

消费观是对生产、生活过程中涉及的消费和节约问题的看法和态度。有48.70%的中学生认为“当今社会应该提倡‘提前消费’，以拉动经济的发展”，随着年龄的增长，这种认同倾向还有增加的趋势，高中生比初中生的认同度高。那么，当代中学生是怎样看待节约的呢？对“你认为艰苦奋斗、勤俭节约是否过时了”这一问题，认为“过时”的中学生占4.89%，而54.15%的中学生则认为“永不过时”，有40.96%的中学生认为“困难时才需要”。这说明“勤俭节约”的观念在一定程度上受到挑战，它已不是绝对的主流。同时，中学生对“提前消费”表示了较高的认同，甚至引发了学校里的攀比现象。在市场经济条件下，“提前消费”并不是邪恶，它是符合现代消费观念的，关键是“适度消费”。适度消费就是节约和合理消费相统一的观念，它有利于经济的发展和人性的健康，在继承中华民族勤俭节约的美德的同时，注入了新时代的发展需要。

（四）中学生的文化价值观

在全球化进程中的价值观冲突可以理解为异质文化、不同文明之间的冲突。中学生生活在改革开放以后中西方文化剧烈碰撞交流的时代，他们的文化价值观也深受两种文化碰撞交流的影响。

1. 中学生对待中国传统文化，认同与批判并存

在对待中国传统文化的态度上，46.80%的中学生认为传统文化是我们民族的“根”，不能忘记，只有3.50%的中学生认为传统文化是保守的、不适应社会发展，应该抛弃。调查显示，67.30%的中学生认为自己对中国传统文化的了解多于西方文化，只有3.10%的中学生认为自己对西方文化的了解多于中国传统文化。可见，中学生对于中国传统文化还是有比较高的认同度和了解的。虽然中学生比较认同我国的传统文化，但也认为，传统文化中有不适应当代社会发展需要的部分，应该予以摒弃。调查显示，对于传统文化中的“万般皆下品，唯有读书高”，有61.82%的中学生不太赞同或完全不赞同，但也有9.18%的中学生完全赞同，29.01%的中学生基本赞同。对于“学而优则仕”，63.97%的中学生不认同，但仍有36.03%的中学生表示认同。看来，传统文化的消极方面在中学生中还有一定的存在空间。

2. 西方文化对中学生有较普遍的影响，但影响不深

西方文化通过全球化市场大量进入我国，加之大众传媒对西方文化的广泛宣传，对中学生有一定的冲击。调查显示，有71.63%的中学生认为自己的生活受到了西方文化或西方生活方式的影响，但影响不是很大；只有12.90%的中学生认为自己受到了很明显的影响。在“你更喜欢看国产影片，还是国外影片”这一问题上，有26.75%的中学生喜欢国外影片，比喜欢国产影片的（20.40%）高出大约6个百分点。裴娣娜对北京市中学生进行调查，喜欢国外影片的有57.2%，比喜欢国产影片的（27.9%）高出1倍多。[①] 这组数据与我们调查的结果相差较大，可能是因为地域的因素，北京作为首都，中学生能够较多地接触和感受西方文化的影响，而其他城市和农村相对就少些。对于日益开放的性文化，中学生也对其持越来越宽容

① 裴娣娜、文喆：《社会转型时期中学生价值观探析》，《教育研究》，2006第7期。

甚至接受的态度，有80.43%的中学生对诸如美女广告、当众拥抱或接吻等表示可以接受，认为它是情感的表达、人性的自由释放；只有9.70%的中学生认为性是道德低下、伤风败俗。

3. 中学生承认中西方文化各自的价值，主张文化的互补

中国文化多讲究“人伦关系”和“集体利益”，西方文化多讲究“理性”和“个体的自由”。调查显示，当代中学生已经不再简单地肯定或否定某一种文化，有78.62%的中学生认为中西方文化各有特色，有52.25%的中学生认为中西方文化应该互补。可见，中学生对西方文化合理的部分进行了吸收，不盲目排斥，同时也不盲目崇拜外来文化，中学生对中西方文化之间关系的认识，还是比较理性的。

（五）中学生的生活价值观

人对生活的看法、态度、追求与信仰不仅主导着个人的生活方式，还深刻影响着个人的整个发展。大到命运，小到生活细节，生活价值观无处不发挥着它的影响力。

1. 中学生的交友态度趋向理性和务实

每个人都是生活在一定的群体之中的，其周围都有一张以个人为中心，以亲属关系、朋友关系为经纬，亲疏有致、远近有别的社会关系网络。中学生也不例外。在“你选择朋友的标准是什么”这一问题上，中学生的选择排在首位的是“能相互帮助”（80.62%），其次是“人品好”（78.43%）、“兴趣相投”（69.68%），“容貌好”和“有地位”排在最后，占的比例较小，分别是7.00%和4.70%，说明中学生的交友观念是务实的，且注重人格因素和情感因素。在“你认为应该如何处理人与人之间的关系”这一问题上，有79.02%的中学生选择“互相帮助、尊重、理解”，有15.75%的中学生选择“根据他人对我的态度而定”，有3.54%的中学生选择“做好自己该做的，不管其他人”，有1.69%的中学生选择“怎么对自己有利，就怎么办”，这表明了当代中学生交友观念的复杂性。

现实社会中的不良人际关系也影响到中学生对人际关系的认知，导致中学生对人际关系虽有理想的价值期待，但也不得不开始慢慢接纳实用的、不正当的人际交往手段。对“生活中，很多人喜欢拉关系，你的看法是什么”这一问题，有33.67%的中学生认为“多个朋友多条路，个人发展必

需”，有33.39%的中学生认为“虽不好，但很多人靠关系，自己不靠会吃亏”，有19.00%的中学生认为“不正常的人际关系容易滋生腐败”，有13.93%的中学生的回答是“反感，要靠自己的能力生活”。

2. 中学生的社会公德不容乐观

社会公德，是指每个社会成员在公共生活中应该遵守的基本行为准则，是社会文明程度的重要标志之一，生活的各个方面都渗透着公德意识。对“现实生活中‘闯红灯、随地吐痰、在公共场所大声喧哗’等不文明行为，你的看法是什么”这一问题，有75.53%的中学生选择“应该强烈谴责，缺乏社会公德”，说明大多数中学生公德意识强烈，但有21.08%的中学生认为“批评是需要的，但不必大惊小怪”，还有3.39%的中学生认为“没什么大不了，只说明习惯不好”。我们的调查说明中学生主张强烈谴责缺乏社会公德的人，但实际上，他们的社会公德状况如何呢？一项对“北京市青少年社会公德状况”的调查表明，约有六成被调查者认为青少年随地吐痰和乱扔杂物的现象较为普遍；52.4%的人认为青少年普遍存在在公共场所大声喧哗的现象；对“公共汽车上，青少年是否给老弱病残让座”的问题，19.9%的人选择“装作没看见”、“别人不让，我也不让”；对“青少年遇到红灯时怎么办”的问题，18.8%的人选择“经常闯红灯”、“警察在时遵守道路交通法规，警察不在时不遵守”。① 两个调查的对比说明，中学生强烈谴责缺乏社会公德的人，但实际上他们中间却存在大量没有社会公德的人。之所以会出现后一种情况，一方面是受整个社会大环境的影响，不文明现象比比皆是，中学生耳濡目染地受到影响；另一方面是社会公德的监督、惩罚机制不完善，在现实生活中，缺乏社会公德的坚定的维护者、敏锐的监督者和侠义的“志愿惩罚者”，使遵守社会公德的人得不到激励，破坏社会公德的人得不到惩处，导致有的中学生对社会公德视而不见。

3. 中学生的诚信意识与行为脱节

自从我国社会进入转型期以来，诚信问题一直是人们关注的焦点之一。中学生是怎样看待诚信的呢？调查显示，有99.63%的中学生认为诚实守信

---

① 科逸群、纪秋发：《品德教育亮起红灯——来自北京青少年社会公德的调查报告》，《中国妇女报》，2001年4月25日。

非常重要或比较重要，说明中学生有强烈的诚信意识。在实际行动中，有66.46%的中学生认为在市场经济中完全可能或有可能做到诚信，认为不太可能和完全没有可能做到诚信的占33.54%。中学生一方面希望诚信，另一方面却又认为做不到诚信，这种矛盾的心态导致他们在生活中没有诚信的信心，也没有自觉的诚信行为，不得不靠规范来约束自己，如考试时签"诚信保证书"等。

4.中学生具有强烈的自主意识，但能够注意到必要的规范

自由是人性的一种需要与表达，96.90%的中学生认为自由非常重要或比较重要，96.23%的中学生非常希望或比较希望"按自己的意愿安排学习和生活"。"当老师或父母与自己的意见发生分歧时"，有57.60%的中学生认为应该"想法说服老师或父母"，有30.35%的中学生认为应该"按老师或父母的要求去做"；随着年龄的增长，中学生独立自主的意识更强，高中生"按老师或父母的要求去做"的比率低于初中生。可见，中学生有追求自主、自由的强烈愿望。

但自由不是绝对的，它还要受到规范的约束。作为一个公民，应该受到法律的约束。调查表明，98.18%的中学生认为"遵纪守法"非常重要或比较重要。"当不慎买到假冒伪劣商品时"，有57.72%的中学生认为应"投诉，打击售假行为，以防他人被骗"，有21.60%的中学生认为应"退货"。有81.69%的中学生认为自己或同学违反道路交通法规应交罚款，并承诺以后遵守道路交通法规。对"是否能够遵循学校的规章制度和老师的要求"这一问题，中学生的态度较复杂，有62.30%的中学生虽然表示不太赞成或反感，但认为"是为我们好"；有13.18%的中学生表示反感，认为"是故意限制我们"；有20.37%的中学生认为"不反感，基本符合我们的需要"；有4.15%的中学生认为"完全反映了我们的需要"。这说明大部分中学生能够认识到学校的规章制度、老师的要求是必要的，是为了保证他们的健康成长，只是老师在教育的方法、手段上存在某些问题。

5. 中学生的竞争意识凸显，但对竞争的认识还受传统文化的影响

西方文化以个人为中心，是一种竞争文化。中国传统文化注重集体意识与和谐，这种处世的方式对中学生仍然有着较大的影响。对"如果学校或班级要竞选学生干部，你是否愿意参加竞选，并为自己拉选票"这一问

题，有25.48%的中学生“愿意参加竞选，并拉选票”，有43.67%的中学生“愿意参加竞选，但不拉选票”，有30.84%的中学生“不会参加竞选”。可见，中学生已经开始参与竞争，但多数人还不习惯“拉选票”这种过分张扬的方式，而抱着参与竞争、选上选不上都无所谓的态度。对于“学习中的竞争与合作”这一问题，有60.06%的中学生认为应该“共同进步，互相帮助”，有19.46%的中学生认为“以竞争为主，方便时帮助他人”，但也有20.48%的中学生认为“学习就是竞争，竞争是无情的”。

四、中学生多元价值观的社会生态

任何一种价值观都是特定时代的价值观，既是时代精神的体现，也是时代生活的要求。价值观作为文化的内核，正是某种文化生态酿成了某种特定的价值观。所以，理解当代中学生的价值观，就需要探讨其文化的生态背景。

（一）中学生价值观的特点

裴娣娜对北京市中学生的调查表明，中学生价值观的基本特征是多元与矛盾。① 我们的调查研究也同样表明中学生价值观的多元并存，并且这些多元的价值观还存在程度不同的冲突。

1. 传统与现代的多元价值观共存

当代中国正处在从农业社会到工业社会、从计划经济到市场经济、从封闭到开放的社会转型期。农业社会以及计划经济体制下所形成的价值观，尤其是一些积极的价值观，依然在发挥作用。适合工业社会乃至后工业社会和市场经济的新价值观已经出现，但不够稳定。尽管两种价值观体系存在一定的矛盾，但在社会转型期，它们之间能够相互作用，相互调整，共同存在。我们在调查中列举了18种价值观，要求中学生对每项价值观的重要性等级进行评分。“非常重要”记4分，“比较重要”记3分，“不太重要”记2分，“根本不重要”记1分。我们求出每项价值观的均数，进行比较和排序，结果如表6—5所示：

---

① 裴娣娜、文喆：《社会转型时期中学生价值观探析》，《教育研究》，2006年第7期。

表 6-5　中学生对 18 种价值观的排列均数和等级

价值观	总体（1096）	男（597）	女（499）
竞争	3.51（16）	3.54（14）	3.48（16）
合作	3.84（3.5）	3.81（4）	3.87（3）
自立自理	3.77（10）	3.74（10）	3.81（9）
个性	3.23（18）	3.19（18）	3.27（18）
开放意识	3.47（17）	3.51（16.5）	3.41（17）
开拓创新	3.84（3.5）	3.84（2）	3.84（6）
诚实守信	3.92（1）	3.89（1）	3.95（1）
敬业勤奋	3.80（6）	3.78（5.5）	3.83（7.5）
奉献	3.54（15）	3.51（16.5）	3.58（15）
遵纪守法	3.79（7.5）	3.75（7.5）	3.85（4.5）
民主平等	3.77（10）	3.74（10）	3.79（11）
公平正义	3.81（5）	3.78（5.5）	3.85（4.5）
自由	3.69（12）	3.69（12）	3.70（13）
尊重	3.87（2）	3.83（3）	3.92（2）
宽容	3.63（13）	3.57（13）	3.71（12）
责任	3.79（7.5）	3.75（7.5）	3.83（7.5）
爱国	3.77（10）	3.74（10）	3.80（10）
集体主义	3.60（14）	3.53（15）	3.69（14）

（注：括号外为均数，括号内为等级，均数越高，等级越高。）

可以看出，18 种价值观的均数都在 3～4 之间，其中多数价值观的均数都在 3.5 以上，说明中学生认为这些价值观都处在“比较重要”与“非常重要”之间，多数偏于“非常重要”。各种价值观的均数之间差别不大，这也说明中学生并不认为某种价值观特别值得肯定，或某种价值观完全不适合时代需要。认可度最高的 5 种价值观（诚实守信、尊重、合作、开拓创新、公平正义），既有传统的价值观（诚实守信、尊重、合作），也有现代的价值观（开拓创新、公平正义）；排位最后的 5 种价值观（集体主义、奉献、竞争、开放意识、个性），也既有传统的价值观（集体主义、奉献），还有现代的价值观（个性、竞争、开放意识）。这说明，中学生认同的价值观是多元的，传统与现代共存。

“诚实守信”、“尊重”、“合作”、“开拓创新”等社会提倡的主流价值观在中学生中得到了广泛的认可，体现出当代中学生高度的现代意识和时代精神，而传统的“集体主义”和“奉献”排位较后，失去了在计划经济时代的主导优势。但现代社会的“竞争”、“开放”、“个性”等价值观并没有像想象中那样备受中学生推崇，甚至最能体现现代价值观的“个性”却排在了最末。比较不同年级中学生对价值观的认同，可以看出，从初一到高二，随着学段的升高，中学生对“竞争”、“开放意识”、“开拓创新”、“自立自理”、“自由”重要性的评价逐渐增强，对“爱国”、“奉献”、“合作”、“集体主义”、“民主平等”重要性的评价却逐渐减弱。这说明，静态地看，处在社会转型期的现阶段，传统与现代各种价值观是并存的，但从发展的眼光看，社会转型作为现代化的过程，现代价值观从无到有，从弱到强，从次要到主导，这是必然的趋势，所以，完成价值观的真正转换还需要一个较长的过程。

2. 传统消极价值观与现代积极价值观的冲突

以上列举的18种价值观尽管有传统与现代之分，但都属于积极的价值观。传统价值观中还有消极的部分，如被动服从、对他人不尊重、热衷于拉关系等，不仅存在，而且根深蒂固。例如，对于现实生活中热衷于拉关系的现象，很多中学生认同“多个朋友多条路”，真正反感的只有13.93%。再如，对“学而优则仕”、“万般皆下品，唯有读书高”等观念，都有较大比例的中学生认同。这些固然是中国传统文化，但属于传统文化中的消极部分。同时，中学生已经确立了现代社会所需要的积极价值观，例如主体观念、权利观念、平等观念、竞争观念等。但必须指出的是，一些消极的现代观念，诸如个人主义、享乐主义、物质至上、拜金主义、消费主义、开放的性观念等，也对中学生产生了一定的影响。中学生对新观念、新事物，如婚前性行为、同性恋、高消费、选秀活动等，接受得比较快，但由于他们缺乏判断能力，容易形成一些不正确的认识。总之，中学生的价值观不仅传统与现代共存，积极与消极也同在。

3. 社会本位与个人本位的冲突

人活着是为了什么？为社会、集体，还是为家庭、个人？这是人生价值观的重要维度。中国传统价值观是社会本位，强调集体主义；受西方个人主义的影响和市场经济的推动，现代社会更强调个人主义价值观，崇尚自我，强调个人价值的实现，视集体和他人为无关之事。当代中学生的价值观在社会取向和个人取向之间，已经表现出较强的个人意识，他们对个人的健康、名誉尊严、婚姻家庭、事业、财富、权力、地位的关注要大于"为国家和社会作贡献"，他们不再众口一词地"为中华民族崛起而读书"，很多中学生表示为改变自己的命运、为能够找到一个好工作、为自己将来的幸福生活而读书，他们倾心于"追求功利"的个人价值观，追求目标的功利化，使他们对个人前途的关注远高于对社会发展的关注。"甘当铺路石"、"愿做螺丝钉"的奉献精神，已经离现在的中学生越来越远，他们从以前的"只讲奉献、不讲索取"发展到现在的"多奉献、多索取"。

4. 重义与重利的冲突

谈及追求精神的崇高与追求物质的满足，传统的价值取向是"重义轻利，尚义去利"，如同孔子所说，"君子喻于义，小人喻于利"，君子追求精神的崇高、羞于言利。现代中学生很少有人会完全赞同"君子不言利"之说，他们无论是在人生的追求还是在金钱观上都发生了变化。在金钱观上，许多中学生不仅认识到金钱对于生活的重要性，还把金钱作为一个人能力的标志和衡量人生价值的尺度，甚至有少部分中学生表现出拜金主义的思想。中学生的价值取向从单纯的以精神和道德为衡量标准，开始逐步转向功利化、世俗化。在对待职业选择上，"收入和待遇"是中学生首要考虑的问题，他们对物质的追求更加强烈，出现了重物质而轻精神、重实惠而轻理想的倾向。

5. 主流社会价值观与非主流个人价值观的冲突

任何社会都有其倡导的主流价值观。主流价值观是社会所提倡的价值观，是一个社会中居统治地位的、起支配作用的核心理念。社会主义核心价值观就是以为人民服务为核心，以集体主义为原则，以社会主义荣辱观为基本内容，这是社会主义本质的内在要求。虽然在总体上，中学生的价值观与社会主义核心价值观保持比较高的一致性，但也存在着与主流不符合的认识。例如在对待共产主义信仰、爱国主义、集体主义的态度上，三分之一的中学生具有坚定的共产主义信念，有近三分之一的中学生信仰模糊，还有三分之一的中学生没有把共产主义作为自己的信仰。只有43.43%的中学生认同传统提倡的“个人利益无条件服从集体利益，必要时可牺牲个人利益”，且随着年龄的增长，这种认同呈下降趋势，初中阶段认同率为26.91%，到了高中阶段就只有16.53%。在生活价值观中，与“八荣八耻”的社会主义荣辱观不一致的认识和行为也比较普遍。

6. 观念的认识与行动的脱节

由于价值观有正确与错误之分，在调查过程中，中学生对一些调查问题的回答可能不完全是其真实的想法，而是在他们看来“正确的答案”，所以，我们看到中学生的价值认识与他们的现实行为有着较大的反差。譬如，他们对于在公共汽车上为老弱病残让座、在公共场所不大声喧哗等都有较高的认同度，但我们在日常生活中，却经常看到在公共汽车上不让座和不遵守社会公德的中学生。另一方面，他们的言行不一，还因为受社会大环境耳濡目染的影响。调查显示，有80.05%的中学生认为“现代社会，人变得越来越自私”，有15.79%的中学生认为当前的社会风气“有一些好人好事，但主流是坏的”，有14.31%的中学生认为当前的社会风气“十分糟糕、每况愈下”，可以说，当代中学生对社会道德水平的评价，消极大于积极。正因为如此，他们在学校接受的正面、积极的价值观，在社会上却难以行得通。顺应社会现实，他们选择了言行不一。中学生的价值观认识与行动之间不一致是比较明显的现象，不少人都是“语言的巨人、行动的矮子”，说的是一套，做的是另一套。这种言行不一的情况，在成人世界则更加突出。

综上所述，我们可以看出，中学生处在价值多元化的态势中，既有与计划经济相联系的价值观，又有与市场经济相适应的价值观；既有中国传统的价值观，又有现代西方的价值观；既有主流的价值观，也有非主流的价值观；既有积极、正确的价值观，也有消极、落后的价值观。多元的矛盾与冲突，常常使中学生表现出一种无所适从、无所归依的迷茫状态，陷入价值观的困境之中。

（二）中学生多元价值观的社会生态

中学生多元价值观，是社会价值观的一个浓缩，是社会价值观的具体反映，它体现了社会价值观的多元与冲突。当代社会的价值观主要有四个方面：中华民族传统的价值观、西方社会的价值观、计划经济的价值观以及社会主义市场经济的价值观。这些价值观构成一幅多元和冲突的社会价值观图景。

1. 传统价值观与现代价值观

传统价值观是农业社会的价值观。农业社会以小农经济为基础，以等级依附关系和血缘宗法关系为基本特征，社会趋于封闭、狭隘和保守。为适应农业社会的生产方式和生产关系，传统价值观主要表现为重人伦轻理性，强调伦理关系；重群体而轻个体，强调整体与服从；重义轻利、重道德轻物欲，强调高尚人格，主张禁欲主义。现代价值观是工业社会和后工业社会的价值观。工业社会以商品经济为基础，人与人之间走出依附关系而成为平等的商品交换关系。“一切商品和活动转换为交换价值，既要以生产中人的（历史的）一切固定的依赖关系的解体为前提，又要以生产者相互间的全面依赖为前提。”① 商品经济中相互的依赖、平等的交换，形成了主体、独立、平等、民主、合作、竞争的现代价值观。从农业社会到工业社会，现代性逐步增强，主体性和技术理性成为现代价值观的核心和基础。现代性对摧毁传统价值观的依附和人伦关系具有积极的一面，但又容易导致个人与集体、技术理性与价值理性、科学精神与人文精神、重利轻义与重义轻利、公平与效益、权利与责任、法制与德治等方面的冲突。正如有学者指出：“处于文明转型时期的中国正在出现普遍的道德失范现象，处于传统和现代的夹缝之中的中国民众正在经历着文化价值观念的剧烈冲突：个体主体意识与整体主义（集体主义），功利主义、拜金主义同传统‘正谊明道’的超功利主义，享乐主义、消费主义与传统节俭美德，技术批判理性与启蒙理性，后现代文化与工业文明精神，等等。显而易见，世纪之交的中国社会不可避免地要经历一次深刻的价值重建和文化转型。”②

2. 计划经济的价值观与市场经济的价值观

从计划经济到市场经济，是中国社会最具有实质性的转型体现。新中国成立后，高度集中的计划经济体制以及长期以来封建宗法社会的影响，

① 《马克思恩格斯全集》第46卷（上），人民出版社1979年版，第102页。
② 衣俊卿：《论社会转型时期的生存模式塑造》，《北方论丛》，1995年第4期。

形成了以社会、集体为本位的价值观，把集体利益绝对化，忽视和否定个人利益。因为计划经济的利益主体单一，国家和集体是最高的甚至是唯一的利益主体，所以，计划经济只有一种价值观，那就是集体主义。个人主体的消失，不可能形成多元的价值观。但必须指出的是，计划经济体制下形成的所谓集体主义，反映的也不是真正集体的利益。因为真正的集体以尊重个体利益差异为前提，而虚假的集体则以压制个人利益为前提。计划经济条件下，所谓的集体利益只不过是权力阶层意志的反映。与计划经济相比，市场经济不仅是一种利益驱动的经济形态，更重要的是，市场经济的竞争，有力地促进了人的解放，使个体的独立性、自主性不断增强，促进了主体、自由、理性、平等、竞争的现代价值观的形成，市场经济使个人利益真正凸现出来。市场经济追求利益最大化的特性，会使多元利益主体产生多元价值观，与计划经济条件下以集体、国家利益为核心的一元价值观发生冲突。计划经济的价值观与传统社会的价值观具有一致性，市场经济的价值观与现代社会的价值观具有一致性。由传统型社会向现代型社会、计划经济向市场经济的转型，意味着越来越高扬个人的价值观。但社会主义的主流价值观是集体主义，如果按照市场经济的逻辑，会与社会主义的主流价值观发生冲突。如何看待市场经济条件下的集体主义，学界普遍认为，集体主义作为社会主义的主流价值观不能变，但需要将集体主义的价值观与社会主义市场经济的要求结合起来，批判地继承计划经济时代倡导的集体主义价值观，形成新的集体主义。新的集体主义强调集体的出发点是为了维护集体成员正当的个人利益，实现组成集体的各个主体的自我价值。真正的集体主义尊重个人的利益和个人的自由发展，既与个人主义有着本质的区别，也不同于传统的集体主义。①

3. 西方价值观的冲击

伴随着改革开放和全球化的进程，西方的价值观对我国的影响越来越突出，这不仅冲击着传统中国的价值观，也改变着现实社会人们的价值观和生活方式。西方文化不同于中国文化，从整体上看，西方文化是一种个

---

① 北京师范大学价值与文化研究中心：《关于价值观研究现状的调研报告》，载《价值与文化》，北京师范大学出版社 2002 年版，第 36—37 页。

人主义的理性文化，中国文化是一种集体主义的伦理文化。因此，与中国价值观强调集体主义和伦理价值不同，西方价值观更强调个人主义、科学技术和物质的世俗性。中国传统文化具有专制的特点，消灭个人，强调对集体的服从和以德治国。西方的文化倡导个人权利和个人主义、个人价值的实现，人与人之间强调自由、平等、竞争，社会关系中强调公平正义、契约观念和依法治国。江畅等人在《西方价值观念与当代中国》中分析了西方价值观对中国价值观所产生的积极的正面影响，表现为：唤醒了中国人的个体意识；诱发了中国人的求利动机；增强了中国人的法制观念。同时，也分析了它所产生的消极的负面影响，表现为：西方价值观的个人本位，导致了部分人极端的个人主义倾向；个人主体性导致了部分人自以为是的极端自由主义；以个人为中心的利己观，导致了部分人极端的利己主义倾向；功利主义使部分人只追求物质财富和感官享乐，把物质享受当作人生的最高境界，导致享乐主义和拜金主义。① 受西方价值观的影响，“在日常生活中，只讲个人利益，不讲集体利益、国家利益、他人利益；只顾个人需要，不顾他人需要；只要个人自由，不要组织纪律；以及过分强调自我设计、自我选择、自我实现、自我完善、自我价值等，成为一部分人的生活准则”。②

4. 不同主体价值观的多元化

以上论述的是基于宏观的社会价值观多元化。价值观的多元不仅表现在社会价值观上，也突出地表现在个人价值观上。“价值表现和反映的是人与对象、主体与客体关系中的‘主体尺度’（目的、需要和能力），从而呈现出依主体不同而不同、以‘主体尺度’为尺度的特征。”③ 所以，价值观多元化的初因是价值主体的多元化。同一时代、同一社会，乃至具有相同生活背景的主体，也会因各自的需要、目的、利益不同，具有不同的价值观。即便是对同一个主体而言，由于其生活境域、生活条件、地位和社会

① 转引自王玉樑：《21 世纪价值哲学：从自发到自觉》，人民出版社 2006 年版，第 190—191 页。

② 转引自张惠琴：《社会转型期多元价值观的冲突及其调适》，《河海大学学报》（哲学社会科学版），2001 年第 3 期。

③ 孙伟平：《文化价值冲突及其调适》，载陈新汉等主编：《现代化与价值冲突》，上海人民出版社 2003 年版，第 105 页。

关系发生变化，其价值观也会动态地发展改变。所以，价值观的多元不仅表现在不同的主体之间，也表现为同一主体不同时期、不同条件下的变化。

在传统的人身依附关系形态下，个人没有独立性，只能服从集体、社会的需要，因此，只有社会的一元价值观，没有个人独立的价值观，个人价值观消融在社会之中。现代社会个人价值观的多元化，是个人主体意识觉醒的表现，是个人利益的一种合理表达。但个人意识的觉醒取决于社会的变化，当前主要有两个方面：一是市场经济的发展，二是政治体制的民主化。市场经济从根本上解放了人，给人以独立的人格，它为政治的民主化、权利的平等提供了前提。政治的民主化，使每个人的权利得到尊重，每个人的利益得到合理的表达。当代社会的信息化，也为价值观的多元提供了网络的平台。网络的虚拟性、开放性、匿名性，使网络真正地成为了一个自由表达的空间，具有不同思想观念、宗教信仰、生活价值的人都可以在网络上自由表达自己的观点。也正是网络的匿名和开放，促成了价值观的多元化。

五、多元价值观的整合与引导

价值观的多元与冲突，可能引发价值相对主义、社会整合功能的弱化以及学校价值观教育的困境，这只是一种“可能”。如果放任多元价值观的冲突，上述“可能”倒真是能够转化为“现实”，社会因此会出现价值无序与混乱，而这种无序与混乱正是社会转型中所要极力避免的。但如果武断地压制多元价值观，企图退回到一元价值观时代，则是历史的倒退，是绝不允许的。价值观多元是当前社会普遍存在的事实，对于这样一个正面和负面俱在的社会现实，需要的既不是放任，也不是压制，而是一种合理的引导。

对多元价值观的引导，应着眼于两个方面：一是在内容上确立主导价值观，处理好主导价值观与多元价值观的关系；二是在价值观教育的形式上，处理好个人的自主选择与价值引导的关系。

确立核心价值观，既是社会共同生活的体现，也是国家稳定和凝聚的需要。多元价值观要不落入价值观的无序和混乱，必须确立社会共同生活的主导价值观。主导价值观不同于一元价值观的霸权，它以多元价值观的并存为前提，没有“多元”，也就无所谓“主导”。因此，主导价值观与多元价值观并不冲突与矛盾。坚持核心价值观的主导地位，同时又宽容多元价值观的存在，这就是有的学者提出的多元价值观的规律：“核心价值观的主导性与宽容性相统一。”①

一元的、封闭的价值观，是以某一利益阶级价值观代替了所有人的价值观，换言之，它是以压制其他人的价值观为前提的，因此在价值观教育上，无视个人主体价值的存在，完全是一种强制、灌输的教育。多元的价值观教育，以尊重个人的价值观为前提，强调价值观的自主选择。我们要意识到社会主导价值观的重要性，但确立主导价值观，不能使用灌输的方法，而是要在对话中引导。因此，多元价值观教育把自主选择与价值引导相结合，是一种师生主体间的对话协商式教育。

① 陈章龙、周莉：《价值观研究》，南京师范大学出版社2004年版，第53页。

第七章 多元文化背景下的核心价值观

一元文化是专制、封闭、落后的社会产物，多元文化是开放、民主、进步的社会产物。伴随着改革开放，中国社会从封闭到开放转型，文化也从传统的一元走向多元。多元文化成为目前中国社会的主要特征。文化的核心是价值观，多元文化必然导致价值观的多元化。多元价值观在强调尊重个人价值观时，又可能削弱社会共同的核心价值观，甚至连多元社会是否需要核心价值观，也成为人们争论的问题。

今天建设社会主义和谐社会，在多元文化的背景下，我们提出了“和谐文化”的理念。“和谐”不只是尊重个别差异，还具有“共同”的一面。没有共同，只有差异，就不会和谐。所以，建设社会主义和谐文化，不仅要尊重多元价值观，而且要充分认识到核心价值观存在的必要。本章探讨为什么需要核心价值观，以及需要什么样的核心价值观。

一、核心价值观及其存在

（一）核心价值观的内涵

在价值哲学中，“核心价值观”是指在一定历史时期，统治者所倡导的对社会文化体系和个人行为起决定和支配作用的价值观，又称“主导价值观”，如我国现阶段提出的“社会主义核心价值观”。社会主义核心价值观是人们对社会主义价值的性质、构成、标准和评价的根本看法和态度，具体包括坚持马克思主义指导思想，坚持中国特色社会主义共同理想，坚持以爱国主义为核心的民族精神和以改革创新为核心的时代精神，坚持社会主义荣辱观。

但是“核心价值”一词运用到道德教育中其含义稍有改变。品格教育论者最先使用了核心价值（core value）一词。20世纪80年代，基于道德相对主义和道德形式主义造成的价值观混乱，品格教育开始复兴。品格教育论者认识到向学生传递社会公认的基本的、普遍的价值观的必要性。在品格教育中，核心价值观被界定为：多元文化社会中存在的为人们所共同接受的、对人类生活具有普遍意义的价值观。核心价值观主要是对个人的道德生活而言的，不同于我国现阶段提出的偏重于政治意义的社会主义核心价值观。核心价值观是人们生活的基本道德准则，因此又被称为“基本价值观”，是人类在长期的历史发展中所运用的、被证明是正确的价值观。我们认为，多元文化背景下的道德教育，必须传递给学生为人、处世、行事、立身的基本道德规范，这是成为真正的有道德的人和成为社会公民所应该具备的最基本的、核心的道德素质。我们这里讨论的核心价值观，不是政治意义上，而是道德意义上，人们在社会生活中所共同认可和遵循的基本价值观。

核心价值观的内容多样，但从形式上看，具有如下共同的特征：

（1）基础性。核心价值观是价值体系中具有基础性的价值。它既有继承性，也有创生性。核心价值观往往既体现时代发展的需要，又承接优秀历史传统的部分，是那些具有根本性价值的道德规范，是崇高美德的生长点。学者们在确定核心价值观时，往往首先会从传统入手，寻找为历史所检验的、几千年来影响大众的根本性价值。对于核心价值观的研究从历史入手，充分说明了核心价值观的基础性。

（2）普遍性。核心价值观是为社会中绝大多数人所共同接受的、对人类生活具有普遍意义的道德价值观，因此核心价值观具有普遍性。例如中国儒家的“仁”、西方基督教的“博爱”、印度佛教的“慈悲”，虽然形式不同，出发点不同，进路也不大相同，但三者之间存在着某种共同的价值理念，这就是“爱”。“爱”对人类社会来说具有“普遍价值”的意义。[①]

---

① 汤一介：《寻求文化中的“共通价值”》，《文汇报》，2009年5月3日。

（3）辐射性（内发性）。核心价值观的辐射性是由核心价值观在整个价值体系中的地位所决定的。核心价值观是价值体系中最具内源性的部分，是其他价值观赖以生成的根基，其他价值观都是核心价值观在具体道德生活中的表现或生发。例如托马斯·里克纳（Thomas Licknoa）认为："尊重与责任是学校应该传授的两个基本的道德价值。其他诸如诚实、宽容、谨慎、自律、乐于助人、同情心、合作、勇气和一系列的民主价值，这些特别的价值都是尊重或责任的表现形式或有助于实现尊重与责任。"[①]

（4）相对稳定性。虽然具体的价值观念会随着社会存在的变化而发生相应的变化，但价值观作为人生观、世界观层面的观念，决定其一旦形成并发挥作用，产生的影响往往是根深蒂固的，不容易发生变化。核心价值观作为价值观体系中最核心、最具内源性的价值观，具有更大的稳定性，不可能轻易地发生变化。

（二）核心价值观的存在

在文化多元、价值多元的今天，核心价值观存在的合理与否已经成为一个不可规避的问题。核心价值观的存在是必要的吗？其存在是否合理？对此，需要我们作出论证和回答。

1. 核心价值观存在的必要性

（1）核心价值观是满足个人基本需要的必要条件。

加拿大教育学者贝里夫·贝克（C. Beck）认为"价值根植于人性"，核心价值之所以是基本的、合理的，是因为"它产生于人类的基本需要和倾向，它们是人性和人类自然状态所固有的"。[②] 同时，核心价值的存在也使人的基本需要得到满足。

"人性是以社会实践为基础的自然性、社会性和主体性的统一，是个性、集团性和共性的统一。"[③] 这是马克思主义关于人性的界定。马克思主义从三个侧面论述了人性：人与人生存条件的关系，表现为人的需要，即

① 托马斯·里克纳著，刘冰等译：《美式课堂——品质教育学校方略》，海南出版社2001年版，第43页。

② 转引自戚万学：《冲突与整合——20世纪西方道德教育理论》，山东教育出版社1995年版，第420—421页。

③ 肖群忠：《道德与人性》，河南人民出版社2003年版，第30页。

人的本性；人与他人的关系，表现为人性是一切社会关系的总和；人与人本身的活动的关系，表现为人的自由自觉的活动。

在马克思主义看来，需要是人的本性，人总是为了满足自己的需要而活动。人，不是一个单子式的个体，在满足自己需要的活动中，必然会形成分工、合作、占有、分配、交换等生产关系，同时也会形成道德。价值观尤其是核心价值观正是人们在满足自己需要的活动中创造的。当然，人的需要是有差别和层次的，但正是由于这些差别和层次，才构成了价值观的多样性；需要的层次性也使价值观具有层次性，价值体系是一个立体的结构。人类基本需要的共同性和相对稳定性衍生了一些基本的、稳定的价值观。而这就是我们所说的核心价值观。人们在日常的生产、生活中就需要遵循这些基本价值观，以此来满足自己的需要。没有这些基本价值观的存在，人就不能称其为真正的人。孔子将核心价值视为人兽揖别的分水岭，视为人之为人的根本性标志。正如他在阐述“尊重”价值时所说：“今之孝者，是谓能养，至于犬马，皆能有养，不敬，何以别乎？”（《论语·为政》）基本的需要衍生了核心价值观，那么核心价值观是如何满足人的基本需要的呢？美国伦理学家蒂洛（Jacques P. Thiroux）说：“如果我们依据经验和理性来考察人类历史和韧性，就会发现人们有许多共同的愿望、目标和需要，如友谊、爱情、幸福、自由、平等、安定等等，为了满足这些需要，人们必须遵循和服膺一些基本的、共同的道德价值。它们使人们不必担心被伤害、被偷盗、被欺诈，它们使人们在最初的意义上以合作和有序的方式共同生活着，使人们尽可能生活得和平、幸福、充满创造性和富有意义。”[①] 基本的、共同的核心价值观使人在进行任何活动时，都不得不考虑自己的现有的活动与秩序所需求的应有的活动、自己的行为事实与行为的应当之间的关系，否则他的活动就无法顺利进行，需要就不可能得到满足。

（2）核心价值观使人的交往成为可能。

人参与社会活动的最重要的表现形式就是交往，与人化的自然交往，与他人和群体交往。交往是个体生命存在的基本方式，也是人的发展和自我完善的必要条件。马克思主义认为，人的自我创造和自我完善是在与客

① 蒂洛著，孟庆时等译：《伦理学：理论与实践》，北京大学出版社 1985 年版，第 30 页。

观世界的交往中实现的。人在与外界的人和事的交往过程中，不断地充实自己、完善自己。

交往不同于对象化活动。在对象化活动中，一方处于主体地位，另一方则处于被支配的地位；而在交往中，交往的双方都是主体。交往双方的关系是“我与你”的平等关系，而不是“我与它”的支配关系。然而，交往双方仅仅具有平等的主体地位是不够的，交往活动要顺利进行下去，交往双方还必须具有某些方面的共同性。从交往的功能看，一是沟通、协调功能，二是整合的功能。如何沟通、协调？如何整合？这就需要交往双方必须在价值观方面具有一定的共同点和共通性。没有一定的基本共识存在，真正意义上的交往也不可能。

在不发达的古代社会，人与人的交往局限在一个较小的血缘或地域的群体内，交往只要遵循某一群体内部的规则就行了。随着经济的发展，人们交往的范围越来越大，远远地超出了原先地域的限制，尤其是经济全球化的到来，世界各地、各国之间的交往越来越多。由于不同地域人们的生活方式、文化、价值观和信仰有很大的差异，给交往带来了不便，因此全球化时代的交往要求学校道德教育立足于从价值观多元中寻求人类的共同点，即为人、处世、行事和立身的共同点，这正构成了人类的核心价值观。只有遵从与践行人类的这些核心价值观，多元文化社会中的人们才能够畅通无阻地交往，才能谋求人类共同的利益和福祉。

(3) 社会的正常运行需要一以贯之的核心价值观。

核心价值观与多元文化是相伴相生的，核心价值观是多元文化形态存在的必要条件。在多元文化社会，没有核心价值观的存在和对价值领域的统摄作用，人们的价值观就会发生混乱，社会的正常运行必然会受到破坏。

社会的正常运行离不开核心价值观。核心价值观对于社会正常运行的作用主要表现为：第一，社会定向。核心价值观通过提供基本的规范框架、价值观导向，传播和发展社会意识，为个人在日常生活中的行为定向，使人有所为、有所不为。个人正是在不断地践行这些“可为”和“不可为”的过程中，使那些能够维护社会正常运行的“可为”行为变为自然而然的社会定向。第二，形成社会凝聚力。核心价值观是全社会共享的基本的、普遍的价值观，它是人们价值观认同的产物，是人心凝聚和力量凝聚的黏合剂。“在共享道德价值观的社会中，可以形成普遍的文化力量，使得群体高度团结。”① 这些核心价值观是社会交往的中介，它为个体之间、群体之间、个体与群体之间复杂的交往提供了一套共同的标准和调节手段。这种共享性的核心价值观是群体、组织的黏合剂，对社会成员具有感召和凝聚的作用。第三，增进社会合作。核心价值观作为一种超越种族、民族、国家的基本的、普遍的价值观，在一定范围内、一定程度上可以暂时消除不同国家、政党、宗教之间的冲突，在遵循核心价值观的基础上进行最大限度的合作，促进双方的交流，最终实现双方的共赢，这也是保障整个社会繁荣与稳定的基石。第四，和平解决社会冲突。在现实生活中，人与人之间发生冲突往往是因为价值观念不同，对事物的看法不一致所造成的。核心价值观所包含的尊重、关怀等原则价值，使人们都能够从对方的角度来考虑问题，从尊重他人、关怀他人的角度出发，这有利于化解和和平解决冲突。

不难想象，一个价值极度多元、没有信任、没有沟通、没有合作的社会难以正常运行，这样的社会必将是秩序混乱的。追求幸福生活是人的天性，个人的幸福不是在真空中实现，只能在社会中实现。可是在价值取向多元、价值观念冲突、道德无序的社会，善恶不辨、美丑不分，即便是道德的人也难以获得幸福。一个社会没有核心价值观的存在，其正常的运行都会受到严重的破坏，更不用说发展了。

所以，无论是个体的发展，还是社会的正常运行，都需要一以贯之的核心价值观。核心价值观在现代社会中的存在不仅是必要的，而且是可能的。

2. 核心价值观存在的可能性

（1）跨文化研究的结论。

尽管人类文化学、社会学、民俗学研究的大量事实证明，文化都是基于特定时空和一定社会的文化，具有地域性和时空性。人类的价值观也因种族、文化、宗教信仰、国家的不同而有差异，但这并不意味着人类不存在共有的普遍价值观，并不意味着各种价值观具有同等的价值和地位。人

① 高国希：《社会主义核心价值的理论维度》，《思想理论教育》，2007 年第 1 期。

类学家对不同文化背景下价值观的研究，在证实不同文化有着不同的价值标准时，也揭示了人类还存在着一些跨文化的共同价值观，这些价值观是人之为人的本性反映，是人类共同利益的诉求。

古今中外的思想家都在探索这些共同的价值观。麦金太尔（Alasdair MacIntyre）指出："公元前5世纪的希腊人有一套被普遍接受的德行词汇，在这种意义上，也有一套被普遍接受的德行观念：友爱、勇敢、自制、智慧、正义，当然不仅是这些。"[①] 中国传统文化中也孕育了以"仁"为核心，包括"孝、悌、忠、信、礼、义、廉、耻""八德"的核心价值观。"仁、义、礼、智、信"作为常"道"在我国两千多年来的历史进程中，具有中华民族核心价值观的功能。

人们对东西方伦理道德中非常基本的"黄金规则"无条件地认同，也说明了核心价值观的存在。如：[②]

孔子说："己所不欲，勿施于人。"

拿撒勒的耶稣说："你们愿意人怎样待你们，你们也要怎样待人。"

佛教中说："在我为所不喜不悦者，在人亦如是，我何能以己之所不喜不悦加诸他人?"

印度教中说："人不应该以己所不悦的方式去待别人：这乃是道德的核心。"

这些价值观的存在，说明了人类社会因为共同的人性基础，确实存在可以超越文化差异的相同或相似的价值原则。

（2）普世伦理运动的泛起。

普世伦理的泛起与全球化的势不可挡有着密切的联系。随着经济全球化的强势推进，文化全球化似乎也成为一种不可避免的趋势。然而，在多元的文化世界里，是否存在着普遍的文化价值，是否存在着全球化的文化，却是一个颇具争议的问题。同时，全球化也是把双刃剑，它在为各国、各族文化的交流与借鉴提供更加便利的条件，加速类主体意识觉醒的同时，也促使困扰人类社会发展的问题全球化。现代社会和现代人已经陷入了一

---

① 麦金太尔著，龚群译：《德性之后》，中国社会科学出版社1995年版，第169页。

② 转引自孔汉思、库舍尔著，何光沪译：《全球伦理——世界宗教议会宣言》，四川人民出版社1997年版，第75—76页。

场深刻的道德危机，这一危机既是整个人类现代性危机的集中反映，也预示着人类未来生活的前景。为了解决这些全球化的社会问题，尤其是道德的危机，人们开始反思多元的价值观，并力图寻求普世性价值观。

1993年在芝加哥召开的第二届世界宗教议会被看作是人们在寻求普世伦理道路上迈出的里程碑似的一步。在这次大会上通过了《全球伦理——世界宗教议会宣言》，全球伦理由此受到世界各国的普遍关注。也正是在这次会议上，普世伦理正式进入学人的视野并迅速在宗教界、伦理学界掀起了一场寻求普世伦理的热潮。何谓普世伦理？孔汉思（Kung Hans）指出："我们所说的全球伦理，并不是指一种全球的意识形态，也不是指超越一切现存宗教的一种单一的统一的宗教，更不是指以一种宗教来支配所有的宗教。我们所说的全球伦理，指的是对一些有约束性的价值观、一些不可取消的标准和人格态度的基本共识。没有这样一种在伦理上的基本共识，社会或迟或早都会受到混乱或独裁的威胁，而个人或迟或早也会感到绝望。"[①] 世界宗教议会发表的《走向全球伦理宣言》指出，可以从世界各大宗教和文化的道德准则中提出一项全人类应当共同遵守的基本要求：每个人都应该受到人性的对待！从这一基本要求出发，《全球伦理——世界宗教议会宣言》又根据各大宗教都包含的"不可杀人"、"不可偷盗"、"不可撒谎"、"不可奸淫"四条古训，针对当今世界的发展状况，把这四条古训表述为四项"不可取消的规则"：珍重生命——致力于非暴力与敬重"生命的文化"；正直公平——致力于团结与公平的经济秩序；言行诚实——致力于宽容的文化与诚实的生活；相敬互爱——致力于男女平等与伙伴关系的文化。

在这次世界宗教议会上，绝大多数与会者认为，尽管文明的冲突是存在的，但是这些基本的要求、古训和规则却是以整个人类为主体的，是为所有人类文明所共同认可的，是所有人都应当服膺和践行的。对于"什么是'善'……还是可以超越文化、地区和时代的差异，发现很多共同的东西"，[②] 发现一些"所有宗教所肯定的、得到信徒和非信徒支持的、一种最

① 孔汉思、库舍尔著，何光沪译：《全球伦理——世界宗教议会宣言》，四川人民出版社1997年版，第12页。

② 池田大作、贝恰著，卞立强译：《二十一世纪的警钟》，中国国际广播出版社1998年版，第13页。

低限度的共同价值、标准和态度”。[①]

由于世界宗教议会的公开倡导，使寻求普世价值共识的呼声日益高涨。1997年联合国教科文组织制订了“世界伦理计划”，并于同年3月和12月分别在法国巴黎和意大利那波里召开了国际会议，共同探讨建立全球普世伦理的理论和实践问题。1998年6月联合国教科文组织又在北京召开了关于“从中国传统伦理看普世伦理”的北京地区专家学术会议。近十几年来，伦理学界围绕普世伦理的问题进行了探讨。尽管对于普世伦理的倡导发端于宗教领域，但其关注的是基础性和普遍性的伦理道德价值观，为核心价值观的兴起提供了宗教和伦理学的依据。伦理学界对于普世伦理的研究和探讨，也促使道德教育开始了有关核心价值观的研究。普世伦理与核心价值观可谓紧密相连，相得益彰。

(3) 社群主义思潮与品格教育的兴起。

社群主义思潮的盛行也引发并间接促进了人们对于核心价值观的研究。社群主义兴起于20世纪80年代的美国，代表人物有麦金太尔、桑德尔(Michael Sandel)、泰勒（Charles Taylor)、沃尔泽（Michael Walzer)、贝尔，他们在对自由主义正义理论批判的基础上建立起了各自的正义理论。麦金太尔面对新自由主义的规则正义所导致的社会公德的沦丧，倡导回归到以亚里士多德为代表的德性传统，提出德性正义论；桑德尔在对新自由主义正义理论的抽象性、普遍性批驳的基础上，提出了社会正义应建立在现实社群共同生活的基础上；泰勒面对自由主义及其正义理论所带来的“现代性病症”，指出正义应对历史与群体给予足够的关注；沃尔泽针对新自由主义正义原则的单一性和普遍性，提出了多元正义和特殊主义的道德文化学说。他们的观点各不相同，很难把这些不同的观点归结为一个严整的思想流派或体系。但因为他们都批判“自由主义没有充分考虑到社群化社会对于个人在社会中的地位的重要性，也没有考虑到它对道德和政治理念和关于当今世界的价值判断的重要性”，[②] 所以，在批判自由主义的“个人”、“自我”，提倡“社群”的意义上，我们可以把他们合称为“社群主义”。

---

① 孔汉思、库舍尔著，何光沪译：《全球伦理——世界宗教议会宣言》，四川人民出版社1997年版，第168—169页。

② 丹尼尔·贝尔著，李琨译：《社群主义及其批评者》，三联书店2002年版，“引言”，第5页。

社群主义反对罗尔斯等自由主义者的立场，主张从人的历史、文化、传统和社群等角度来解释当代道德问题，恢复社群制度和传统美德在人们生活中的作用。社群主义者认为，西方社会已经失却了社会凝聚力，因此他们的使命就是保持个人权利和公共责任之间的平衡。社群主义者重视"信任"、"共同责任"、"承诺"，强化道德标准，要求个人为他人奉献，承诺如果人们遵守共同的标准，他们将会体验到一种作为孤立的个人不能体验到的共同力量和情感。在伦理学上，社群主义反对新自由主义的普遍主义原则，主张继承和发扬传统美德。麦金太尔认为，现代性伦理把个人同他所在的社群和传统分离开来，这就失去了统一的道德框架，使现代人陷入了道德共识的困境，导致了现代社会情感主义态度的泛滥，解决的方法就是使人们重返亚里士多德传统，即追寻美德伦理。

社群主义者把他们的思想运用到教育领域，即表现为对于品格教育运动的支持。1994～1997 年，社群主义组织连续四年主持了白宫发起的关于"为一个文明和民主的社会而进行品格教育"的会议。社群主义思想成为美国品格教育的理论基础，品格教育是社群主义在教育实践中的措施之一。埃茨奥尼（Etzioni）在《社群的精神》一书中对于品格教育目标的设置更说明了品格教育和社群主义思想的关系。他认为，品格教育就是要"发展基本的人格特质，培养有效能的个人和获得核心价值……两者有时被称为'发展品格'"。[①] 社群主义思潮的兴起，及其在学校道德教育领域所作的努力，使得学校道德教育研究抛弃了以往的价值澄清学派的价值相对主义，而向学生传递社会共同的价值观。

面对美国社会存在的大量问题和青少年的道德滑坡，美国民众强烈要求联邦政府支持重建核心道德价值观。自 1987 年起，超过 90%的被调查者认为学校向学生讲授核心价值观很重要；94%的被调查家长希望孩子在学校学习核心价值观。1987 年，"美国国家学校联合会"向美国教育部提出了"在公立学校塑造品格"的计划，提出要在全国 15000 所学校中加强品格培养。美国教育部对品格教育计划进行了资助，各个州也要求学校加强品格教育。1990 年，"新品格教育运动"（new character education movement）

① 郑富兴：《现代性视角下的美国新品格教育》，人民出版社 2005 年版，第 90 页。

出现。1994年，美国国会拨款3000万美元资助品格教育研究。此后，致力于品格教育的团体层出不穷。品格教育在美国如火如荼地进行，并迅速地向世界其他国家扩展，各国的研究者都展开了关于道德教育中核心价值观的研究。

（三）核心价值观的构成

每个人人生中不可规避的道德关系和道德角色是建构核心价值观的基础。马克思主义认为："人的本质并不是单个人所固有的抽象物，实际上，在其现实性基础上它是一切社会关系的总和。"[①] 人的社会关系根据作用对象的不同，大体上可以分为三类——对人、对事和对己，这三类关系也就是基本的道德关系。其中，如何对人属于处世方面的基本价值观，我们称之为"处世之德"；如何对事属于行事方面的基本价值观，我们称之为"行事之德"；如何对己涉及两方面的道德价值观——为人的基本价值观和立身的基本价值观，我们称之为"为人之德"和"立身之德"。"为人之德"是个人在社会中如何做人，成为自己的价值观。"处世之德"是在人的行为活动中，个人如何处理与他人的各种关系、与所属群体的关系乃至与自然的关系的核心价值观。"行事之德"是指个体在承担义务的各种社会活动中所表现出来的核心价值观，它是每一个社会人在一生过程中都不能回避的道德关系。"立身之德"指的是个人对待自己生命存在和发展的态度，是一种指向自我的核心价值观。

在上述分类框架内，我们从文献分析入手，搜集整理中外伦理学史和道德教育史上关于基本德目的研究成果，列出思想家和专家学者所认可的核心价值观，然后在"为人—处世—行事—立身"这一框架内设计可能的核心价值观进行问卷调查。问卷调查的对象包括两部分：一是1200名中学生，二是道德教育研究领域和伦理学研究领域的专家。在中学生的问卷调查中，关于核心价值观排在前几位的分别是：诚实守信、尊重、合作、开拓创新、公平正义、珍爱生命、责任。[②] 在专家的问卷调查中，他们认为的核心价值观集中表现为：责任、珍爱生命、公平正义、宽容、诚信、尊重

① 《马克思恩格斯选集》第1卷，人民出版社1972年版，第18页。

② 可详见本书第六章的有关内容。

和关怀。

在“为人—处世—行事—立身”这一理论框架①下，结合中学生问卷调查的结果和对专家咨询的意见，我们认为，“为人之德”的核心在于诚实守信，“处世之德”的核心在于尊重和责任，“行事之德”的核心在于公正和关怀，“立身之德”的核心在于珍爱生命。

在人的一生中，无论社会和人生如何变化，只要人活着，谁也不能回避这四个方面的问题。因此，为人、处世、行事、立身的方式和所遵循的道德价值原则，构成了人的完整的、立体的生活。“行事、处世都是由个体承担的，个体的状态、对自己的要求又直接影响到行事、处世，反过来个体状态和自我要求的形成，又通过行事、处世的实践和对人生实践的反思、总结和调整逐渐生成和趋于稳定。”② 在此体系下，所确立的核心价值在这四个方面也是共通的。例如，诚信不仅是为人的最基本、最核心的要求，同时也是处世和行事应遵循的基本准则，是个体的立身之本。这四者是一个有着内在联系的结构体系。

二、诚信：“为人之德”的核心价值观

（一）诚信的道德内涵

作为一个人，最基本的为人之道是“诚信”。诚信是一个人安身立命的基础和前提，没有一定程度的诚实信用，高尚的人格培育无从谈起。

古代对于“诚信”的解释更多的是从道德的角度，立足于人的自我审视，阐述诚信的道德内涵：诚信是一种德政和内在德性品质的要求，它是个体为人、立身之本。孟子曰：“诚者，天之道也，思诚者，人之道也。”“诚”是天道，“思诚”是成人之道。在这里，“诚”指真实无伪、诚实无欺、真实无妄、精诚不懈的内心态度和状态。孔子曰：“人无信不立。”“人而无信，不知其可也。”“信”是一个人立身处世的最基本的品质。对于个人来讲，与人交往要讲信用、守诺言，要“言必行，行必果”。“信”指诚

① 这一理论框架借鉴参考了叶澜教授的《试析中国当代道德教育内容的基础性构成》一文，特此说明。

② 叶澜：《试析中国当代道德教育内容的基础性构成》，《教育研究》，2000年第9期。

实、守信，就是要求人们说话办事要符合实际，信守诺言，言行表里如一。“诚”、“信”二字含义相通，合起来“诚信”就是一种真实无伪、信守承诺、言行一致的美德。一个人在为人处世中不能做到诚信待人，为了自己的私利，欺骗别人，虽能得逞一时，但却难横行一世。

西方对于“诚信”的理解侧重点与我国稍有不同。西方的诚信观以“契约”为基础，侧重于诚信的法律内涵，诚信是对外在规则守信，强调对于法律、对于契约的无条件服从。“诚信”的基本含义就是尊重事实、守合同、重契约。所谓“诚”，即个体的诚实品行，诚实是诚信的基础，它要求个体对事件、信息进行完全和真实的披露。所谓“信”，即信任。一方面，指主观上自身是否具有值得他人对其履行义务能力给以信任的因素，包括诚实、守信的品格等人格因素与资本、生产能力等财产方面的因素；另一方面，指其履行义务能力在客观上能为他人所信任的程度，来自于社会的评价。

虽然中西方对于“诚信”理解的出发点与基础不同，但是，无论“诚信”是内发的还是外铄的，都是一切道德的根基。一切真正的道德行为都要出于真诚，有诚才有德，有诚才有善。但是在历史的长河中，诚信的含义也在发生着变化。《现代汉语词典》对“诚信”的解释是：“诚信——诚实，守信用：生意人应当以诚信为本。”由此可以看出，诚信与现代经济活动的关系非常密切。现代社会中，人们都承担有“经济人”的角色，不可避免地多多少少都要参与经济活动，在经济活动中更要讲求诚信，这是保证市场公平交易的基础。

（二）诚信作为“为人之德”核心价值观的依据

自古以来，诚信就作为人们道德价值观中最为重要的规范，诚实乃人生的命脉，是一切价值的根基，它无论对于个体还是对于社会都具有重要的意义。

1. 诚信是个体道德的基石

人与动物最重要的区别之一就在于人的道德性，人是一个道德的存在。诚信是人之为人的最基本、首要的要求。诚信是个体道德的基石，是道德的善端，一切良好的道德品质都必须建立在诚信的基础上。人走向善是由诚信开始的。诚信是真，真乃诚信的基础，人只有守住“诚信”二字，其他诸如公正、关怀、同情、责任等美德才有生长的土壤。荀子把“诚”看作德行的基础，认为致“诚”则众德自备，曰：“君子养心莫善于诚，致诚则无它事矣。”（《荀子·不苟》）北宋理学家周敦颐认为：“诚，五常之本，百行之源也。”（《通书》）英国哲学家霍布斯（Thomas Hobbes）认为，守约为正义之源泉，有约而不守即为不义。虽然这些思想家处于不同的社会和文化背景，但都不约而同地强调诚信是张扬人的善端、形成其他美德的基础。具有了诚信的品质，就具有了求真、向善、粹美的前提。同样，人走向恶，也往往是由不诚信开始的。人若丧失了诚信，就会为所欲为，迷失人生的方向；人若丧失了诚信，就失去了抵御邪念和私欲膨胀的屏障，就会给自己、他人和社会带来破坏性的后果。心理学研究认为，说谎，是儿童和青少年各种不良品德的开端。中国违法犯罪研究会的一项调查显示：违法犯罪的青少年中有90%的人缺乏起码的诚信。可见，是否拥有诚信的品质是一个人好与坏、善与恶的分界点。诚信既是个人基本的人格修养，也是一个人拥有高贵品格、立身于社会的底线。不难想象，一个诚实守信的人能够赢得大家的尊重，在社会上成就一番事业；而一个不诚实守信的人最终会遭到人们的唾弃，成为社会的弃儿。

2. 诚信是人际交往的基本准则

诚信是人与人交往的试金石，在最初的交往中，交往双方都要考察对方是否诚信，即便是一个奸佞无耻之徒在与别人交往时也是这样。在最初的考察中，如果交往双方得出了肯定的结论，都认为对方具有诚信的意识和行为，那么进一步的交往可以展开，否则交往活动就会中止。任何一个人都不愿与不诚实、不守信的人交往，更谈不上合作。人与人的交往，应当有最起码的信任感和诚意，否则什么事也做不成，什么集体也不能维持。可见，诚信是人际交往的基本准则，是人与人之间建立正常关系的基础，也是个人能否作为一种积极的力量融入社会、取得他人信任的基础。许多商界的成功人士，在谈到自己成功的诀窍时，几乎没有人把自己的成功首先归于才华，而是归于诚信。正是由于人际交往中的诚信，为他们编织了丰富的人脉，奠定了最终成功的基础。

从心理学上讲，诚信也是满足社会人安全感的需要。人本主义心理学家马斯洛认为，人有五个层次的需要，依次是生理的需要、安全的需要、归属和爱的需要、自尊的需要和自我实现的需要，较低层次需要的满足是较高层次需要满足的前提条件。如果社会上绝大部分人在人际交往中都能做到真诚相待、恪守信用，那么就不会有尔虞我诈、损人利己等丑恶行为的发生，整个社会则会处在一个安定祥和的环境中，人们也会感到自己安全的需要得到满足，有利于自觉地遵守社会道德行为规范，形成正常的、真诚的人际关系。

3. 诚信是社会正常运行的条件

诚信不仅是个体道德和个人品格修养的重要方面，也是社会正常运行的重要保证。在历史的长河中，诚信的道德内涵不断地发生变化，现代社会人们往往更关注诚信在经济领域中的价值。

诚信是社会经济正常运行的保证。现代社会是一个经济社会，处在其中的人们自觉或不自觉地都要参与经济活动。诚信是市场经济的道德本质，规范的市场经济一定要以诚实守信为基础，这是市场经济的内在要求。人们在经济交往中，要遵循诚信的原则，做到不欺人、守信用，这是正常经济活动开展的必要条件。经济交往中没有诚信，就没有交换；没有诚信，就没有秩序；没有诚信，经济就不能正常运行。在一个经济混乱、人与人之间尔虞我诈的环境中，很难说社会能够正常运行。缺乏诚信的国家和民族最终也会被国际社会所不齿和抛弃。个人的诚信构筑了社会的诚信，社会上绝大多数人的诚信，是推动民族和国家前进的动力，是国家屹立于国际社会和民族之林的重要保证。

（三）诚信在学校道德教育中的基本要求

诚信是人之为人最基本也是最重要的道德要求。诚信不是教条，必然要落实到人的生活和社会活动中。从诚信的内涵出发，结合中小学生的实际情况，我们认为，在学校开展诚信教育，要求学生做到以下几点：

(1) 不说谎。目前，中小学生不诚信的一个很重要的表现就是喜欢说谎。对老师说谎，同学之间说谎，用谎言来欺骗家长等。说谎既是不诚信的开端，也是不诚信的重要表现。除了一些善意的谎言外，一切说谎的行为都被认为是恶的。说谎是走向恶的第一步。今天，在学校中大力开展诚信教育，首要的任务就是教育学生不说谎，远离谎言。这种否定性的道德要求往往蕴含了高尚的道德情操，是一个人真正具备诚信品质的基石。

（2）以真示人，以诚待人。“君子诚以为贵。”（《礼记·中庸》）真正有修养的人把真诚看得非常重要。因为真是诚的基础，只有敞开心扉，脱下虚伪的外衣，把真实的自我展现在别人面前，师生之间、生生之间才有进一步交往的基础，才能和谐相处。真诚待人，一则可以赢得别人的信任，与人进行进一步的交往；二则可以完善自我。真诚是一个人最大的也是最值得骄傲的资本。真诚是与人交往的发端，也是最终的归宿。如果没有了真诚，人性和事物就无法达到统一，同时真诚也是自我完善的根基。在与人不断的交往中，始终保持真诚，以真诚的心态和行为来待人，那么，这个人的品格在不知不觉中就会变得愈加高尚。

（3）恪守信用，言行一致。信是诚的外化，诚信的最终要求落在“信”字上，恪守信用是一个人立身于社会的基本道德。在学校道德教育中，无论是教师还是学生都要恪守信用，对自己所说的话负责任，如同《弟子规》所要求的“凡出言，信为先，诈与妄，奚可焉”。

三、尊重与责任：“处世之德”的核心价值观

人是一个关系性的存在，生活在这个世界上，必须要处理好与他人、与自己所属的社会群体以及周围环境之间的关系，处理这些关系时所遵循的道德原则，我们称之为“处世之德”。通过对文献的分析和调查，我们确认“尊重”和“责任”是处世之德的核心价值观。

（一）尊重与责任的道德内涵

中国古代并没有“尊重”这一词汇，但是在中国传统文化中却包含了丰富的“尊重”思想。如儒家学派所倡导的“仁”、“孝”、“恭”等，都在一定程度上，从不同的角度表达了“尊重”的意蕴。在中国古代社会中，“尊”明显体现了个人地位尊卑的差异，以地位之尊确定尊重的对象，“尊重”是下级对上级、晚辈对长辈的敬重和服从，体现了双方关系的不对等性，如对父母的尊重则是强调子女对父母的无条件服从。

现代社会中，尊重的含义得以延伸。除了依然保有原来的含义外，还增加了新的内涵，强调人与人双方地位的平等，甚至包括对人以外动物生命体以及非生命世界的尊重。当代新精神分析主义心理学家弗洛姆（Erich

Fromm）认为，尊重“就是指客观地正视对方的全部，并容纳对方独有的个性的存在，努力地使对方能健康成长和根据自己的意图自行发展”。[①] 品格教育运动的倡导者托马斯·里克纳也认为，尊重意味着“认真对待某人或某事的价值”。[②] 这说明现代的尊重观已经淡化了传统的尊卑贵贱，把人看成是一个独立的、自由的、平等的个体，强调尊重的对等性，扩大尊重的实体指向。

尊重是处世之德的根基。要和他人、社会群体以及自然和谐相处，首先要尊重对方。然而，仅有尊重是不够的，要保持社会的正常运行和良性发展，还需要我们对他人、社会群体和自然持有一份责任和义务。托马斯·里克纳指出：“责任是尊重的延伸。如果我们尊重他人，我们就会重视他们；如果我们重视他们，我们就会为他们的利益感到有一份责任。”[③] 弗洛姆也认为，尊重和责任是相联系的。从某种意义上讲，责任是一种付出，付出的多少依赖于道德自觉，而能唤醒这种自觉性的是尊重。可见，尊重是责任产生的土壤，责任是尊重的延伸。在处世中，我们只有坚守了尊重的原则，责任才有产生的土壤。因此，尊重是处世之德的核心价值观的基础，是更为基础性的价值观。当我们在处世时，处处以尊重为导向，责任感便会油然而生。

责任是尊重的伴生物，对尊重的肯定，意味着对责任的承担。只要有尊重存在的地方，就一定有责任的存在。尊重某人就必然意味着对其负责任。因为责任是尊重的伴生物，所以，我们在下面着重论述尊重的价值，不再单独论及责任。

（二）尊重作为“处世之德”核心价值观的依据

1. 尊重是人类的道德共识

把尊重作为处世之德的核心价值观，有其深刻的内在缘由。首先，尊重是人类的道德共识。道德共识是核心价值观存在的先决条件。核心价值

---

① 弗洛姆著，萨茹菲译：《爱的艺术》，西苑出版社 2003 年版，第 39 页。

② 托马斯·里克纳著，刘冰等译：《美式课堂——品质教育学校方略》，海南出版社 2001 年版，第 41 页。

③ 托马斯·里克纳著，刘冰等译：《美式课堂——品质教育学校方略》，海南出版社 2001 年版，第 42 页。

观的确定也是从道德共识中产生的。一些学者认为："尊重是人类各民族在漫长的历史发展中逐渐积淀形成的基本伦理理念或'最起码的道德共识'。这种基本的伦理理念或'最起码的道德共识'是这个民族生存发展的基本保证，是这个民族的传统美德的最基础的部分。"① 无论是我国还是世界上其他国家，都把尊重作为最基础的道德和道德的基础。

尊重是中华民族传统美德的精华，是每一个中国人应有的基本美德。早在两千多年前，孔子就说过："己所不欲，勿施于人。"（《论语·颜渊》）意思是自己不想要的东西，切勿强加给别人。孔子提倡"恕"道，应该尊重别人，唯有如此才是"仁"的表现。"恕"道是"仁"的消极表现，而其积极表现便是"己欲立而立人，己欲达而达人"。（《论语·雍也》）意思是说，自己要站得住，同时也要使别人站得住；自己做到通达事理，同时也要使别人通达事理。可见，尊重他人，宽恕待人，是人与人之间的交往应该坚持的基本原则。

西方社会也无不重视尊重的价值。自欧洲文艺复兴和思想启蒙运动开始，人的自我意识开始觉醒，先是在文学领域，随后扩展到宗教等其他领域，都倡导要尊重人、重视人的价值，把人放到一个突出的地位上。如基督教所倡导的"你们愿意人怎样待你们，你们也要怎样待人"、佛教所倡导的"在我为所不喜不悦者，在人亦如是，我何能以己之所不喜不悦加诸他人"等，与孔子所说的"己所不欲，勿施于人"一样，都包含着深刻的尊重思想，共同构成了所谓的"道德金律"，即"道德真理"。

在经济全球化与文化多元化的今天，国际社会更加重视尊重的价值。从文化价值多元化的角度来说，21 世纪是个多元文化时代。在这个多元文化时代，人们往往强调的是个性、差异，但是强调差异并不等于各自孤立、随心所欲。文化多元论要成立，需要我们既强调多元，更要有基本的共识，否则多元论的观点是不成立的。要保证多元文化的和谐共处、共同发展，尊重就是人们所要遵循的最基本、最重要的规则，尊重体现了多元文化时代基本的道德取向。1993 年世界宗教议会通过的《走向全球伦理宣言》最核心的

① 许启贤：《尊重：全球的底线伦理原则》，《云南民族学院学报》（哲学社会科学版），2003 年第 3 期。

内容就是“尊重”，整个宣言中提到“尊重”、“敬重”的地方就有13处之多。

2. 尊重是主体间性生成的必要条件

人类的历史发展经历了群体本位、个体本位，全球化时代正在逐步向类本位过渡。在群体本位阶段，个体的发展受制于群体，个体只有依附性人格，没有平等、自由可言，只有无条件服从。因此，在群体本位下，不可能衍生平等意义的尊重，它所谓的“尊重”带有浓厚的等级差别，是下级对上级的无条件服从。随着生产力的发展，人们对群体的依赖减弱，逐渐打破了原来的人身依附关系和等级从属关系，人类进入了个体本位阶段。在个体本位阶段，个人具有主体性和独立性，但是这种主体性的自我是以对物的占有为基础的，虽然把人从人身依附关系中解放了出来，但是又陷入了物的奴役之中。在尚未充分发展的工业社会和市场经济条件下，个体是单子式主体，单子式主体的特征表现为主客关系上的相互对立，以征服、占有对方为目的；在与其他主体的关系上，表现出排他性。在这种个体本位的条件下，虽然个体得到一定的解放，人的自我意识开始觉醒，但是以物的依赖性为基础的人的主体性，只会膨胀个体的欲望，不能带来人与人之间的相互尊重，反而使人与人之间成为了占有与被占有的“豺狼关系”。个人主体性的膨胀到达了极端，必然呼唤着类主体的到来。类主体是对群体主体和个体主体的超越，它扬弃了两者的极端性，同时又吸收了它们的合理内核，它具有主体间的聚合性、整体性，但又不压抑个体；它具有个体的独立性，但又不追求“占有”，而以主体间的和谐共存为目的。① 而和谐共存需要以尊重为基础，没有主体间的相互尊重，主体间便不能正常交往，类主体的实现也就成为了一种美好的乌托邦。强调平等“尊重”的价值观，就是要去除个体主体中过分的为我性，认识到人不是孤独的个体，而是类的存在。尊重是走向类主体的必要条件，道德教育中如果不向学生传递尊重的道德价值观，类主体、类主体教育便无从谈起。

3. 尊重是多元文化背景下青少年正确价值观形成的重要保障

多元文化的纵横交错，影响了青少年的价值选择。面对扑面而来的多元文化冲击，青少年学生既不能像成人那样去抵制文化的糟粕，也不能用

① 冯建军、尚致远：《走向类主体》，《教育研究》，2005年第1期。

理智的头脑进行分析而后辩证地吸收，更不会像婴幼儿一样还完全没有意识到文化对人的影响，而是正好处在懵懵懂懂的阶段，头脑中已经有了一定的文化积淀，处在价值观和人生观形成的初级阶段。他们易于接受新的文化，在不断接受新文化的过程中，打破了原来在学校教育中所接受的单一的主流价值观，其价值观发生了变化，呈现出多元化的态势。

面对青少年价值观的多样化、多元化，我们应该怎么办？毫无疑问，一元的价值观教育不能适应价值观多元发展的需要。在道德教育中采取独断专行的做法，不仅不会促进青少年价值观的形成，反而会激化青少年多元的价值选择与统一的道德要求之间的矛盾，使得他们在接受新的价值观时更加感到迷茫。同时，我们也不能对青少年的价值选择实行放任自流的政策，西方国家道德相对主义的失败，给我们敲响了警钟。面对价值选择的多元，我们要尊重青少年的价值选择，在道德教育中向学生传递“尊重”的价值原则。“尊重”的价值原则是多元文化条件下青少年价值观形成的重要保证。当然，在道德教育中倡导“尊重”也不是对学生的任何价值选择都持赞同、欣赏的态度，对于错误的价值选择同样要制止和批判，这才是我们提出“尊重”这一价值原则的真意。

（三）尊重与责任在学校道德教育中的基本要求

尊重意味着认真对待某人或某事的价值，它是一个体系，主要包括尊重自己、尊重他人、尊重所有形式的生命体以及滋养其生存的环境。把“尊重”作为基础性的道德价值观，要求学校道德教育从以下几个方面着手：

（1）尊重自己。尊重自己就是自尊。自尊是人的道德心理的需要。自尊需要的满足能使人产生自信的情感，觉得自己在这世界上是有价值的；而当自尊的需要一旦受挫，就会使人产生自卑感，从而失去人最基本的信心。学校道德教育倡导“自尊”就是要使学生能够接纳自己、了解自己、保护自己、发展自己，对自己抱有信心，在尊重自己的基础上生发出对自己的一份责任感，促进自我的发展和完善。

（2）尊重他人。要尊重自己，首先要尊重别人。尊重他人是“尊重”这一道德价值观的核心要求。尊重他人强调“平等”，把他人作为一个与自己一样的人看待，包括对自己所不喜欢的人。尊重他人也是人际交往的基础，尊重可以产生信任。尊重他人对于中小学生来说，主要包括尊重同学、尊重老师、尊重父母。尊重同学要求在日常的学校生活中，平等对待身边的同学，不歧视、侮辱同学，与同学展开正常的交往，在集体活动中善于与同学合作，不搞小团体主义孤立个别人。尊重老师和父母主要体现在礼貌问题上，要尊敬老师和父母，体会到他们的苦心。

（3）尊重社会。每个人都生活在一定的社会群体中，都要遵循自己所属群体的规范要求。学校是学生日常生活的重要场所，从狭义上说，尊重社会就是要求学生遵守学校制定的行为规范，不做违反校规校纪的事；从广义上说，尊重社会就是要求学生遵守国家的法律法规，做一个知法守法的好公民。

（4）尊重自然。自然是人们生存的场所与空间，热爱自然、保护自然是人类神圣的使命。尊重自然就是要求青少年学生学会保护环境，美化环境，从身边的小事做起，爱护身边的一草一木。

尊重强调我们的否定性义务，与尊重相伴的责任则强调我们关爱他人的肯定性义务。责任意味着面向他人、关注他人，并对他人的要求作出积极的反应；责任就是按照职责为他人做我们应该做的事情。责任还意味着信赖，而不是让别人失望。失职就是没有尽责的表现。责任意味着我们做任何事情，都要尽我们最大的努力。①

四、公正与关怀："行事之德"的核心价值观

（一）公正的道德内涵及其作为核心价值观的依据

公正与公平、公道、正义等属同一序列的概念，是一个基本的道德范畴，是人类最古老的道德原则之一。早在古希腊时代，公正就和智慧、勇敢、节制一起被列为城邦的"四主德"。在我国，"公正"一词最早见于《荀子》一书。与此同时，也出现了"公道"、"公平"、"正义"等相同或相似的概念。从那时开始，一些思想家就把公正作为衡量人和人的行为的准则了。

公正，在西方伦理学史上，来源于古希腊文"orthos"一词，意为"表示置于直线上的东西，往后就引申来表示真实的、公平的和正义的东西"。②

① 托马斯·里克纳著，刘冰等译：《美式课堂——品质教育学校方略》，海南出版社 2001 年版，第 42 页。

② 转引自谢洪恩：《论公正及其实现》，《道德与文明》，1999 年第 6 期。

《美国百科全书》对“公正”的解释是“公正是一个社会的全体成员相互间恰当关系的最高概念”，它“不取决于人们对自认为公正之事的实践，而是以一切固有、内在的权利为其基础的；这种权利源于自然法面前人人皆有的社会平等”。[①] 在中国古代的典籍中，公正就是不偏私、不偏袒、正直的意思，如汉朝班固《白虎通义》曰：“公之为言，公正无私也。”马克思主义伦理学认为，公正是对政治、经济、法律、道德等社会各个领域中的是非、善恶的一种道德认识和价值评价，是人类调整社会秩序和人际关系的一种行为准则和规范。

公正包括社会公正和个人公正两重含义。作为学校道德教育的内容和基本价值，我们所探讨的公正主要是与个体道德相关联的个人公正。所谓个人公正，既指个人行为的一种根本原则，也指个人的一种优良品德，主要表现为个人为人处世能以社会的法律、规章、惯例为准绳，严格规范自己的行为，正直做人，公允办事，从而保持自己行为的合法性、合理性和正当性。

公正（个人公正）不仅是“行事之德”的一种道德价值观，而且是核心价值观。这是因为：

（1）公正是道德的基础。

公正伴随着人类的产生而产生，人们把公正作为最古老的道德原则。古希腊把公正列为城邦的“四主德”之一。苏格拉底认为，公正是一种美德，这种美德可以指导人们在特定环境中“如何行动”。亚里士多德把公正视作个人的美德——一种囊括了全部德性的美德。现代社会更加重视公正在道德价值体系中的地位。马克思在《国际工人协会共同章程》中要求：“加入协会的一切团体和个人，承认真理、正义和道德是他们彼此间和对一切人关系的基础，而不分肤色、信仰或民族。”[②] 当代政治学家罗尔斯（John B. Rawls）把公正视为社会制度的首要美德，认为它如同真理是思想体系的首要美德一样。

长期以来，人们对公正这一价值原则不懈追求，从未放弃。尽管社会

---

① 转引自程立显：《社会公正论——当代青年的新道德观》，北京大学出版社 1998 年版，第 22 页。

② 《马克思恩格斯选集》第 2 卷，人民出版社 1972 年版，第 610 页。

道德的类型常有更迭，但人们总是把公正列为基本的德目，是其他一切善良美德的基点。蒂洛说："人们很难看到不关心公正的道德体系。"公正是道德的基础，没有公正便没有道德。道德教育作为传授道德价值的活动，必须把最基础的道德价值——公正传授给受教育者，否则社会上也就不存在所谓的道德之人。

(2) 公正是道德教育的突破口。

在日常生活和人际交往中，人们对规则的意识、是非的判断、责任的界定、过失的惩罚等，都与公正有关。亚里士多德以公正来统帅"四主德"中的智慧、勇敢和节制。康德、罗尔斯等哲学家也无不重视公正在道德体系中的重要地位。道德心理学家科尔伯格（Lawrence Kohlberg）在论及儿童道德发展时也指出，公正是真正至关重要的，它与其他价值观是"纲"与"目"的关系。皮亚杰（Jean Piaget）则进一步强调，具有社会公正感才是个体道德成熟的主要表现，这样的人方能按社会规定的准则、规范去公正地为人处世。[①] 在诸多思想家看来，公正是一个道德之人应该具备和践行的基础性道德品质。

公正是道德的基础，是一个道德之人应该具备的基本品质。那么，公正在我国道德教育内容体系中的地位又如何呢？长期以来，我国道德教育存在着泛政治化、理想化的趋向，为儿童设立了一个可望而不可即的场景，以期儿童能够迅速养成"毫不利己、专门利人、大公无私、公而忘私"的理想人格。学校道德教育还没有把"公正"教给学生，就迫不及待地要求他们具有"毫不利己、专门利人"的理想价值观；还没有把"尊重"教给学生，就要求他们为人处世"大公无私、公而忘私"；还没有把"关爱生命"的道德价值教给学生，就要求他们"见义勇为"。学校道德教育教给学生的都是一些过于理想化、空洞不切实际的内容，把利他、奉献等作为基本的道德要求，而放弃了"公正"、"尊重"等基础性的底线伦理。虽然现在这种状况有所改变，但传统道德教育根深蒂固的影响依然存在，教育者在教育活动中依然自觉不自觉地向学生传递着不切实际的过高的价值要求。

道德教育内容的本末倒置，使得学生的公正观念淡薄。南京师范大学

---

① 岑国桢、顾海根、李伯黍：《品德心理研究新进展》，学林出版社1999年版，第26页。

道德教育研究所乔建中等对江苏省 1761 名中小学生所作的调查显示：中小学生不清楚公正的确切含义；对于权利和义务的关系的认识大多局限在仁慈的形式层面，而非建立于公正的伦理基础；不清楚社会或团体对权利、义务进行分配的源泉与依据，且在分配上带有小农经济色彩的平均主义倾向。[①] 没有公正的观念，便没有公正的行为。一个连公正都做不到的人，谈不上关心、帮助别人，更谈不上为国为民、牺牲奉献！这些价值观虽然伟大，但缺乏根基，必然是虚幻的，不能真正在学生心中生根发芽。因此，我们说，对于“公正”等基础性的核心价值观的忽略，造成了道德教育的“假大空”，随之也导致道德教育缺乏实效性。

我国学者程立显认为：“就个体道德而论，公正是道德的起码要求……没有公正就没有道德。抓公正原则的教育，最容易得到人们的心理认同，一旦见效又能促进其他品性的养成，全面提高人的道德水准。”[②] 道德教育流于空谈、甚至引起学生逆反心理的重要原因之一就是忽视了公正原则的传授，忽视了公正品性的培养。据此，我们必须把公正原则的传授与践行当作道德教育的突破口。公正是道德教育的基础，是其他美德产生的首要条件。真正具有公正品性的人，必能尊重他人的权利，恪尽自己的义务；敢于追求公正的人，才可能成为为真理而奋斗、牺牲的高尚之人。因此，要改变道德教育实效性不高的现实，就应该从以“公正”为代表的核心价值观入手。

（3）公正是和谐社会的内在要求。

和谐社会首先是一个公平正义的社会。如果没有公平正义，民主法治就缺乏基础，诚信友爱就缺乏保障，社会就缺乏活力，难以安定有序。很难想象，一个缺乏公正的社会能够成为和谐社会。

和谐社会不是自发产生的。任何社会都是由个人组成的，都是人的创造物，只有和谐的人才能创造出和谐社会。公正作为和谐社会的基础，不仅对个体的和谐而且对社会的和谐都起着重要的作用。

首先，公正增强了个体的道德认同感。公正是道德的基础与核心。在公正的守护中，人们对道德的认同被激活。只有产生了对道德认同的情感，才

---

① 乔建忠、王辉等：《从公正观念看学生道德发展与学校道德教育》，《思想理论教育》，2004 年第 12 期。

② 程立显：《社会公正论——当代青年的新道德观》，北京大学出版社 1998 年版，第 124 页。

可能获得对于其他道德原则的认同和自尊。道德认同感，是个体在行事中遵循道德原则的基础与前提，能使个体不断地向理想化的道德人格迈进。个体道德人格的和谐，是整个社会和谐的基石。

其次，公正有利于和谐人际关系的培育。不公正是人际摩擦的首恶，而在公正所营造的环境中，个体能够从与他人的直接或间接交往中获得比较客观、真实的参照系，从而在客观地反观自身问题的基础上，相互悦纳，以友善的态度进行交流。在这种环境中，人与人之间能够相互理解和信任，即使发生矛盾，也多半是非对抗性的，容易在理智和尊重对方的基础上化解，不会演变成非理智的对抗。所以说，在公正的环境中，人与人之间对抗性的矛盾较少，对公正的认知和践行能够减少摩擦，使人际关系变得更为和谐。

再次，公正为和谐社会提供了良好的道德支撑。在公正的社会环境中，人们的道德认知水平提高，明辨是非的能力增强，在内心深处总是以公正与否来衡量和看待事物。在提高道德认识的同时，公正也丰富了人们的道德情感。人们对道德产生了崇敬和热爱，并主动地将道德内化在自己的情感之中。更为重要的是，基于公正这一平台，人们不断地将道德认知、道德情感转化为实实在在的道德行动。

（二）关怀的道德内涵及其作为核心价值观的依据

根据《现代汉语词典》和《辞海》的解释，“关怀”的本义为“关心”、“关注”、“留意”、“重视”、“照顾”等，与孟子所说的“恻隐之心”相似。在通用英文词典中，关怀是一种“投注或全身心投入”的状态，即“在精神上有所承担的状态，对某事或某人抱有担心和牵挂感”。

“关怀”源于道德哲学中的“仁爱”思想，是对他人的境遇“感同身受”，并“尽你所能地关心、帮助每一个人”。在中国古代的伦理思想中，居于核心地位的是关于“仁爱”的学说。“孔子贵仁，墨子贵兼。”孔子以“仁”为最高道德，墨子以“兼爱”为最高原则，都是在宣扬人类之爱。[①]在西方，很多学者也把公正和仁爱作为两种基本的美德。叔本华（A. Schpenhauer）在《论道德的基础》中论证了公正与仁爱作为美德的基础性，把它们看作“元德”，认为所有其他的德行都是基于公正和仁爱而萌发出来

① 张岱年：《仁爱学说评析》，《孔子研究》，1986年第2期。

的。休谟（David Hume）在《道德原则研究》中也进行了相关论证。对“仁爱”思想的成形与传播，基督教伦理作出了巨大的贡献。“虽然无论就实践还是就事实而言，我们在任何时期都有目共睹仁爱的存在，但在理论上用语言正式地把仁爱作为美德提出来，是基督教的功劳。更确切地说，基督教把仁爱视为所有美德中最伟大者。”[①]

无论在中国还是在西方，“仁爱”思想都一直闪射着智慧的光芒。现代的“仁爱”思想，不是建立在仁慈的基础上，而是建立在平等、公正的基础上，延伸为“关怀”。关怀在当代首先是女性主义的重要思想之一。在女性主义思潮的促动下，关怀伦理学迅速成为人们关注的重要领域。“关怀”一词作为关怀伦理学的核心概念，内尔·诺丁斯（Nel Noddings）认为它包括两个基本含义：第一，关怀与承担是等同的。如果一个人承担或者操心某些事情，并为之烦恼，他就是在关怀这些事情。第二，如果一个人对某人有所期望或者关注，他就是在关怀这个人。关怀不是怜悯、同情。关怀具有圈层性，内层的关怀产生于爱，外层的关怀产生于责任。

与“公正”相比，“关怀”这一概念更多强调的是一种道德情感。公正并不能作为“行事之德”唯一的核心价值观。之所以把关怀也作为“行事之德”的核心价值观之一，基于以下原因：

（1）关怀是由公正自身的缺憾所决定的。

公正是道德昌明、社会和谐的决定性因素，但在处世和行事中仅仅强调公正、强调对公正的践行并不是理想的状态，因为公正原则本身存在着缺憾。首先，公正是对自身权利的强调。马克思主义公正观认为，公正是指个人与个人之间、个人与社会之间所得与应得、所付与应付之间的相称关系。[②] 因此，公正要求按劳分配、论功行赏，把成果、功过作为利益分配的决定因素。虽然公正有力地克制了不劳而获的剥削，但对于社会弱势群体而言，简单地靠硬性的公正规则，按能力或贡献分配，对他们还是不公正的，所以，社会公正在强调权利平等、机会平等、按能力或贡献分配的同时，也会把补偿原则、矫正公正等作为主要的补充原则。其次，公正是

① 叔本华著，韦启昌译：《叔本华论道德与自由》，上海人民出版社 2006 年版，第 166 页。

② 袁贵仁：《价值观的理论与实践》，北京师范大学出版社 2006 年版，第 263 页。

理性的，强调以客观的、不徇私情的、制度化的标准来进行思考和判断。但是，人是有感情的动物，是感性和理性的统一，缺失了感性和理性的任何一“性”，另一“性”都不会起作用。在行事过程中，仅仅强调对刚性的公正原则的遵从，没有人与人之间的关怀和温暖，只可能形成一个理性的冷面社会，而不会有社会的和谐与关怀。

（2）关怀与公正共同构筑道德教育的和谐。

女性主义伦理学认为，道德是有“性别”之分的。女性主义伦理学的代表人物卡罗尔·吉利根（Carol Gilligan）借助科尔伯格的道德两难问题进行访谈研究发现，男性倾向于以公正、正义作为解决道德问题的核心价值，女性则倾向于以关怀作为核心价值来解决道德问题。但是吉利根的这种观点并不意味着两性道德的对立。男性可以发展出关怀，女性也能发展出公正。只不过，在比较的意义上，两性各有偏重。即便一些女性主义伦理学者从关怀出发，强调关怀，也没有否定公正的价值。人类社会是由男性和女性共同构成的，人类的道德大厦也应该由“男性道德”和“女性道德”共同构筑。

公正更多强调的是理性，关怀更多强调的是情感。建立在理性和情感基石上的道德教育才是和谐的道德教育。在道德教育中，理性和情感是不能分开的。纳希（Larry P. Nucci）认为，“理性和情感之间的二分法是人们为了解释的方便，作为一种通用的程序人为地分析提取的。而实际的情况是，一个缺少了另一个就不能起作用”。[①] 缺失了公正或缺失了关怀，道德教育都无异于只用一条腿走路。

（3）公正与关怀作为道德教育研究主题相互交错。

道德教育有主知主义和主情主义之别。20 世纪五六十年代，由于受科学主义和理性主义哲学思想的影响，加上科尔伯格道德认知发展理论的巨大成就和影响，道德教育理论和实践将公正定为道德教育的核心价值观。科尔伯格把道德的发展视为公正水平不断提高的过程。他认为，“道德判断最基本的或核心的结构是公正原则的结构。每一个（道德）阶段的核心就

① 拉瑞·P. 纳希著，刘春琼、解光夫译：《道德领域中的教育》，黑龙江人民出版社 2003 年版，131 页。

是一个潜在的公正概念，每个较高阶段就是更好地解决公正问题。”公正的理性特征把道德教育引向了认知的路径。在以公正为核心的价值观教育中，学生的道德认知水平不断得以提高。然而，道德认知只是一个人道德成熟的必要条件，远非充分条件。太多的事实证明，一个具有较高道德认知水平的人，同样可能做出不道德的事。仅以公正为核心价值观的道德教育解决不了道德教育中的问题，不能提高人们的道德水平。20 世纪七八十年代，以吉利根和诺丁斯为代表的一批女性主义伦理学者、教育学者开始对公正作为道德教育中唯一核心价值和终极原则进行反思。他们认为，以公正为价值取向代表的是男性的道德，是科尔伯格在研究男性道德的基础上得出的结论，忽视了女性的需要。这种公正对平等重视有余却忽略了人的情感需要，尤其是女性的敏感细腻，至多把情感作为手段而不是目的服务于理性。然而，“每个人都希望自己同他人被同等地、公平地对待，同时每个人也都希望被反应、被关怀，没有人应被忽视或伤害”。[①] 因此，女性主义伦理学者在反思已有的道德教育、充分认识文化多元主义和全球一体化社会现实的基础上，提出了道德教育的关怀倾向，把关怀作为道德教育的核心价值观。内尔·诺丁斯创立了关怀道德教育理论，并以关怀指导道德教育实践，把“学会关心”作为教育的另一种模式。体谅关心学派也成为道德教育研究中一股重要的势力。

从国际道德教育研究的趋势看，道德教育的核心价值也正实现由“公正”到“关怀”的转变。1972 年联合国教科文组织确立了“学会生存”的主题，1989 年将“学会生存”扩展到“学会关心”。这一变化启示我们，“我们应该教育所有的孩子不仅要学会竞争，更要学会关心。教育的目的应该是鼓励有能力、关心他人、懂得爱人、也值得别人爱的人的健康成长”。[②] 当代教育要重视关怀的道德价值观，把学会关心作为学校道德教育的核心内容之一。

① 肖巍：《女性的道德发展：吉利根的女性道德发展理论评述》，《中国人民大学学报》（哲学社会科学版），1996 年第 6 期。

② 内尔·诺丁斯著，于天龙译：《学会关心——教育的另一种模式》，教育科学出版社 2003 年版，第 5 页。

五、珍爱生命："立身之德"的核心价值观

（一）生命的道德内涵

人来自于动物，但有别于动物。动物的生命是单一的，而人的生命是双重的，既具有动物的本能生命、自然生命，也具有人所特有的超本能生命、超自然生命。

人的生命的双重性得到了很多思想家的认同。宗教改革家马丁·路德（Martin Luther）说："人有两个双重的本性，一个心灵的本性和一个肉体的本性。"[①] 生命哲学家叔本华也指出："生命呈现着两种状态，那就是外在或客观、内在或主观，痛苦与厌倦在两种状态里都是对立的，所以，生命本身可以说是剧烈地在痛苦与厌倦两端中摆动。"[②] 我国著名哲学家高清海说："人之特殊就'特'在，人虽来自于物，却能超越于一切物之上，人是生命的存在，却又超越了生命的局限。""人作为人的那个'生命'，应该是超生命的生命、支配生命的生命，即自身两重化了的生命。"[③] 伦理学者樊浩也认为，人的两种生命，"一种是以'人欲'表现出来的生物性的生命，是初级生命；一种是以'天理'呈现出的伦理与道德的生命，这是人的特质，是高级生命"。[④]

人的生命的双重性，其意义在于肯定人除了动物性的一面，还有精神、灵魂、伦理道德、理性等非物的、超生命的一面。前者是一种自然的、本能的生命，后者是一种社会生命和精神生命。人的生命是自然生命和社会生命的统一体，其中自然生命是道德生命的基础，道德作为社会生命，是对自然生命的超越。从这个意义上说，"道德本于生命，而在一定意义上又高于生命"。[⑤]

自然生命是道德存在的基础。生命首先是自然的肉体存在，离开了活

① 周辅成：《西方伦理学名著选辑》，商务印书馆1964年版，第440页。
② 叔本华著，张尚德译：《人生的智慧》，黑龙江人民出版社1987年版，第14页。
③ 高清海：《人就是"人"》，辽宁人民出版社2001年版，第3页、第7页。
④ 樊浩：《道德理性与生命智慧》，《人文杂志》，1998年第5期。
⑤ 张岱年：《生命与道德》，《北京大学学报》（哲学社会科学版），1995年第5期。

的生命体，无所谓生命，也就无所谓道德。所以，作为肉身的自然生命是道德存在的物质前提。正如毛泽东在阐述德智体关系时所言："体者，载知识之车而寓道德之舍也。"没有健康的生命，高尚的道德难以得到充分的实现。如果一个人道德的高尚，是以牺牲生命的健康发展，甚至以伤害生命为代价，那么这种道德至少对他本人来说是不道德的，对于社会来说，也是不值得提倡的。

道德作为生命中的精神成分和社会成分，也以自然需要为基础。对此，费尔巴哈（L. A. Feuerbach）说过："德性和身体一样，需要饮食、衣服、阳光、空气和居住……如果缺乏生活上的必需品，那么也就是说缺乏道德上的必需性。生活的基础也就是道德的基础。如果由于饥饿、由于贫穷，你腹内空空，那么不论在你的头脑中，或在你的心中，就不会有道德的基础和资料。"[①] 马斯洛（Abraham H. Maslow）的需要层次论，同样证明了人的高级的道德需要是建立在低级的生理和安全需要的基础上的。所以，改善人的道德状况，不能只依靠提高人的精神境界。"存在决定意识"，人的高级的道德需要和道德精神，也是由生命的自然需要决定的。只有创造富裕的物质条件，满足人的物质需要，才有高尚的道德境界出现的可能。

道德作为一种精神，是人之为人的根本品质。人区别于动物，就在于他不只是自然的肉身，还是超生命的存在。正是超生命的精神生命、社会生命，使肉体的生命具有意义，成为真正的人。人之为人的根本，就在于人对其生命意义的精神性追求，人的超生命本性使道德成为人的必需，道德也因此使人区别于动物，而成为人。道德是人的生活的必需，过有道德的生活是人的生命的必然选择。没有道德的人，是不可能生存下去的。道德以自然生命为基础，但并不局限于自然生命，而是超越自然生命的有限性，指向价值生命的无限性。

（二）珍爱生命作为"立身之德"核心价值观的依据

生命是人从事一切社会活动的基础，没有生命便没有一切。因此，著名学者周国平讲，生命是最基本的价值，是人生其他一切价值的前提和基础，只有对生命珍惜与关爱，才能使生命不断地走向完善和辉煌。生命具

---

① 周辅成：《西方伦理学名著选辑》（下册），商务印书馆 1964 年版，第 470 页。

有独特性、有限性和向死性的特征。生命的这三个特征要求我们必须把珍爱生命作为“立身之德”的核心价值观。

1. 生命的独特性要求我们珍爱生命

人的生命不同于动物的生命，对于动物来说，同类动物的生命是相同的，种生命就是它的一切。然而，对于人的生命来说并不是如此，人的生命不仅包括和动物相同的种生命，还有更为重要的类生命。类生命的超越性，决定了人是一个独特的个体。独特性是人的生命的特性。“个体生命的这种独特性是每个人得以存在的根据和理由，也是每个人有其个人价值的理由和根据。”① 正是由于生命的这种独特性，才使得个人的存在具有意义和价值。许许多多的具有独特性的个体生命，又构筑了多元、多样、多彩的社会。然而，人的生命的独特性也不是一蹴而就的，它是人在不断的社会实践活动中慢慢展开，发展变化的。没有对自身生命的关爱，个体生命独特性的展开就失去了基础。没有个体生命的独特性，也不可能有社会的多元、多样和多彩。

2. 生命的有限性要求我们珍爱生命

人的生命的有限性表现为：（1）生命存在时间的有限性。人的生命存在是以肉身的存在为前提的，肉体的消失，也就意味着生命的完结。肉体生命是人的精神生命展开的物质基础，对于个体来说，没有肉体生命的存在，精神生命也就是子虚乌有。（2）生命的无常性。生命是脆弱的，不仅非连续性因素可以改变生命的历程，而且不可控制的疾病、灾难等各种偶发事件都可以使个体生命变得更加有限，甚至会结束生命。（3）个体生命是不可重复的。对于个人来说，生命仅有一次，没有来世和再生。正是基于生命的这种有限性，要求我们要珍惜、关爱、呵护自己的生命，让生命体现出它应有的价值，不断实现生命的意义。

3. 生命的向死性要求我们要珍爱生命

人总是要死的，个体的生命总是要走向灭亡的，这是宇宙间任何一个人都无法回避和逃脱的命运。马克思说：“生就意味着死。”海德格尔

① 韩庆祥、邹诗鹏：《人学——人的问题的当代阐释》，云南人民出版社 2001 年版，第 290 页。

(Matin Heidegger) 更是提出了著名的“向死而存”的命题。生与死是一组相对的概念，它们都相互从对方获得意义和规定。正是因为有了死，才会彰显生的价值；正是面向死，人才会珍惜生的可贵。死是生的动力。雅斯贝尔斯（Karl Jaspers）认为，人之所以十分珍惜自己的生命，是由人最终都要死亡这一事实所决定的。生命的向死性，不仅表明人是向着死亡而存在的，更为重要的是，它表明，人在面向死亡时，更加珍惜生命，使生命更有意义。

（三）珍爱生命在道德教育中的基本要求

生命与道德教育是息息相关的，生命是道德教育的载体，是道德教育赖以生长的土壤，没有生命就没有道德教育可言。但是传统的道德教育使生命在道德教育中遭遇了漠视和规训。

长期以来，我国的道德教育推崇“大公无私”、“公而忘私”等奉献型道德观念，好似只有奉献、牺牲才能体现生命的价值！社会媒体更是强化了这些道德观念，经常有“某某同学为抢救落水儿童献出了自己宝贵的生命”、“某某老师为了学生带病坚持工作直至生命的最后一刻”等报道。对于这种“勇于牺牲”、“见义勇为”的“高尚”行为，道德教育往往只看到了他们精神的高尚，却忽略了他们生命的可贵；只倡导学生学习英雄勇于牺牲的品质，却忘记了告诉学生生命的珍贵。在这种道德追求下，教育降低了个体生命的价值，甚至异化了个体生命，以至于在面对困境时，很多学生作出了无谓的牺牲。

生命价值观教育应该把保护生命作为教育的第一原则，使学生树立“生命可贵”的人道主义思想，培养他们敬畏自己和他人生命的意识，保护个体的生命存在权利。教育不是教人如何去“牺牲”，而是教人如何去“活”，如何活得有意义、有尊严。我们固然对未成年人中的“舍己救人”者表示由衷的敬佩，但不应该去盛赞这种“英雄悲剧”，而是要教育学生自我救护，教会他们救护的方法，减少“英雄悲剧”的发生。多一些生命保护意识，选择自我救护，掌握救护的方法，就会减少无谓牺牲的“英雄悲剧”，这是生命价值观教育的最低要求。

现实中，我们看到许多学生自杀或随意伤害他人、伤害动物、破坏自然的现象，这些现象背后的原因都是因为不懂得爱惜生命、敬畏生命。生命价值观教育以敬畏生命为原则，这意味着生命是崇高的。教育应当对生命保持一种敬畏和善意，精心地呵护生命，避免不必要的生命伤害。

生命价值观教育还应当使学生体悟生命的意义。法国大文学家雨果曾经说过："人有了物质才能生存，人有了理想才谈得上生活。你要了解生存与生活的不同吗？动物生存，而人则生活。"生存只是为了维持和延续生命，美好的生活才能使生命之光得以展现和再造。因此，人不仅在于自然生命的"活着"，更在于精神生命活出意义和价值。法国著名思想家托克维尔（Alexis de Tocqueville）指出，人类社会如果不追寻存在的意义与目标，"就不会欣欣向荣"，甚至可以说"就根本无法存在"。① 所以，生命价值观教育的目标，基础层面是教人珍爱生命，学会保护生命，更高的层次则在于教人体悟人生的意义，追求人生的理想。只有实现了这一目标，才能使生物层面上的个体生命真正转化为文化层面上的独立的、有尊严的、自由的社会生命，即成为大写的"人"。否则，缺失生命的意义，人只能混同于动物，苟且偷生。

生命价值观教育在最高层次上，就是要教人超越自我，超越功利和世俗，达到与自身、与他人、与社会、与自然的和谐境界。"只有把自己的命运同他人、社会、人类的命运联系起来的人，才会真正找到生命价值的根本。一个人只有在关心他人、服务社会、为改善人类的命运而努力的过程中才能真正体验生命的丰满和心灵的充实。"②

教人体悟生命意义的教育，是热爱生命的进一步升华。只有体悟生命意义的人，才会真正地热爱生命，珍惜生命，体验生命的美好，才能坦然地面对生命的困境，在与困难斗争中活出人生的滋味和精彩。

---

① 托克维尔著，董果良译：《论美国的民主》，商务印书馆 1988 年版，第 524 页。
② 王东莉：《生命教育与人文关怀》，《当代青年研究》，2003 第 6 期。

第八章 多元文化背景下价值观教育的路向

价值观教育既要解决“教什么”的问题，又要解决“如何教”的问题。多元文化背景下的多元价值观，不仅使“教什么”、“教谁”的价值变得混乱，而且“怎样教”的问题也因此陷入困境。对于这个问题，我们认为，既不能回到一元主义的价值霸权，也不能走向放任自流的价值相对主义。我们需要借鉴西方多元文化背景下价值观教育的经验教训，探讨适合我国当代价值观教育的新思路。

一、西方价值观教育应对多元文化的不同选择

清教徒的新教伦理作为资本主义发展初期的精神，在多元文化之前，是学校道德教育所传授的核心价值观。学校的道德教育就是传授诸如勤奋、节俭、奋斗、自由等普遍认同的价值观，使学生具有正确的价值观念，养成良好的行为品质，这就是科尔伯格所说的“美德袋（a bag of virtues）教育”。他指出，20 世纪“20 年代的品格教育指南是以道德品格就是一个‘美德袋’这一概念为基础的，后者则是由诸如诚实、责任心、友谊、服务以及其他一系列

价值组成的。通过说教，给予践行机会以及奖励的方法，这些美德被教给儿童”。[①] 美德袋教育的前提假设是认为存在着人类共同的美德，道德教育就是通过讲解、说服、灌输的方法，使学生具有这些美德，形成美德所要求的行为习惯。美德袋教育认可共同的道德或者一种道德，因此，在性质上是一元化的道德教育。

20 世纪 70 年代，伴随着西方国家多元文化政策的实施，出现了多元的价值观。多元文化承认每种文化的平等地位，不存在谁比谁的文化优秀的问题，也不能把自己的文化强加于其他文化之上。价值观作为文化的核心，同样如此。关于发展什么样的价值观，在一元文化的背景下，传授单一的（共同的）价值观，而在多元文化的背景下，缺少价值观共识，不能传授某一种价值观，价值观教育陷入了困境。正如价值澄清学派的代表人物路易斯·拉思斯（Louis E. Raths）所说：“要确定什么是值得珍视的、什么是值得他们为之付出时间和精力的等问题，变得令人日益困惑，甚至是压倒一切的。我们的人的生活当然不像几代前的人的生活那样简单划一。”[②]

作为应对多元文化的价值观教育，大致看来，经历了三个阶段：一是价值澄清学派，二是道德认知发展理论，三是品格教育。我们通过历史回顾，展现多元文化背景下价值观教育的困境以及不断探索的出路。

（一）选择一：价值澄清学派

价值澄清（values clarification）是 20 世纪 60 年代中期，美国在多元文化背景下最早兴起的一种价值观教育模式。价值澄清学派的代表人物有路易斯·拉思斯、梅里尔·哈明（Merrill Harmin）、悉尼·西蒙（Sidney B. Simon）和霍华德·柯申鲍姆（Howard Kirschenbaum），其理论的代表作是 1966 年拉思斯、哈明和西蒙合作出版的《价值与教学》。

价值澄清学派认为，虽然关于价值人们无法达成共识，但都不能否认“价值代表了人类生活中的某种重要事物”；虽然多元文化、多元生活中价值观存在多样性，但都不能否认“每个人不得不从一系列可获得的价值中努力获得他本人的价值观”。所以，价值澄清学派承认价值的重要性，承认

① 科尔伯格著，魏贤超、柯森等译：《道德教育的哲学》，浙江教育出版社 2000 年版，第 17 页。

② 路易斯·拉思斯著，谭松贤译：《价值与教学》，浙江教育出版社 2003 年版，第 9 页。

价值源于个人的生活经验，认为“我们不可能以任何其他的方式来获得那些确实以明智的和前后一致的方式渗透到生活中的价值”。[①] 价值观的获得不可能外在于个人的生活，也不可能由一种外在的价值观来指导我们的生活。这就意味着，价值澄清学派不追求一种外在的价值观，而在于澄清自己的生活和行为中所秉承的价值观。

认识价值澄清学派，首先要认识其对价值的界定。价值澄清学派认为，价值源于个体的生活经验，因此，价值是个人的事情，具有个体性和相对性。拉思斯在《价值与教学》中作了充分的论述，他说：

“我们认为价值源于个人的经验，我们就有理由认为不同的经验会导致不同的价值观，而任何一种价值观将随其经验的积累和改变而更改。我们不会期望一个生活在南极地区的人和一个芝加哥人有着相同的价值观。我们预料意识和经验方式发生重大变化的个体也许会更改自己的价值观。倘若个体和他所处的周围世界处于变动的关系之中，他的价值观就不会静止不变。作为行为准则，价值观随着个体经验的发展成熟而发展成熟。”[②]

因为价值产生于个体的经验，价值观因人而异，甚至个体在不同阶段生活状况不同，生活经验和价值观也因此不同。在价值澄清学派看来，价值观并不是一成不变的真理，价值观是个人不同时期生活经验的积累和感悟，因此具有相对性。价值观没有谁真谁假的问题，也不是一个验证各种价值观的一致性问题，而是一个经验问题。不同的经验有不同的价值观。所以，一个人不能把他的生活经验的价值观强加于别人。对此，拉思斯说：

“如果有个孩子宣称他喜欢某种东西，比他年长的人看来不应该这样说：‘你不该喜欢那样东西。’或者，假如另一个孩子说：‘我对那件事情感兴趣。’比他年长的人似乎不该对他说：‘你不应该对那件事情产生兴趣。’如果这些孩子的兴趣来自他们的经验，它们就与他们的生活并无二致。如果我们要求儿童否认自己的生活，我们实际上是要求他们成为伪善者。”[③]

我们通常把价值观作为指导个体生活的一种行为准则，把它看作一种固定的、外在的行为规范。价值澄清学派不否认价值观对个人生活和行为

---

① 路易斯·拉思斯著，谭松贤译：《价值与教学》，浙江教育出版社 2003 年版，第 6-7 页。

② 路易斯·拉思斯著，谭松贤译：《价值与教学》，浙江教育出版社 2003 年版，第 24 页。

③ 路易斯·拉思斯著，谭松贤译：《价值与教学》，浙江教育出版社 2003 年版，第 34—35 页。

的指导作用，但并不把它看作一个实体性的道德规范，而是看作获取价值观的过程。价值澄清学派认为，诸如目标、抱负、态度、兴趣、情感、信仰和信念等，它们接近价值但又异于价值，不能称为价值，只能称之为“价值指示”，即一种潜在价值。价值指示是否能够转化为价值，取决于价值获取的过程。拉思斯指出：“除非某一事物都符合下面所提到的七个标准，否则我们便不能称之为价值，而是称之为‘信仰’、‘态度’或除价值之外的某一事物。换言之，要成为价值的事物，必须适用以下七个标准，它们共同说明了评价过程。”拉思斯提出的评价过程包括三个阶段、七个标准：①

Ⅰ．选择：(1) 自由地选择；(2) 从各种选择中进行选择；(3) 对每一种选择的后果进行审慎思考后作出选择

Ⅱ．珍视：(4) 珍视与珍爱；(5) 确认：愿意向别人确认自己的选择

Ⅲ．行动：(6) 根据选择行动；(7) 重复：以某种生活方式不断重复

所以，在价值澄清学派看来，价值不是外在于人的生活的客观存在，而是对兴趣、爱好、目标、抱负、理想、信念的选择、珍视和行动的过程。价值指示没有经过选择、珍视与行动的过程，就不能转化为价值。因此，他们关于价值的定义，最接近于强调评价过程的定义，他们更加关注个体获得那些价值的过程而不是其经验的特定价值结果。拉思斯指出：“我们感兴趣的是进行评价的过程。我们对确定这些过程的结果，即儿童最终拥有怎样的价值观不甚关心。我们对获得价值的过程更感兴趣。因为我们相信，生活在我们这样瞬息万变的世界，儿童想找到令人满意的整合自己的思维、情感和行为以及与周围世界发生联系的方式，他们就必须养成检查个人的抱负、目的、态度、情感、活动、兴趣、信仰和苦恼的习惯。”② 价值澄清学派认为，“如何形成价值观”比“形成什么样的价值观”更为重要，他们感兴趣的是价值形成的过程，而对于儿童最终形成什么样的价值观不甚关心，认为那是儿童自己的选择，他们强调的是评价而不是普遍分享的价值观。因此，价值观教育的主要任务不是认同和传授“正确的”价值观，而

---

① 路易斯·拉思斯著，谭松贤译：《价值与教学》，浙江教育出版社 2003 年版，第 25—27 页。
② 路易斯·拉思斯著，谭松贤译：《价值与教学》，浙江教育出版社 2003 年版，第 36 页。

是帮助儿童澄清其生活中自身的价值观，以使儿童获得更好地适应环境包括不断变化的环境的能力。

对于价值澄清学派而言，不存在价值观“被教育”或“内化”社会或他人价值观的问题，价值是个体经验的产物，是个人的事情，是个人对价值指示进行选择、珍视和行动的系列过程及结果。结果是什么并不重要，重要的是这一结果必须是个人的选择，并能够珍视自己的选择，根据选择的结果去行动，这样的价值才是生活中的价值，而不是生活之外的价值。人们通过选择、珍视和行动这一明智的过程形成价值，价值形成过程的起点和重心都在于个体对价值的自主选择，可以说，没有自主选择，就没有价值的形成。

为了强化自主选择，价值澄清学派一方面反对道德说教、批评和向儿童灌输价值观或进行评价；另一方面，也反对教师在价值观教育中运用奖惩制度，对儿童进行价值诱导。他们认为，“强迫的选择根本算不上选择”，“儿童需要名副其实的自由选择”。[①] 因为价值观是个人的事情，如果不能被自由地接受，它就不可能是针对个人的；如果不能融于人们的生活之中，它对个人就不可能具有重大的意义。价值澄清学派之所以强调价值选择，还是因为他们把价值看作是个人的事情，所要选择的是个人生活的行为方式，而个人如何行动，由自己来决定，不能由别人代为决定。在价值澄清过程中，教师必须信赖学生能够作出明智的选择，放手让学生自由选择，而不应该干预和诱导。“教师的责任在于支持学生的选择。教师应该定期向学生提供有助于将信仰、情感、兴趣和活动提升至价值水平的经历，以促进价值发展。”[②]

相对于一元价值的被动灌输，价值澄清学派在反对传统的价值灌输、重视个体的内在因素在价值观形成中的作用、发挥学生的主体性等方面具有积极的意义。价值澄清学派关注儿童的生活，克服了价值观教育知识化，以及价值观认知、判断与行动脱节的现象；但关心的是如何使价值指示转变为价值的过程，至于选择什么价值，获得一个什么样的价值观，却不甚

① 路易斯·拉思斯著，谭松贤译：《价值与教学》，浙江教育出版社 2003 年版，第 33 页。
② 路易斯·拉思斯著，谭松贤译：《价值与教学》，浙江教育出版社 2003 年版，第 51 页。

关心，而只强调选择的过程，不问选择的结果，忽视了具体价值规范的教育；在价值选择的过程中，强调尊重每个人的权利和价值观，不以一个绝对的善与恶的标准对具体的价值观念进行评判。如同拉思斯所说："我们必须不偏不倚地接受他人的立场。不管别人的言行如何，我们不必表示赞成。"[①] 为此，价值澄清要求教师尊重每个学生的价值选择，保持价值中立。这样，价值澄清的结果必然走向相对主义。对此，拉思斯也坦率地承认："我们被贴上了道德相对主义的标签。根据某种解释，这种标签是正确的：我们的确认为，当今世界不存在一种绝对正确的宗教、一种绝对正确的道德、一种绝对正确的政治体制。"[②]

价值澄清学派突出个人的价值选择，只强调个人生活经验中的选择，而忽视了社会生活交互的、共生的一面。价值澄清学派后期也意识到这个问题，因此，柯申鲍姆对拉思斯最初提出的价值澄清模式作了修正，提出了五个阶段

Ⅰ. 思维：(1) 在各种水平上的思维；(2) 批判性思维；(3) 在更高层次上进行道德推理；(4) 分散性或创造性思维

Ⅱ. 情感：(1) 珍视与珍爱；(2) 自我感觉良好；(3) 意识到自身的情感

Ⅲ. 选择：(1) 从多种可能的选择中进行选择；(2) 考虑后果后的选择；(3) 自由选择；(4) 成就计划

Ⅳ. 交流：(1) 清晰地传达信息的能力；(2) 移情——倾听、理解他人选择的心境；(3) 解决冲突

Ⅴ. 行动：(1) 重复地行动；(2) 一贯地行动；(3) 在我们行动的各个领域里熟练地行动

与最初的三个阶段相比，上述五个阶段不仅强调了情感在价值观形成中的作用，而且增加了"交流"的阶段，突出了他人对价值观形成的作用，有利于形成主体间共同的价值观。这样，价值观的形成不只是个人自主选择的过程，而是在选择的基础上对话协商的过程，价值观因为对话协商而

---

① 路易斯·拉思斯著，谭松贤译：《价值与教学》，浙江教育出版社 2003 年版，第 2 页。

② 路易斯·拉思斯著，谭松贤译：《价值与教学》，浙江教育出版社 2003 年版，"序言"，第 3 页。

增加了共同性。

（二）选择二：道德认知发展理论

科尔伯格的道德认知发展（cognitive-developmental）理论是继价值澄清学派之后，解决多元文化背景下价值观教育的又一思路。

科尔伯格从理论上批评价值澄清学派不具有哲学和心理学的基础。因为价值澄清主张价值相对论，认定价值相对论是科学的事实。科尔伯格指出，假如说价值相对论是科学事实的话，即便是教学中会引起一些问题，也没有理由否定这种学说。然而，科尔伯格从哲学和心理学等方面论证，价值相对论并非科学的事实。

价值相对主义之所以主张每个人的价值都是相对的或同等的正确，其背后的理念是相信每个人应该有决定自己信念和价值的权利和自由，尊重别人的权利，就应该尊重他的价值观。科尔伯格指出，尊重每个人的权利与尊重他的价值观，是两码事。“每个个人在信仰和价值的领域中都有同等的权利这一点并不意味着必须将每个个人的价值观看作是同等的正确。我们尊重作为一个个人的艾希曼（Eichman）的权利，但不必因此将他们的价值观看作同自由和公正的价值具有同等的说服力。这在逻辑上不仅是不必要的，而且是不可能的。”① 尊重每个人，意味着他有表达的自由，但并不等于他表达的价值观都是正确的、合理的。

科尔伯格对价值相对论的批判，意味着他的理论不会主张价值相对主义，那是否意味着他会主张传统的美德教育呢？回答也是否定的。科尔伯格对传统的美德教育也进行了批判。传统的美德教育是由权威机构认定一些习俗、规则、行为方式和信念，或者是以诚实、责任心、友谊等美德袋为基础的教育。美德教育就是通过教师的道德说教，给儿童传授这些特定的价值观，同时给予儿童一定的践行机会以及奖励，使这些美德成为儿童的道德。科尔伯格分析传统美德教育背后的立场是：尊敬社会权威本身就是道德的善。对权威的遵奉和崇敬是心理学家称之为社会化、道德内化的过程。科尔伯格认为，传统美德教育通过接受权威机构认定的道德规则的方法，对提高学生的道德品质无明显效果。此外，哪些美德可以归入美德

① 科尔伯格著，魏贤超、柯森等译：《道德教育哲学》，浙江教育出版社2000年版，第59页。

袋，人们的认识不同，例如有人认为是诚实、公正，有人认为是关怀、责任，等等。即便表达的是同一美德，人们的理解也不一样，在一些人看来的“正直”品质，在另一些人看来则是“顽固”。所以，美德教育，其背后也隐藏着美德或价值的分歧。但如果只认可权威人士或某个社会团体确定的美德，并将其传授给学生，这不仅违背人性、人权，也违背民主的理念，具有反民主、反宪法的性质。

科尔伯格既反对价值澄清的道德相对主义，也反对传统美德袋教育中由权威人士或社会团体确定的价值观。由他反对价值相对主义看来，似乎应该主张普遍的价值观；但就他反对美德袋教育的共同价值观而言，似乎应该强调多元价值观。这好像是科尔伯格的理论自身存在着矛盾，其实不然。他试图把道德的推理形式和道德原则的普遍性与多元道德内容的具体性统一起来。他反对价值澄清的道德相对主义，主张道德具有普遍性，但这个普遍性不像美德袋教育那样指向实质性的美德规范，而是指向道德推理的形式和普遍的道德原则，因此又与传统美德袋教育有区别。由此，科尔伯格提出了他的道德认知发展理论的假设：

(1) 我们经常作出不同的决断，但也有共同的基本的道德价值；

(2) 我们的价值是通过我们的社会经验从我们的内部产生出来的；

(3) 在世界上的每一种文化和亚文化中，存在着相同的基本的道德价值，也存在着趋向道德成熟的相同步骤。社会环境能直接产生不同的特定信念，但并不产生不同的基本的道德原则。

(4) 即使基本的价值有所不同，这主要是因为我们在考虑基本的道德和道德问题及概念时所处的道德思维的成熟水平不同。如果我们接触比我们自己更成熟的他人的道德思维，这将会有助于促进我们自己的价值发展趋于成熟。①

在科尔伯格看来，不管我们生活的环境和社会文化如何，我们都具有相同的基本的道德价值。道德价值不同，不是因为社会文化的不同所致，而是因为我们的道德发展处于不同的阶段。科尔伯格的这一认识，意味着道德在两个方面具有普遍性：一是道德原则的普遍性，二是道德发展阶段

① 科尔伯格著，魏贤超、柯森等译：《道德教育哲学》，浙江教育出版社 2000 年版，第 44 页。

的普遍性。

第一，道德原则的普遍性。科尔伯格的思想深受苏格拉底和康德影响。苏格拉底认为，美德只有一个而非许多，不管各地的风俗或文化如何，美德总是表现为同一种理想形态，而这种理想形态就是公正。康德认为，道德原则是一种无条件的命令，它不依赖于任何经验事实，它本身就是正确的，具有可普遍性和超验性。受苏格拉底和康德思想的影响，科尔伯格认为，人类的美德也只有一个，但它不是指导行为的具体道德规则或行为准则，而是作出道德判断和决定的原则。道德规则是具体的行为准则，如“勿偷盗”、“不应通奸”等；道德原则不是行为准则，而是指导人们在各种行为中作出选择的原则。它既超越又包容了特定的社会法规，具有普遍的适用性。在他看来，“道德在本质上表达了对每一种文化都是有效的一套判断和决策的理性原则，它体现了人类利益和公正的原则”。[①] 科尔伯格接受苏格拉底“公正是唯一美德”的思想，认可皮亚杰所说的“公正是社会关系中固有的法则”，认为公正是人类普遍的道德原则：“公正——首先是关心全人类的价值和平等以及人类关系中的互惠——是一个根本的和普遍的原则。用公正作为德育的组织原则，可以满足任何德育计划必须符合的所有标准：它保证了信仰自由，它运用一种在哲学上是公平的道德概念，并且是以人类心理发展的规律为基础的。”[②]

第二，道德发展阶段的普遍性。科尔伯格说：“我的元伦理学概念是形式主义的，像大多数自康德以来的义务论道德哲学家们一样，我是根据道德判断、方法或观点的形式而非内容特征来界定道德的。”[③] 科尔伯格一方面在哲学基础上确立公正这一普遍的道德原则，另一方面以心理学的道德判断确立道德发展的状态。科尔伯格通过跨文化的研究表明，“相同的基本的道德概念在每一种文化中都被运用，而且也表明在不同的文化中它们的发展阶段是相同的，在某一个时期处于某一个阶段，而且总是以相同的顺

① 科尔伯格著，魏贤超、柯森等译：《道德教育哲学》，浙江教育出版社 2000 年版，第 3 页。

② 科尔伯格著，魏贤超、柯森等译：《道德教育哲学》，浙江教育出版社 2000 年版，第 4—5 页。

③ 戚万学：《冲突与整合——20 世纪西方道德教育理论》，山东教育出版社 1995 年版，第 337 页。

序前进的。发展性的变化意味着运动是以某种顺序向前发展，并且不会有跳跃发展的步骤的”。① 从道德发展的观点来看，价值观中的文化差异是无足轻重的，人类的道德判断和道德思维都是通过一个恒定不变的顺序发展起来的。那些在基本的结构或道德思维中的差异，不是文化的不同决定的，而是成熟和发展上的差异。道德发展是一个不变的顺序，不可跳跃，前一个阶段的发展是后一个阶段的准备。

道德判断的核心是公正原则，科尔伯格根据个体对公正认识的不同，通过纵向的和跨文化的实证研究，划分出道德发展的三种水平、六个阶段：

Ⅰ. 前习俗水平

第一阶段：惩罚—服从定向

第二阶段：工具性的相对主义定向

Ⅱ. 习俗水平

第三阶段：人际和谐或“好孩子”定向

第四阶段：“法律和秩序”定向

Ⅲ. 后习俗的、自律的或原则性的水平

第五阶段：法律的（合法的）社会契约定向

第六阶段：普遍的伦理原则定向

科尔伯格指出，阶段并不是由特定的观点或判断限定的，而是由关于道德的思维方式和道德选择的依据决定的。成熟的道德的核心是公正原则。道德教育的目的是“逐步促进儿童朝着更成熟的道德判断和道德推理发展，以达到对普遍的公正原则有一个明确清晰的理解”。② 所以，第六阶段的“普遍的伦理原则”指向的就是以公正为核心的互惠、人权、平等、尊严等。

在一个多元文化和价值的时代，科尔伯格反对价值澄清的道德相对主义，主张道德具有普遍性。但从以上论述可以看出，科尔伯格的道德普遍性指道德判断和思维的方式、道德发展的阶段以及抽象的公正道德原则。道德判断和道德思维是个体心理的发展形式和阶段。道德原则不是具体的行为规范，而是选择道德规范和调节道德冲突的原则（金科玉律、绝对命

① 科尔伯格著，魏贤超、柯森等译：《道德教育哲学》，浙江教育出版社 2000 年版，第 49 页。
② 科尔伯格著，魏贤超、柯森等译：《道德教育哲学》，浙江教育出版社 2000 年版，第 69 页。

令)。实际上，科尔伯格的道德普遍性只是形式上的，他对实质的道德规则和具体的价值观依然持多元化的立场，[①] 这种多元不再是“怎么都行”，而是要遵从公正的原则。在符合公正原则的前提下，可以怎么都行。公正是具体道德规则和价值观的指南，也是各种价值观冲突的调节器。由此，科尔伯格的理论实现了道德思维、普遍的道德原则与具体多元的道德规范的统一。

科尔伯格认为，道德的发展表现在以公正为核心原则的道德判断和推理的发展阶段，因此道德教育不同于传统的道德习俗、规范的美德袋教育，也不同于自主选择的价值澄清，而是促进儿童道德判断和道德思维能力的发展。他说：“这一方法之所以被称为认知的，是因为它承认，在促使儿童对道德问题和道德决定进行积极思考方面，道德教育像智育一样，是有其根据的。而这一方法之所以被称为是发展的，是因为它把道德教育的目的看作是促进儿童的道德判断顺着其发展阶段向前发展。”[②] 道德教育不是教授具体的道德规范，而是遵循公正的原则，通过创设一定的道德情境，诱发道德冲突，在讨论中学会判断，发展道德判断和道德思维能力。为此，他要求教师：（1）了解儿童当前的道德发展的阶段水平；（2）唤起儿童真正的道德冲突和在成为问题情形上的意见不一；（3）向儿童揭示高于他所属阶段的那个阶段的道德思维方式。

道德认知发展理论虽然承认道德和价值观具有普遍性，但这种普遍性只是公正的抽象原则，而非其他。有学者批评科尔伯格的理论，认为公正不能代表所有的道德原则，只是一个道德原则，如关怀伦理学就认为公正只适合解决陌生人之间的道德关系，而不适合解决家庭、朋友之间的道德关系。因此，他们把关怀也作为重要的道德原则有一定的道理，得到了科尔伯格的认可。从道德教育的方法上看，道德认知发展理论重视道德判断、推理、批判性思维的能力以及选择能力的培养，重视教育的过程和学生的主体性发挥，具有积极的意义。但我们要认识到：道德教育只强调学生道德判断、推理能力的发展，反对单纯追求所谓正确的道德价值规范；只停

① 余维武：《冲突与和谐——价值多元背景下的西方德育改革》，江苏教育出版社 2009 年版，第 92 页。

② 科尔伯格著，魏贤超、柯森等译：《道德教育哲学》，浙江教育出版社 2000 年版，第 69 页。

留在道德判断和道德思维形成的过程中，而不管具体的道德教育内容；只注重道德认知、道德判断能力的发展，忽略了道德情感、道德意志和道德行为，这样的道德教育只能培养一个具有高度道德认知的人。道德认知的发展与道德行为之间并非一一对应的关系，有道德认知并不必然有相应的道德行为，所以科尔伯格的道德认知发展教育还不能真正培养有道德的人。

（三）选择三：品格教育

道德认知发展理论和品格教育（character education）虽然都强调道德和价值观的普遍性，但前者的普遍性是形式意义上的，后者的普遍性则是实质意义上的。科尔伯格的道德认知发展理论本是为了解决价值相对主义的问题，但因为它只是主张道德判断、道德思维和公正原则的普遍性，忽视了具体的道德内容，所以最终又陷入了与价值澄清学派同样的困境。

品格教育更多的是与道德认知发展理论共同站在道德价值具有普遍性的立场上，批评价值澄清学派。价值澄清学派不承认有共同的价值观，认为每个人都具有不同于他人的价值观，价值观是相对的，它随着个人的经验而变化。价值观不是通过学校的传授而获得，而是通过学生的自主选择澄清自己珍爱的价值，学校和教师在价值澄清中，只能持一种中立的立场和态度。一位进行价值澄清教育的教师讲述了他的经历：①

老师问学生："你们有多少人曾经在商场买东西不付钱？"结果部分学生举起了手。

"你们不认为这样做是错误的吗？"老师问道。

"我们在生活中有使用这种物品的权利。"一位学生回答道。其他学生点头表示同意。

这位老师说："当时我太痛苦了，我怎么将课继续下去？感谢上帝，下课铃响了。"

从他讲述的经历来看，价值澄清过分强调价值观的相对性而没有正确与错误之分，教师保持价值中立，而放弃对学生进行价值引导。品格教育批评价值澄清学派没有区分"你想做什么"与"你应该做什么"的不同，

---

① 托马斯·里克纳著，刘冰等译：《美式课堂：品格教育学校方略》，海南出版社2001年版，第9页。

把“想做的”当作“应该做的”，对价值观没有善恶的评价，人们都站在各自的立场上，倡导并践行自己的价值观，结果导致了社会价值混乱与道德沦丧。

价值澄清学派和道德认知发展理论对传统的美德袋教育的批判，在反对机械的道德教育方法、发挥学生在道德教育中的主体作用等方面，有其积极意义。在多元社会里，虽然美德袋的教育是无效的，但是学校在道德培养方面任何放任的企图也不会取得好的结果。“日益棘手的道德问题——从贪婪到虚伪，从暴力犯罪到自我毁灭（诸如吸毒和自杀等）——使人们普遍认识到道德教育的重要性。如今，从城市到乡村，从个人到团体，从自由派到保守派，都一致向学校呼吁：承担起道德教育的责任吧！”[①] 1996年，美国总统克林顿要求在全国公立学校中推行品格教育：“我要求我们所有的学校都要进行品格教育，讲授良好的价值观和进行良好的公民教育。”[②]“面对着各种侵蚀社会的因素，学校知道，他们必须做一些事情来交给孩子们正确的道德价值。”[③] 20世纪80年代对六七十年代激进主义的反思和批判，促进了品格教育的复兴，并于90年代成为美国道德教育的主流。

何谓品格？里克纳认为：“品格由实际发挥作用的道德价值所构成。”[④]虽然说品格教育是对传统美德教育的复兴，但二者所依据的理论基础、内容和方法都不相同。传统的美德教育强调道德规范的教育，但这种规范是基于人的依附关系而提出的，它反映的是特定利益集团或权威机构的道德，采用的是灌输的方法。品格教育只在强调实质性道德规范方面与传统美德教育是相同的，谓之“复兴”。品格教育基于社群主义，其内容是人类普适性的道德和价值观，道德教育的方法也更加理性。品格教育与科尔伯格的道德认知发展理论在强调道德的普遍性上是一致的，但科尔伯格的道德普遍性只是一种抽象的道德原则，而不是具体的道德规范。品格教育的“品

① 托马斯·里克纳著，刘冰等译：《美式课堂：品格教育学校方略》，海南出版社2001年版，第2页。

② 转引自杨韶刚：《从道德相对主义到核心价值观》，《教育研究》，2004年第1期。

③ 托马斯·里克纳著，刘冰等译：《美式课堂：品格教育学校方略》，海南出版社2001年版，第21页。

④ 托马斯·里克纳著，刘冰等译：《美式课堂：品格教育学校方略》，海南出版社2001年版，第47页。

格”是一种具有普世价值的道德规范。品格教育与价值澄清学派相反，它强调人类具有共同的价值标准，在多元的社会中，对共性价值的主张必须予以充分肯定，“即使在这个价值观冲突的社会里，也存在普遍认同的道德标准”。①

品格教育的美德既不是价值澄清学派主张的个人价值观，也不是传统美德教育中权威的道德规范，而是多元文化、多元价值背景下具有共同价值标准的核心价值。对于“核心”，大多数学者认为它表达了“基本”之意。因此在品格教育者的著作中，基本价值与核心价值是混用的。品格教育者把核心价值界定为多元社会中存在的为人们所共同接受的、对人类生活来说有着重要价值的道德，这些道德价值在长期的人类历史中已被证明是正确的，是社会之所以能存在的基础。里克纳提出，“尊重”与“责任”这两项价值构成了普遍的公共道德的核心，成为学校应该传授的基本道德价值。此外，诸如诚实、公平、宽容、谨慎、自律、同情心等，都是尊重与责任的表现形式或有助于实现尊重与责任。② 1992 年，美国一些行政组织与研究机构共同拟定了一份《阿斯彭品格教育宣言》，提出了八项核心价值：尊重、责任、可靠、关心、公正、正义、公民美德和公民素质。推动品格教育的约翰逊机构提出了品格的六大支柱：诚信、尊重、责任、公平、关怀、公民性。总之，不管他们提出什么样的价值观，其共同点就在于他们都承认人类具有普世的共同价值观，这些价值观是超越文化、政治、宗教界限的，适合于所有人。“品格教育是以确信具有为人类所普遍共享的客观道德真理为前提的，或者是相信具有永恒的人类可以普遍认同的价值观是品格教育的关键前提。”③ 学校有责任而且必须把这些共同的价值传授给学生。里克纳认为：“不把这些核心的道德价值传授给儿童，就是严重的道德上的错误。”④

---

① 托马斯·里克纳著，刘冰等译：《美式课堂：品格教育学校方略》，海南出版社 2001 年版，第 18 页。

② 托马斯·里克纳著，刘冰等译：《美式课堂：品格教育学校方略》，海南出版社 2001 年版，第 40—44 页。

③ 余维武：《冲突与和谐——价值多元背景下的西方德育改革》，江苏教育出版社 2009 年版，第 121 页。

④ 转引自戚万学：《20 世纪西方道德教育主题的嬗变》，《教育研究》，2003 年第 5 期。

里克纳认为，品格由道德认知、道德体验和道德行为等三个互相联系的部分构成，好的品格包括认知善、趋向善和行为善——良知习惯、喜好习惯和行动习惯，此三者构成道德的完整性。因此，品格教育的目标就是向青少年传授这些为人类所公认的共同的价值观，并通过道德体认和道德践行，最终形成良好的品格。

品格教育强调教师、家长的权威。里克纳认为，价值澄清学派犯了一个错误，这就是“把孩子当成人看。成人只需要明确自己业已形成的价值观，他们忘了，孩子以及很多在道德意义上仍是孩子的成人，首先需要的是，促进价值观形成的大量帮助”。[①] 因此，品格教育反对教师的价值中立，认为教师中立乃是不负责任的表现。品格教育提倡直接教授道德价值观，并通过以身作则影响学生。许多教育计划和策略对道德教育工作者提出了更高的要求，教师是道德的代言人、道德的施教者和学生道德的榜样。

（四）多元文化背景下西方价值观教育的变化轨迹

多元文化背景下的价值观教育是以个人独立性为前提的，它从价值澄清开始。但从价值澄清到品格教育，反映了多元文化背景下价值观教育的变化。

1. 理论基础：从自由主义到社群主义

价值澄清学派的基础是自由主义。自由主义主张个人权利优先。诺齐克（Robert Nozick）在《无政府、国家与乌托邦》一书的开篇就说：“个人拥有权利。有些事情是任何他人或团体都不能对他们做的，做了就要侵犯到他们的权利。”诺齐克提出的“个人自我权利”源于康德“人是目的”的原则。按照康德的这一绝对命令原则：个人是目的而不仅仅是手段，他们若非自愿，不能够被牺牲或被使用来达到其他的目的。

自由主义的核心概念是“个人”，认为社会不是一个放大的个人，不存在独立社会利益的实体，社会中只有个人的存在与个人的利益，个人是分立的，每个人都有自身的价值，有权利追求自己认为善的生活，不存在一个虚假的国家或社会以整体利益的名义干涉个人的生活。所以，诺齐克说：

---

① 托马斯·里克纳著，刘冰等译：《美式课堂：品格教育学校方略》，海南出版社 2001 年版，第 10 页。

"存在着不同的个人，他们分别享有不同的生命，因此没有任何人可以因为他人而被牺牲——这正是道德边际约束存在的根据，我相信，它也导向一种禁止侵犯另一个人的自由主义的边际约束。"[①] 这种自由主义的边际约束以个人权利为中心，不仅坚决反对对个人权利的侵犯，而且禁止牺牲一个人的利益为他人谋利，最大限度地减少以某些特定的方式把个人当作手段的情况。因为每个人都是拥有尊严和个人权利的人，而不是他人的工具。自由主义者认为，个人有权选择他自己的善观念或生活方式，任何人无权强加给他不接受的善观念或生活方式。

自由主义在价值观上持价值观多元的立场。首先，在任何道德或行为准则的范围内，终极价值或人类目标之间总会产生一些冲突；对于这种价值冲突，人们无法用一个合理的标准加以仲裁和解决，因为这些价值之间是不可通约的。其次，即使在同一价值或善内部，其构成的要素也都是复杂的和内在多元的，其中的一些要素是不可通约、不可比较甚至是互相冲突的。另外，不同的文化形式也产生出不同的道德和价值。这种根源于不同文化或社会结构的善的观念也是互相冲突的。因此，自由主义认为，人类的终极价值具有不可通约性，没有共同的价值观可言。

"二次大战以来膨胀的个人主义传统变得越来越强大，而个人处在社会中的这一传统却越来越弱，失去了内聚的共性意识。"[②] 价值澄清张扬个人的价值选择，追求个人的利益，放弃政治和社会责任，导致了道德危机和社会价值混乱。品格教育的出现，标志着道德教育发生了明显的变化，"这种变化正愈益远离那些强调个人道德选择、自律的道德教育方法，而趋同于那些强调灌输基本或核心价值观、强调关心和团体的方法"。[③]

不同于价值澄清主张的自由主义，品格教育主张的是社群主义。自由主义的出发点是个人，社群主义的出发点是社群。社群主义对自由主义的"自我"观念进行了激烈的批判，桑德尔把自由主义者的"自我"概括为"无牵无挂的自我"（unencumbered self），一个被理解为先于并独立于由自

---

① 罗伯特·诺齐克著，何怀宏等译：《无政府、国家与乌托邦》，中国社会科学出版社 1991 年版，第 42 页。

② 戚万学：《20 世纪西方道德教育主题的嬗变》，《教育研究》，2003 年第 5 期。

③ 戚万学：《20 世纪西方道德教育主题的嬗变》，《教育研究》，2003 年第 5 期。

我确定的目的“自我”，这是一种“康德式的自我观”。桑德尔认为，这种自我观忽视了一个简单的事实：自我是被“镶嵌于”或“置于”现存的社会关系中的，只有在社会关系中而不是远离社会关系，才能确定“自我”。自我是在他所处的共同体中形成的，不可能脱离人们赖以生存的共同体来讨论自我的目的，个人必须在与他人的共同生活与共享理想中才能实现自我的目的，所以，与他人的共同生活与共享理想构成了自我的本身。不仅如此，它还形成了构成性的共同体。“一个严格意义上的共同体社会，该共同体必须由参与者共享的自我理解构成，并且体现在社会制度安排中。”① 在社群主义看来，社群的关键是具有共同性和关联性，选择一个社群意味着要放弃自我，融入共同体，把共同的目标作为自己的目标而成为社群的一个成员。不同于自由主义的个人优先性，社群主义认为，社群优先于自我和个人，共同体的善优先于个人的利益、自由和权利。

麦金太尔认为，道德观念根植于一个共同体，其基本纽带是对人类的善和共同体的善的共同认知。他还指出，作为政治社群的国家，它所关注的不应是这种或那种特殊的善，而是人类的善本身；不是某一特殊实践的价值和成就，而是价值和成就本身。在社群主义看来，构成社群的基本条件之一就是成员按照特定的方式追求共同的善或者说“公共利益”。人类存在着共同的道德和价值观，这是社群生活的重要保证。

2. 基本立场：从相对主义到核心价值观

在伦理学立场上，价值澄清学派所持的是一种鲜明的价值相对主义。他们认为不存在超越于不同文化之上的普遍道德标准，人们所持有的道德观，随着不同的文化、不同的历史情境和个人不同的生活经历而不同，而这些不同的道德观念就其所在的文化群体或个人生活来说，都是合理的、值得尊重的，个人的道德价值观都是相对的，无所谓绝对的正确与错误，无所谓绝对的善和恶，也无所谓绝对的道德和不道德，道德价值观是个人偏好或文化偏好。② 价值澄清学派主张在不同的价值观念之间保持一种价值中立，也就是不对个人所拥有的具体的价值观念进行评判，而应该尊重人

① 迈克尔·J. 桑德尔著，万俊人等译：《自由主义与正义的局限》，译林出版社 2001 年版，第 209 页。

② 黄向阳：《道德相对主义与学校德育》，《全球教育展望》，2001 年第 6 期。

们自由选择价值的权利。价值教育不是教授某一正确的价值观，而是应该澄清个人的价值观，尊重个人的价值选择，因此选择价值的过程比选择什么价值更重要。

道德认知发展理论和品格教育都反对价值相对主义，认为确实存在着一些普遍共享的、客观的道德真理，只不过道德认知发展理论认为它是一种形式的道德原则，品格教育则强调其实质性道德规范。道德认知发展理论重在发展以公正为核心的道德判断、道德思维能力，而品格教育则力图通过掌握共同的道德规范，形成相应的道德品质，具有良好的道德行为。所以品格教育主张在课程中传授共同的、为人类所公认的核心价值观，学校就是要用这些核心的道德价值观来促进学生的道德发展。

总的来看，从一元的道德灌输到多元的价值选择，再到 20 世纪 80 年代回归传统的品格教育，历史的发展走了一个正反合的轮回。作为对激进的个人主义的反对，也作为对传统美德教育的回归，品格教育再次肯定道德价值的普遍性和培养学生道德品格的重要性，无疑代表了西方多元文化背景下价值观教育的发展方向，这也应该成为我们今天在多元文化背景下探索价值观教育的起点。

二、多元文化背景下价值观教育的双重任务

美国学者罗兰·罗伯森（Roland Roberston）指出："理想的人类状况，是可能一方面存在对社会独特性的强调，另一方面存在对人类共同性的同等强调。"[①] 理想的社会是民主的社会、多元的社会。多元社会与一元社会的不同，就在于一元社会只强调社会的统一性，是封闭专制的社会；而多元社会具有双重性，既要尊重个人的主体性，保证个人的思想自由和价值选择不受到压制和侵犯，又要保持社会的一致和统一，是开放的、和谐的社会。所以，多元既要求价值多元，又需要价值共识。如何处理价值多元与共识的关系，成为建设理想的多元社会的关键。

---

① 罗兰·罗伯森著，梁光严译：《全球化：社会理论和全球文化》，上海人民出版社 2000 年版，第 189 页。

（一）价值共识

面对多元社会，是否存在价值共识，是否需要价值共识？有人认为既不需要，也难以建立，如价值澄清学派。但大多数学者认为，多元社会必须建立价值共识，也存在着价值共识。在这个前提下，有人提出实质性的规范共识，有人提出形式性的程序共识。

价值多元是建立在自由主义基础上的。社群主义批判自由主义的个人观念，主张以社群的概念代替个人。麦金太尔指出，个体自我的“人格自足”是虚假的，一个人只有处在其他的“自我”中才能成为“自我”，所以，整体性的社群具有更大的真实性，它才是基本的存在单位。个人不应该以自我的价值作为唯一的价值，而应该追求社群共同的善或共同的道德。麦金太尔认为，当代道德的困境，从根源上讲是启蒙运动和浪漫主义的失误。他重提回到亚里士多德的德性伦理，把德性与实践的内在善与个人生活统一性、社会传统生命力结合起来，重新赋予人的行为以统一性，用善的实践的目的性引导人的生活，把德性诉诸实践，联结共享善的社团，由己到群到人类。

不同于麦金太尔，罗尔斯基于政治自由主义寻求价值共识。他指出："现代民主社会不仅具有一种完备性（comprehensive）的宗教学说、哲学学说和道德学说的多元论特征，而且也具有一种互不相容，然而却又合乎理性的诸完备学说的多元论特征。这些学说中的任何一种都无法得到公民的普遍认肯。任何人也别指望在可预见的将来它们中的某一学说或某种别的合乎理性的学说将得到全体公民的永久认肯。"[①] 因此，在这样一种合理而又不相容的完备学说的多元论事实即理性多元论事实面前，《正义论》所提出的作为公平正义的价值共识，是不现实的。"我们只能转向那些我们似乎可以通过公共政治文化而共同分享的根本性理念。从这些理念出发，我们试图制定出一种与我们经过适当反思所获得的慎思确信相适宜的政治正义观念"，[②] 于是，他提出了通过"重叠共识"的方式寻求这种共同的根本性理念。"重叠共识"是我们要寻求各种合乎理性的完备学说的共识。罗尔斯

① 约翰·罗尔斯著，万俊人译：《政治自由主义》，译林出版社 2000 年版，"导论"，第 4 页。
② 约翰·罗尔斯著，万俊人译：《政治自由主义》，译林出版社 2000 年版，第 160 页。

认为，可以在相互冲突和相互对立的各种合乎理性的完备学说之间，通过“重叠共识”的方式，找到一种为各方共同认可的“公共理性”。

以往对价值共识的寻求都是借助于理性的辩护，证明只有某种类型的价值生活才是唯一正确的。恩格尔哈特（H. Tristram Engellaardt，Jr.）认为“这种唯一正确的道德观并不存在”，因为理性无法证明哪一种实质性价值标准是唯一合理的。[①] 一个人总是要邂逅具有不同价值观的“道德异乡人”，作为价值的主体彼此存在着根本的冲突，不会共享充分的价值原则或共同的价值观，因而无法通过圆满的理性论证解决价值争端。当人们试图理性地解决争端时，讨论总是不断地进行下去，无法得到确定的结论。所以，面对道德异乡人，无法寻求一种唯一正确的、俗世的、标准的、充满内容的实质性价值，只能寻求一种程序性价值共识，这就是“允许原则”。允许原则要求：涉及别人的行动必须得到别人的允许，未经别人的允许就对别人采取行动是不适宜的。通俗地说，允许原则就是“己所不欲，勿施于人”。道德异乡人的道德生活，只能由允许原则来规范，他们有权自行其是，谁也不是道德权威，不能强迫另一方服从。允许原则不是实质性道德规范，如同投票一样的公共程序，这就是道德异乡人所能寻求的程序性价值共识。

哈贝马斯（Jürgen Habermas）也反对道德相对主义，坚持价值的普遍性立场。他提出价值的普遍化原则：“每个有效的规范必须满足以下条件：那些自身从普遍遵循这种规范对满足每个人的利益所产生的结果和附带效果，都能够为一切有关的人毫无强制地加以接受。”在另一处，他再次表述了这个原则：“只要一切有关的人能以一种参加实践的商谈，每个有效的规范，就将会得到他们的赞同。”[②]在哈贝马斯看来，为了在理性的基础上建立有效的规范和道德律令，必须进行必要的讨论和商谈，容许一切参与者发表不同的意见，旨在照顾所有参与者的利益。哈贝马斯把道德规则建立在主体间性的基础上，是通过主体之间平等的交往、对话、商谈建立起来的。

---

① H. T. 恩格尔哈特著，范瑞平译：《生命伦理学基础》（第2版），北京大学出版社2006年版，第3页。

② Jurgen Habermas：*Moral Consciousness and Communicative Action*，MIT Press，1990，65，66.

脱离共同的交往企图，寻求一种至上的道德法，不仅不可能反映共同的利益，而且会扼杀某些人的个人利益。因此，道德原则的建立必须诉诸交往的理性和语言的商谈。一切的伦理观念都是以相互性和承认关系为中心。这种建立在人与人利益基础上的共在伦理，既超越了无视或泯灭个人利益的群体规范，又超越了只为个人利益的主体道德，实现了道德发生原点中个体性与整体性的统一。

（二）价值多元与道德宽容

价值多元是现代民主社会的一个基本特征。在现代民主社会里，人们有权利和理由选择、信奉自己认为合理的学说，但各人对不同学说的承诺，使他们的价值观念产生分歧和冲突，这种个人性的分歧和冲突虽然不是面向国家和社会的，但容易带来整个社会价值观念的内在分裂。为了使民主社会得以延续和发展，我们必须寻求解决冲突和分裂的方式。这种方式除了在政治问题上谋求政治正义和价值共识外，在非政治的公共生活领域和私人生活领域更多地强调一种道德宽容。罗尔斯认为，保持现代多元化的社会的统一和稳定，一方面寻求价值共识，建立最适当的社会正义基础；另一方面又要确保社会的多元宽容，它们共同构成了现代民主社会的基本需要。

“宽容”一词是在16世纪宗教教派分裂和异端迫害的背景下出现的，原意是指教会对异己信仰的容忍。《布莱克维尔政治学百科全书》的定义是：“宽容是指一个人虽然具有必要的权力和知识，但对自己不赞成的行为也不进行阻止、妨碍或干涉的审慎选择。”这个定义保留了宽容本源意义上的容忍和仁慈。其实，容忍和仁慈表示的是一种不平等的关系，是强者对弱者的仁慈施舍或容忍，具有可怜或无可奈何的意味。因此，通常把宽容作为个人或集体的一种美德加以赞扬。现代意义的宽容是民主的多元社会的产物。民主社会，人与人之间平等，每个人皆可自由地选择自己认为正确的价值观和生活方式，价值观多样和冲突是不可避免的。建立在相互平等的基础上，对不同的生活方式、价值观念、文化的尊重和理解，以理解、平等、友善的方式对待某种或某些异己行为、异己观念，这就是宽容。这种宽容不只是美德，而且是民主的多元社会公民的基本生活方式。宽容不是一方对另一方的容忍或谅解，而是平等双方的一种理性妥协。妥协是从维护社会共同利益乃至社会存在本身的角度出发，社会行为主体基于理性原则，通过谈判、协商的途径而解决矛盾与冲突的方式，它要求社会行为主体的独立性、社会行为主体的相互尊重以及通过谈判、协商解决矛盾与冲突，而不是通过暴力手段。

宽容有政治宽容、宗教宽容和道德宽容等。这里主要指涉及道德生活中人与人之间的道德宽容。道德宽容所涉及的是道德行为主体如何处理异己行为、异己价值与异己观念的问题，道德宽容的目标是促进多元价值的和谐共存，实现公正、合理、正义的道德秩序和世界秩序。“道德宽容是建立在主体的道德自由的基础之上，奉行不干涉原则和尊重权利原则，对异己行为、异己价值所采取的理解、尊重的道德态度和道德行为。”①

公共生活的“公共性”，要求形成价值共识，而且公共生活的层次越高，普遍性价值越多。但在个体生活领域，要尊重个体不同的生活方式和善观念的选择，承认、尊重价值的差异性和多样性，容许别人有价值判断、选择和行动的自由，对异己行为、异己价值、异己观念持理解、尊重、容许的态度，而且个人生活领域越微观，个人的价值选择自由就应该越大，就应该有越多的道德宽容。道德宽容不是出于无奈或纵容，而是为了维护公正、合理、正义的道德秩序，建立秩序良好的社会。

道德宽容强调价值观的差异性、选择性和自由、平等，但并不意味着道德宽容要导致价值相对主义。道德宽容必须有一定的限度。正如莫尼克·坎托一斯佩伯所说：“宽容仅仅在一定的限度内是好事。”② 所以，宽容不同于无可奈何的容忍，就在于它的限度。

宽容不是无原则的，宽容必须在一个合理的限度内。宽容尊重人的自由和权利，可以说，只要人们正当合理地行使自己的基本权利，任何人或组织都无权干涉。那么，什么是正当合理地行使权利呢？这就是“不伤害原则”。库茨拉底指出，对宽容来说，最不可容忍的事是“它们以这样或那样方式妨碍了人所特有的潜能的实现，或者损害了我们所说的人的尊严”。③不伤害原则，既包括不伤害自己，也包括不伤害他人，包括他们的利益、

① 汤美萍：《论道德宽容》，中南大学（硕士学位论文）2003年，第25页。

② 莫尼克·坎托一斯佩伯：《我们能宽容到什么程度》，《第欧根尼》，1999年第1期。

③ 安娜·库茨拉底：《论宽容和宽容的限度》，《第欧根尼》，1998年第2期。

意愿、自由、权利、身心发展、人格尊严等。超越道德底线就是指具有损害别人的生命、尊严、情感、利益、权利等的思想和行为，有了这种思想和行为就是不道德的。只要个体的行为不伤害自己，也不妨碍或伤害他人，个人就完全有道德行动的自由。

（三）价值观教育的双重任务

多元社会不是原子主义的一盘散沙，而是“多元一体”的社会。它首先需要一种价值共识，在价值共识的前提下，公民有选择自己认为合理的价值观念和善生活的自由，我们要尊重每个人善生活的差异。因此，多元社会的价值观教育，要超越一元价值霸权和多元的相对主义，关键在于平衡道德共识和道德多元的关系。

1. 重建价值共识

价值共识存在于社会的公共领域，根据公共领域的层次和范围不同，价值共识也有不同的范围要求。大致说来有三个层次：

（1）全球普世伦理。孔汉思等人认为，全球普世伦理不是一种全球的意识形态，也不是超越和支配所有宗教的一种统一的宗教，而是基于人性和人类生活整体的相似性所提出的“一些有约束性的价值观、一些不可取消的标准和人格态度的一种基本共识”。[①] 他们根据所有宗教中都包含的四条古训推出“四项不可取消的规则”，将其作为所有宗教都肯定的、得到信徒和非信徒支持的一种最低限度的共同的价值、标准和态度，是人类在伦理方面最低限度的“基本共识”。这是一种实质性的普世伦理。但这种做法也遭到质疑：究竟谁能保证“普世伦理”如其所认定的那样具有“普遍性”？谁有资格充当“道德共识”的最后判定者？如何确证其声称的“价值共识”是所有宗教传统所一致认同的？这些质疑实际上是对寻求全球普世伦理实质性内容的诘难。如果说不能寻求一种实质性的、带有价值倾向的道德共识的话，我们还可以退一步寻求一种恩格尔哈特所说的程序性价值共识。这种共识具有人之为人或社会公共理性的一般内在规定性，具有更多的一般做人的价值意蕴、社会一般公共秩序与公共价值的特点，例如自

① 孔汉思、库舍尔著，何光沪译：《全球伦理——世界宗教议会宣言》，四川人民出版社 1997 年版，第 12 页。

由、民主、平等、公正、宽容、诚实、尊重等。这些伦理价值观不仅超越民族、种族、社会差异，而且远离不同的宗教和国家意识形态，是人的社会生活的基本道德行为底线，构成了全球共同生活的伦理基础。

(2) 国家的核心价值。真正的“类社会”还没有到来，民族国家是现阶段我们生活的共同体，每个人都是民族国家的公民。民族国家共同体要求公民必须学会在宪法和相应的公民机构所规定的框架内共同生活和工作，这是国家对公民的基本道德要求。所以，应该通过教育，传播一个国家的政治理念、民主价值，把国家的公民凝聚在一起。如我国的“公民道德建设纲要”、“八荣八耻”的社会主义荣辱观和社会主义核心价值观，都是对公民应有的价值观要求。美国在新品格教育中也强调基本的、共享的伦理和公民价值，如人的个体性尊严和价值、公平和平等、诚实、勇敢、自由和自律、个人的社会责任感、社群的共同利益、正义、机会平等，等等。尽管多元社会以价值多样和道德多元为特征，但各个国家在核心价值观方面都坚持一元主导，维护民族国家的团结和统一。

(3) 社群的公共道德。在现实生活中，我们还属于某个社群。社群作为一个共同体，有其共同的伦理要求，表现为公约或职业（行业）道德。我们选择成为某一社群的成员，也就意味着我们认同并接受该共同体的道德要求，遵守社群公共道德。中国传统社会推崇私德，“各人自扫门前雪，莫管他人瓦上霜”，表明社会公共性的缺失。多元社会防止私德的强化转变为自私自利，为此，必须加强社会公德的建设，构建开放的、交互的多元社会所需要的公德体系，强化公共生活的意识与社会公德。

大到全球伦理，小到社会公德，都是一种社会公共领域的道德。公共领域的道德教育，除了形成价值共识、掌握并遵循基准伦理外，还要培养公共理性或公共精神。多元社会不同于自给自足的封闭社会，一定意义上是开放的社会，人与人之间的交往更加密切。我们必须改变封闭社会单子式的个人生存方式，进入到一个共同体中，过一种共同的生活，成为一个地球人、一个公民、一个社群成员。因此，学会合作，学会共生，唤醒公共精神和社会责任感，提升公共理性，是价值观教育的重要任务。

2. 培养道德宽容意识

多元社会价值观是价值共识和价值独特性的结合。无论是形成价值共识，还是进行多元化的价值选择，都需要以人的主体性的觉醒为前提。多元社会需要价值共识，需要一种公共生活的价值一致，但这种一致，不同于传统社会一元价值的统摄，而是人们在社会生活中共同的价值认识和追求，它凸显了每个人在社会公共生活中平等的道德主体地位。所以，多元社会价值共识的教育，不能采用传统社会对主流价值的灌输和强迫认同的方式，而只能尊重人的价值主体地位，以一种平等协商、对话的形式，寻求价值共识。面对多元社会价值观的多样性、差异性和道德情境的复杂性，作为自我选择的主体，我们必须学会判断，学会选择，构建自我的价值观。多元的价值观教育一定是主体的教育，个人不仅要通过主体参与，积极适应社会环境的要求，更要具有价值判断、价值反思能力，学会改造社会，创造新的生活。"学校必须教导孩子们如何进行批判性的推理，必须开阔孩子们的道德视野，而这正是公共合理性的基础。"①

多元社会的价值主体要成为价值共识的主体，成为多元生活的主体。这种主体性不是单子式的个人主体性，而是一种主体间性，是多元社会和谐生活的共在主体性。单子式的个人主体性看中的只是"我"，以自我为中心，自私自恋，只会导致不宽容。"宽容是主体间性的深层品质。"② 在主体间性的视野中，别人是与"我"同样的主体，具有同样的自由和平等的权利、地位，"我"不能把自己的价值强加给别人，也无权干涉别人合理的思想和行动。所以，多元社会培养的是主体间的宽容意识。

宽容依赖于教育，宽容教育的目的是向人们特别是青少年一代传播宽容理念，培养他们健全的宽容意识和态度，使他们养成宽容的思维方式和行为方式，最终形成宽容的存在方式。

培养宽容意识，首先要使人们正确地认识差异，尊重差异和多样性，不要试图排斥、消除差异和多样性。其次，要树立一种平等的意识。没有平等意识，差异就不会转化为宽容意识，而只会对异己的存在加以排斥和消除。平等意味着尊重，意味着具有同样存在的权利。再次，要树立一种对自由的尊重意识。宽容是对自由价值的尊重。自由在消极意义上就是免

① 威尔·金里卡著，刘莘译：《当代政治哲学》，上海三联书店 2004 年版，第 555 页。
② 冯建军：《生命与教育》，教育科学出版社 2004 年版，第 337 页。

于无理的干涉。没有自由，强者会对弱者横加干涉。对强者而言，宽容还意味着个人权力的节制和合理的放弃，是有权力的人放弃把他认为合适的方式强加于他人。因此，宽容也意味着强者对弱者权利的尊重与容忍，意味着尊重别人的选择，尊重别人的权利，而不会去干涉别人的自由，不会把自己的意志、价值观念、价值选择强加给别人。最后，宽容意识还意味着具有一种全球的类意识。如果只有单子式个人的意识，就不会有对他人的宽容。在一个全球化的时代，宽容就是要以开放的心态看待世界上不同的文化传统与不同的价值观念，增进个体对世界各民族的理解，培养个体与其他国家人民在平等的基础上交往与合作的观念以及汲取各国文化和文明的精华的意识，最终塑造个体，具有一种开放的民族心态，形成一种理解、尊重多元文化的全球视野与胸怀，引导个体从狭隘的民族情感中解脱出来，以宽容、尊重、客观的态度与别国沟通、协商和共同行动。

三、多元文化背景下价值观教育的模式

不同于传统社会的一元价值霸权与灌输，也不同于西方价值相对主义的放任自流，多元文化背景下的价值观教育，关键是要平衡“多元”与“共识”之间的关系。基于这样的考虑，我们提出多元文化背景下价值观教育要培育共生性人格，坚持“自主选择与价值引导相结合”的教育原则，在价值商谈中促进价值观的生成。

（一）培育共生性人格

一元社会，个人依附于群体而丧失主体性，形成的是依附性人格。因此，一元社会是一种价值灌输和霸权。基于自由主义的多元社会，个人的权利和自由高于一切，“我就是一切”，这种自我中心的取向，形成的只能是一种单子式的占有性人格。在价值观教育上，主张自我价值唯上，不需要他人告诉自己“什么是正确的、什么是错误的”，只按自己的价值行事，而不管他人如何，这样势必陷入价值相对主义和虚无主义之中。共生性独立人格是基于社群主义的多元社会的要求，它是对个人主义独立人格的扬弃，也是对依附性人格的超越。共生性独立人格继承了个人主义独立人格的自主性，扬弃了它过分的“为我性”和个人主义。共生性独立人格承认

“自我”和“他者”的共在，每一个人对他人来说都是平等的。

在占有性的个人主体社会中，个人是主体、是目的，他人是客体、是手段，人与人之间是对立的“豺狼关系”。因此，占有性社会崇尚“生存斗争”、“适者生存”。“从19世纪后半叶到20世纪，不仅在生物世界，就是在人类社会的世界，甚而在人与自然的关联中，‘生存斗争’都是一个基础音调。但是从20世纪末到21世纪，它也许会让位于‘共生’”这个概念。①“共生”这一用语已经成为当代社会的一种流行语。

共生与共同不一样。共同是一致性，适用于一元的文化，在一元文化中，人的价值观具有共同性。共生包含着差异，适用于异质文化。“共生是以异质者为讨论的前提，尽管在价值、规范、目标方面有所差异，但正由于这些差异，才使相互间在共存过程中能够建立更加‘相互生存’的关系。”② 因为异质文化存在差异，各种异质文化间要相互尊重，和谐共在，才需要共生的理念。

共生不是单一的文化和价值，共生中有差异，也有矛盾、冲突和斗争。“没有交互斗争，只尊重对方的立场，从这种关系中是不会产生出共生的。正因为有相互对立，才能有互补性。在本来就不存在相互对立的地方，也就不会形成共生的关系，这是确实无疑的。”③ 共生不是共同，它内含冲突与斗争；共生也不是对立，它具有共同的基础。因此，共生是开放的、多元一体的。

日本学者山口定从五个方面论述了共生的含义：第一，在我们现今的竞争社会中，必须是对生存方式本身的自我变革的决心的表白。因为在竞争关系中，站在优势的一方虽然也说“共生”，但若没有相当的自我牺牲的觉悟的话，就不会得到弱者的信赖。第二，不是强求遵从现成的共同体的价值观，或是因片面强调“和谐”与“协调”而把社会关系导向同质化的方向，而必须是在承认种种异质者的“共存”的基础上，旨在树立新的结合关系的哲学。第三，它不是相互依靠，而必须是以与“独立”保持紧张关系为内容的。第四，是依据“平等”与“公正”的原理而被内在地抑制

---

① 尾关周二著，卞崇道等译：《共生的理想》，中央编译出版社1996年版，第116页。
② 尾关周二著，卞崇道等译：《共生的理想》，中央编译出版社1996年版，第129页。
③ 尾关周二著，卞崇道等译：《共生的理想》，中央编译出版社1996年版，第136页。

的。第五，必须受到“透明的公开的决策过程的制度保障”的支撑。①

我国学者鲁洁教授认为，共生性人格主要具有以下特征：其一，个体是一个独立的存在，而不是一种依附性存在。他能以自己的独立思考、批判精神去选择自己的生活方式、价值取向，而不是顺服、委归于各种依附关系。其二，这种独立性是以承认他人的独立性，以人与人之间的平等、公正为其规定性的，也正是在这种普遍独立性的基础上，才能发展出人与人之间的“共生”关系。其三，共生性是一种新的人的结合关系，这种新的结合关系不是依附性关系的回归，而是它的否定之否定。它既包含着独特性、多样性的个体价值，同样也显示当代人在价值上的普遍相关性和共同性。其四，这种共生性也不是追求完全的同质性，它更多的是一种异质文化之间的“和而不同”。②

共生性人格，孕育着社会个体间的“和而不同”。价值观教育既要使个体坚持自我，保持“不同”，又要形成个体间的“和谐共在”。共生蕴含冲突与对立，但不是斗争，而是尊重与宽容。所以，共生性人格是一种主体间性，共生必须以对话、协商为前提。

（二）坚持“自主选择与价值引导相结合”的教育原则

在多元文化时代，个体道德行为具有自主性、选择性，任何道德行为都是主体的自主选择与判断，而不能由他人代为选择。但是，青少年学生由于道德认识、判断和选择能力弱，德性的生成不能完全依靠自主选择，还需要教育者的价值引导。里克纳批评价值澄清学派的问题就在于他们忽视了孩子不是成人，孩子没有进行价值选择的能力，其价值观的形成需要成人的帮助。价值澄清学派主张学生自主的价值选择，发挥主体在价值观形成中的作用，无疑有着积极意义，但要避免走向“怎么都行”的价值相对主义，必须在学生价值选择错误时加以引导。因此，我们提出多元的价值观教育必须坚持“自主选择与价值引导相结合”。其中，自主选择是前提，价值引导是保证。如何处理好“自主选择”与“价值引导”的关系，是价值观教育的关键。

---

① 山口定：《关于“共生”》，《朝日新闻》，1994年10月30日。

② 鲁洁：《道德教育的当代论域》，人民出版社2005年版，第196页。

这里以江苏扬州黄元虎老师执教苏教版《品德与社会》四年级“我们的合作”一课为例，[①] 说明如何贯彻和运用这一原则：

一、故事导入

听录音故事《谁的功劳大》

二、小小辩论赛

1. 组织讨论：你认为谁的功劳最大？（学生思考后，各自阐述自己的观点，答案五花八门）

2. 既然大家的意见各不相同，那么我们就按不同的意见分为六组，小组内交流，为辩论作准备。

3. 各组先分别陈述理由，最后，老师要求每组学生用一句话来总结。（句式为“如果没有……就……”）

教师引导学生归纳如下：

(1) 如果没有探子的准确消息，赵国早就被秦国出其不意地灭掉了。

(2) 如果没有军师的计策，赵国只有束手待毙。

(3) 如果没有将军的正确指挥，赵国军队就会不堪一击。

(4) 如果没有士兵的英勇作战，赵国军队在齐国援军到来之前就会被击败。

(5) 如果没有樵夫主动带路去险要山区埋伏，正面交战，赵国军队必然失败。

(6) 如果没有说客说动齐国派出援兵，秦国不可能退兵，赵国还是要灭亡。

师：请大家把各组的句子连起来读一读，从中你想到了什么？（学生们恍然大悟，纷纷举手发言）

生 1：每个人都有功劳。

生 2：不能说谁的功劳大，谁的功劳小。

生 3：赵国免遭亡国之灾是因为有了探子、军师、将军等人的团结协作。

……

① 该教学案例摘自黄文虎：《教材序列≠教学流程》，《中国德育》，2009 年第 12 期。

师：请大家把自己的想法写在书上。（学生略作思考，写起来）

三、说说生活中的合作

师：是啊，合作是多么重要啊！世界上有许多事情，只有合作才能成功。请大家举例说说我们生活中有哪些合作。（学生分组交流，为集体交流作准备）

在这个例子中，老师本来是要教授“什么是合作”、“合作的价值”等，但却没有直接告诉学生什么是合作、合作有多重要，也没有先出现“合作”的概念，而是通过故事《谁的功劳大》，让学生畅所欲言，表达自己的看法和价值观念。辩论结束后，老师巧妙地运用一个句式“如果没有……就……”，使学生在比功劳的大小的过程中，转换了思维方式和看问题的角度，这一引导非常关键，也恰到好处。但这一引导并没有直接出现“合作”这个概念，而是让学生自悟，最后领悟到不能比功劳的大小，合作最重要。通过本节课的教学，学生明白了“合作最重要”，但这一结论不是老师告诉他们的，而是学生讨论和体悟的结果。学生的自主选择在前，教师的引导在后。这样的引导既不是灌输，也不是诱导。

同是这节课，如果按以下流程教学，我们再看看效果如何：

一、谈话导入

1. 同学们，你们知道什么是合作？我们来说说生活中的合作。

生1：合作就是大家共同把一件事情办好。

生2：合作就是齐心协力，相互团结。

……

师：生活中有哪些事需要合作才能完成呢？

(1) 请同学们把想到的、经历过的或搜集到的故事，在四人小组内交流。（学生分组交流，教师巡视、倾听）

(2) 教师注重从生活中的点滴小事到惊天动地的大事等多个方面引导。

2. 听了交流，你们有什么感想？

生1：我们的生活中处处都有合作。

生2：很多事情只有合作才能做好。

生3：我们小学生要学会合作。

3. 教师小结：是啊，生活中处处有合作，世界上有许多事情，只有合作才能够成功。

二、故事分析

1. 听录音故事《谁的功劳大》，思考讨论下面的问题：

(1) 故事中的探子、军师、将军、士兵、樵夫、说客，各自作出了什么贡献？

(2) 如果少了其中一个人，赵国能不能免于遭难？

(3) 能不能说他们中哪一位功劳最大？

2. 把你的想法写下来。

（全班学生一致认为这个故事中，每个人都有功劳，合作才能做好事情）

同样的一篇课文，这个教学流程是：教师先引出了“合作”的主题和概念，让学生明白什么是合作，通过生活事例使学生体会合作的重要。在引入“合作”这一概念后，进入“故事分析”的环节，学生显然已明白这个故事是在讲“合作”的重要性，所以，故事讨论中，不会像前一个教学片段那样引发争论和思考。对于这个教学片段而言，《谁的功劳大》只不过增加了一个例子而已，其实有没有都无关大局。

比较两个教学案例，其不同就在于“自主选择”和“价值引导”的先后顺序。前一个案例是“自主选择”在前，后一个案例是“价值引导”在前。多元社会的价值观教育之所以不同于一元的价值灌输，就在于它是学生的自主选择。但鉴于青少年学生年龄小，道德判断、道德选择能力弱，在面对复杂的道德问题时，不一定能够作出正确的选择，教师的价值引导是必要的。因为：第一，道德教育是有方向和目标的；第二，教师相对于学生而言，具有文化和道德上的优势；第三，教师对学生的成长负有道义上的责任。否认价值引导就是消解教师的作用，放弃教师的责任，是一种不负责任的表现。

当然，价值引导必须注意“度”，过度的价值引导就会变为价值强制与灌输。我们看看下面这位老师执教《西游记》的一个片段：

师：《西游记》作为中国四大古典名著之一，不光是有生动曲折的故事情节，人物更是刻画得栩栩如生、个性鲜明。读了课文，你认为用哪些词语来概括他们最恰当？

生：我用“诡计多端”来形容白骨精，因为白骨精为了吃到唐僧肉，三次变成人的模样来欺骗唐僧师徒。

生：我觉得白骨精“善于变化”，能变成村姑、老婆子、老头儿。

师：老师觉得用“善于变化”来说白骨精值得商榷。白骨精是一个反面人物，“善于变化”是一个中性词，虽说未尝不可，但有没有比它更确切的词呢？

生：我从一本书上看到，有人评论诸葛亮也用“诡计多端”这个词呢！（言外之意：这算得了什么！）

师：（当时比较激动、急切）那得看是站在谁的立场上说的。照你的说法，白骨精抓到唐僧后，请她母亲一起来吃，我可以说她孝顺了？

生：是可以的。站在白骨精的立场上，她有好东西，不忘与母亲一起分享，她是很孝顺的。

师：但你可想到，她与母亲分享的是人的生命啊！

生：那有什么，白骨精本来就是要吃人的。我们人不也吃鸡鸭鱼肉吗！

这位老师显然想把白骨精“诡计多端”的价值强加给学生。我们先不论这一价值认识是否合适，即便这一价值认识是合适的，但这样不由分说地强行引导，是借“引导”之名的价值强制与灌输。

多元价值中的价值引导不同于价值灌输，也不是变相的价值灌输，如价值诱导、价值诱骗。多元价值中的差异部分是学生自主选择的结果，共识部分是多元主体协商的结果。因此，共识价值的形成，不能像一元价值那样灌输，而是一种协商对话。教师的价值引导不是直接引导学生认同某种价值，而是引导价值协商的过程。如教学《我们的合作》一课，教师没有直接把合作的重要性告诉学生，而是引导学生听故事《谁的功劳大》后展开讨论，并巧妙地让学生用“如果没有……就……”的句式进行总结，使学生自己悟出合作的重要性。

（三）价值商谈：多元价值观教育的过程

多元社会以价值分化和多元为特征。但这种价值分化与多元不同于价值相对主义。价值相对主义中的主体是原子主义的个人主体，以自我为中心，忽视或不能平等对待其他价值主体的存在。多元社会的价值分化与多元要求不同的参与者以一种平等的身份自主地参加商谈，每个参与者都有充分言说的权利，对待其他参与者的意见持尊重的态度。所以，价值商谈要求参与者之间平等地交流，肯定共同体中每一主体都有权利对规范的合理性、公正性提出自己的看法，拒绝定于一尊或权威的主宰，意味着放弃道德话语霸权。

多元社会需要价值共识，但这种价值共识不同于价值一元，一元是某种价值的霸权，它不是建立在平等协商的基础上，而是建立在对其他价值压制和消除的基础上，是对其他价值的歧视和不平等。共识反映的是多元价值中共同的认识，它不是强加于每个社会成员，而是基于自愿的商谈，使其通过平等的商谈、对话、交流，致力于达成理解。一元价值的实现借助的是单向的道德说教、独断的道德强制，多元的道德共识借助的是价值主体的平等交流和协商。

多元社会面对价值差异乃至冲突，不是消灭差异和冲突，而是要能够容纳多元价值的矛盾和冲突。“在多元文化背景下，解决冲突的有效方法不是对抗，而是对话。多元文化背景下的德育应当致力于对话意识的培养，提高学生表达、对话、协商和寻求利益均衡点的能力。”① 只有通过不同文化和价值观之间的平等对话和交流，才有可能真正地消除歧视，形成富有意义的、双方乃至各方共同认可的道德共识和相互尊重的道德宽容。

价值商谈作为多元价值观教育的过程，不仅消解了价值澄清的相对主义，而且也消解了一元价值的霸权，合理地解决了价值多元面临的冲突与矛盾，既形成了多元主体的共识，又保持了多元主体的差异。在价值商谈的过程中，主体与主体的交流使主体走出孤立的自我，成为交互主体，避免了主体的自我中心和封闭，保持了主体间相互依存、相互共在的多元主体的局面。

价值商谈属于精神范畴的交往，它以语言为中介，通过主体间的对话、相互的体验和理解，形成价值共识和价值互识的过程。在价值商谈的过程中，对话是起点，没有对话，就没有商谈。但对话不同于争吵和辩解，而在于移情和理解，对话双方只有站在彼此的立场上，将心比心或设身处地，彼此之间才可能形成价值共识和互识。价值商谈的结果不只是为了形成共识。价值商谈不同于“强行”的价值灌输，也不同于“温柔”的价值诱导，

① 王学风：《多元文化社会的学校德育研究》，广东人民出版社2005年版，第204页。

就在于它不一定都要形成价值共识，在商谈的过程中，互相认识很重要。价值互识既保持了相互间的平等与尊重，也保持了各自的价值独特性，是价值观的自我建构。

价值商谈的过程是价值主体间的交流活动，具体来说，这一过程有以下环节：[①]

(1) 对话。

雅斯贝尔斯认为，教育不是理智知识和认识的堆集，而是人的灵魂的教育，因此，教育过程是主体间的灵肉交流活动。“人与人的交往是双方(你与我)的对话和敞亮。”[②] 马丁·布伯(Martin Buber)也说：“我与你的对话不仅是言语上的你来我往，而是寓于‘生活深处’的具体体验。”对话是“从一个开放心灵者看到另一个开放心灵者的话语”。[③] 这就意味着对话双方作为有思想、有情感的生命体亲临在场，主动投入，充分展开思与思的碰撞、情与情的交融、心与心的相互悦纳。真正的对话体现的是对话主体间视界的融合、精神的相遇、理性的碰撞和情感的交流，是对话主体各自向对方的“精神敞开”和“彼此接纳”。

价值商谈首先是价值对话，既包括人与人之间的对话，也包括人与文本间的对话。前者是师生之间、生生之间彼此的价值体认，后者是学习者对文本的一种价值体认。师生之间的价值对话，不能以教师的价值观念为取向去支配学生，或诱逼学生认可教师的价值观念；人与文本之间的对话，也不能把文本所体现的价值观念看作“真理”，使学生必须认可文本所宣扬的价值观念。如小学课文《龟兔赛跑》，是否只意味着“谦虚使人进步，骄傲使人落后”?《落花生》是否只要学生“学习花生谦虚朴实的品格”? 中学课文《项链》，是否只意味着“资产阶级的虚荣”? 在今天价值多元的时代，不能只灌输一种价值观，而应体现各种合情合理的价值观念。无论人与人之间、人与文本之间，价值对话都不能假借对话之名，行灌输之实，对话的结果不是把教师和文本认为“正确”的价值观念“巧妙”地灌输给学生，

① 这一环节的提出参考和吸收了任平教授《交往实践与主体际》(苏州大学出版社 1999 年)一书中的观点，特此说明。

② 雅斯贝尔斯著，邹进译：《什么是教育》，三联书店 1991 年版，第 11 页。

③ 马丁·布伯著，陈维纲译：《我与你》，三联书店 1986 年版，第 83 页。

而首先要学生有一个自由真实的表达，对于不正确的价值观念，教师可以引导学生认识错误，但不能进行预设的价值灌输。

哈贝马斯认为，价值或道德商谈需要遵循一定的原则，包括：(1) 每一个能言谈和行动的主体都可以参加商谈讨论。(2) 每人都可以使每一主张成为问题，引入商谈讨论，对这一主张，表示他的态度、愿望和需要。(3) 没有一个谈话者可以通过商谈讨论内或商谈讨论外支配性强制被妨碍体验到自己由前述一、二项确定的权利。[①] 这意味着，商谈主体必须具有广泛性，商谈的权利和机会是平等的，商谈是自愿、自由和非强制的。

(2) 体验与共鸣。

对话的过程表层是言语的交流，深层是感情的体验和共鸣。体验是个体对意义的主观感受过程和状态，共鸣是一种公共体验，是交往共同体的感情共在。

体验是生命的一种感受，是对生命灵魂的震撼，它对学生道德人格的形成有着深层的固着作用。体验作为一种活动，它首先表现为主体对当下存在状态的感知和经验，因此体验就是亲自在场，具有亲历性和个人性。价值商谈中的体验，不是个人主体“孤立”地体验，而是多极主体有差异地体验共同的实践意义结构，体验中的相似性和移情，使体验同时整合成为群体的即交往共同体的体验，引发交往共同体的情感共鸣。体验只有从个人体验到公共体验，才符合价值商谈中主体间性的要求。

(3) 领悟与共悟。

在体验基础上形成“更高级”的主观意义建构，即领悟和共悟。作为意义感知和反映的方式，对个体主体而言是领悟，对交往共同体而言是共悟。

领悟是个体的独悟，是个体对客体意义结构的主观设定。如果说体验偏重情感的话，那么，领悟更偏重认知和经验，是超越个体的体验层次，在客体与自我中寻求“我眼中的客体”。因此，领悟是“我”的领会，多极主体对同一客观事物的领会，必然具有差异性。但差异间的相关性又使领悟成为共悟。共悟并不排斥多元性，相反，它以多元性为内生的前提，是

① 薛华：《哈贝马斯的商谈伦理学》，辽宁教育出版社 1988 年版，第 14 页。

“和而不同”，是一种多元性的整体。交往实践的客观意义，在群体共悟中表现出来。

（4）理解与共识。

理解是个体对意义精神化领悟的最高境界。共识则是由意义理解交往整合而成的群体化形态。商谈过程中的理解有两类。一类是个人主体对“文本”的理解，强调理解者和文本作者间的“视界融合”和理解的“效果历史”（伽达默尔语），它既有文本本身的含义，又有理解者的主观意义赋予，展现了主体与客体的同一性。但对文本的理解只是“主体—客体—主体”理解结构中的一个环节，这种理解必然介于主体际之间，这就涉及理解的另一类：主体穿越中介客体而与另一主体之间的理解，即人与人之间的理解。两类理解活动统一在对话交往中，正如哈贝马斯所说：“两个交往过程的参与者能对世界上的某种东西达成理解，并且彼此能使自己的意向为对方所理解。”① 哈贝马斯把理解作为认同的基础，通过理解达成多极主体间的共识。

（5）理解与自我价值建构。

价值商谈的目的也不只是价值共识，价值共识只是其中的一个方面，多元还体现为价值差异，只有差异才是真正的多元。而价值差异如何形成，价值澄清学派主张完全的自由选择，个人的价值不受他人的影响。价值商谈主张在对话、理解中选择自我的价值，这样，自我的价值不是原子式的、孤立的，而是以关联性的自我选择，以及对他人的理解、对他人的责任和义务为前提的。所以，价值商谈中的自我价值建构属于一种价值互识，即“我知道你，你知道我”、“我理解你，你理解我”、“我尊重你，你尊重我”，在“我们”中保持“你和我”的价值个性。

总之，价值商谈以语言交流为起点，以体验和理解为中介，以共识和互识为目的。只有通过价值商谈，才能够形成共识和互识，使价值既共存于“一”，又保持“多”，从而走向一种“和而不同”的最高境界。

最后必须指出，多元价值观教育中“价值选择”、“价值引导”与“价值商谈”三者间的关系为：价值选择是前提，但价值选择是发生在价值商

---

① 哈贝马斯著，张博树译：《交往与社会进化》，重庆出版社1989年版，第3页。

谈中的价值选择，而不是个体孤立的选择；价值引导“不是引领价值，而是引领商谈”，[1] 是对价值商谈过程的引领。如果价值选择不是在价值商谈之中，就会走向价值澄清；如果价值引导不是对价值商谈过程的引导，就会走向另一种变相的价值灌输。价值商谈不只形成价值共识，还要在商谈中通过冲突、碰撞进行个性化的自我建构，形成个性化的多元价值观念。

① 杨小微：《教学中的价值引导与价值商谈》，《教育科学研究》，2004年第10期。

主要参考文献

著作类

北京师范大学价值与文化研究中心：《价值与文化》，北京师范大学出版社 2002 年版。

鲍德里亚：《消费社会》，南京大学出版社 2008 年版。

鲍德里亚（原尚·布希亚）：《物体系》，上海人民出版社 2001 年版。

陈汉新、冯屏溪：《现代化与价值冲突》，上海人民出版社 2003 年版。

陈章龙、周莉：《价值观研究》，南京师范大学出版社 2004 年版。

但昭伟、苏永明：《文化、多元文化与教育》，台湾五南图书出版公司 2000 年版。

丹尼尔·贝尔：《资本主义文化矛盾》，三联书店 1989 年版。

丁锦宏：《品格教育论》，人民教育出版社 2005 年版。

凡勃伦：《有闲阶级论》，商务印书馆 1964 年版。

方心清、王毅杰：《现代生活方式前沿报告》，社会科学出版社 2006 年版。

冯建军：《生命与教育》，教育科学出版社 2005 年版。

冯建军：《教育公正、政治哲学的视角》，福建教育出版社 2007 年版。

高丙中：《现代化与民族生活方式的变迁》，天津人民出版社 1997 年版。

何明升、王雅林：《中国城镇居民的消费生活方式》，黑龙江教育出版社 1992 年版。

黄希庭、张进辅、李红等：《当代中国青年价值观与教育》，四川教育出版社 1994 年版。

黄希庭、郑涌：《当代中国青年价值观研究》，人民教育出版社 2005 年版。

何怀宏：《底线伦理》，辽宁人民出版社 1998 年版。

哈贝马斯：《交往与社会进化》，重庆出版社 1989 年版。

H. T. 恩格尔哈特：《生命伦理学基础》（第 2 版），北京大学出版社 2006 年版。

James A. Banks，Cherry A. McGee Banks：《多元文化教育：议题与观点》，台湾心理教育出版社 2008 年版。

杰弗瑞·戈比：《你生命中的休闲》，云南人民出版社 2000 年版。

孔汉思、库舍尔：《全球伦理——世界宗教议会宣言》，四川人民出版社 1997 年版。

科尔伯格：《道德教育的哲学》，浙江教育出版社 2000 年版。

林东泰：《休闲教育与其宣导策略之研究》，台湾师大书苑发行 1992 年版。

刘济良等：《价值观教育》，教育科学出版社 2007 年版。

李文阁：《生活价值论》，云南人民出版社 2005 年版。

李德顺：《价值论》（第 2 版），中国人民大学出版社 2007 年版。

罗尔斯：《正义论》，中国社会科学出版社 1988 年版。

罗尔斯：《政治自由主义》，译林出版社 2000 年版。

兰久富：《社会转型时期的价值观念》，北京师范大学出版社 1999 年版。

路易斯·拉思斯：《价值与教学》，浙江教育出版社 2003 年版。

鲁洁：《道德教育的当代论域》，人民出版社 2005 年版。

马克斯·韦伯：《新教伦理与资本主义精神》，三联书店 1996 年版。

迈克尔·J. 桑德尔：《自由主义与正义的局限》，译林出版社 2001 年版。

麦金太尔：《德性之后》，中国社会科学出版社 1995 年版。

曼蒂：《闲暇教育理论与实践》，春秋出版社 1989 年版。

Madonna · M. Murphy：《美国“蓝带学校”的品格教育》，中国轻工业出版社 2002 年版。

孟建、祈林：《网络文化论纲》，新华出版社 2002 年版。

戚万学：《冲突与整合——20 世纪西方道德教育理论》，山东教育出版社 1995 年版。

Robert Bocock：《消费》，台湾巨流图书公司 1995 年版。

任平：《交往实践与主体际》，苏州大学出版社 1999 年版。

素质教育调研组：《共同的关注——素质教育系统调研》，教育科学出版社 2006 年版。

苏国勋、张旅平、夏光：《全球化：文化冲突与共生》，社会科学文献出版社 2006 年版。

谭光鼎、刘美慧、游美惠：《多元文化教育》，台湾高等教育出版社 2008 年版。

托马斯·里克纳：《美式课堂——品质教育学校方略》，海南出版社 2001 年版。

托马斯·利科纳：《培养品格——让孩子呈现最好的一面》，中国社会科学出版社 2005 年版。

童星等：《网络与社会交往》，贵州人民出版社 2002 年版。

王雅林：《人类生活方式的前景》，中国社会科学出版社 1997 年版。

王玉樑：《价值哲学新探》，陕西人民教育出版社 1993 年版。

王玉樑：《21 世纪价值哲学：从自发到自觉》，人民出版社 2006 年版。

尾关周二：《共生的理想》，中央编译出版社 1996 年版。

万俊人：《寻求普世伦理》，商务印书馆 2001 年版。

王学风：《多元文化社会的学校德育研究——以新加坡为个案》，广东人民出版社 2005 年版。

夏中建等:《社会分层、白领群体及其生活方式的理论与研究》,中国人民大学出版社 2008 年版。

谢政谕:《休闲活动的理论与实际》,台湾幼狮文化事业公司 1989 年版。

Young Pai,Susan A. Adler:《教育的文化基础》,台湾学富文化事业有限公司 2006 年版。

约翰·凯利:《走向自由——休闲社会学新论》,云南人民出版社 2000 年版。

约瑟夫·皮珀:《闲暇:文化的基础》,新星出版社 2005 年版。

姚纪纲:《交往的世界——当代交往理论探索》,人民出版社 2002 年版。

尹世杰、蔡德容:《消费经济学原理》(修订版),经济科学出版社 2000 年版。

杨德广、晏开利:《中国当代大学生价值观研究》,上海教育出版社 1998 年版。

杨魁、董雅丽:《消费文化——从现代到后现代》,中国社会科学出版社 2003 年版。

余维武:《冲突与和谐——价值多元背景下的西方德育改革》,江苏教育出版社 2009 年版。

袁贵仁:《价值观的理论与实践:价值观若干问题的思考》,北京师范大学出版社 2006 年版。

俞可平:《社群主义》,中国社会科学出版社 1998 年版。

赵卫华:《地位与消费》,社会科学文献出版社 2007 年版。

郑金洲:《多元文化教育》,天津教育出版社 2004 年版。

张进辅:《青少年价值观的特点》,新华出版社 2006 年版。

郑富兴:《现代性视角下的美国新品格教育》,人民出版社 2005 年版。

Banks,J. A.: *Multiethnic Education: Theory and Practice* (3rd ed.),Boston: Allyn & Bacon,1999.

Coleman,J. S.: *The Adolescent Society*,The Free Press,1961.

Halstead M.,Taylor M.: *Values Education and Values in Education*,London: Falmer,1996.

Jurgen Habermas: *Moral Consciousness and Communicative Action*,MIT Press,1990.

Michael E. Sobel: *Lifestyle and Social Structure*,New York: Academic Press,Inc,1981.

Thomas Lisboan: *Education for Character: How Our School Can Teach Respect and Responsibility*,New York: Bantam Books,1991.

论文类

程秀波：《消费主义及其伦理困境》，《河南师范大学学报》（哲学社会科学版），2004 年第 5 期。

菲利普·G. 阿特巴赫：《学术殖民主义在行动：美国认证他国大学》，《复旦教育论坛》，2003 年第 6 期。

冯建军：《文化全球化与道德教育》，《高等教育研究》，2007 年第 5 期。

冯建军、万亚平：《闲暇及闲暇教育》，《教育研究》，2000 年第 9 期。

冯建军、傅淳华：《多元文化时代道德教育的困境与抉择》，《西北师范大学学报》（社会科学版），2008 年第 1 期。

冯永泰：《网络文化释义》，《西华大学学报》（哲学社会科学版），2005 年第 2 期。

郭德宏：《中国现代社会转型研究述评》，《安徽史学》，2003 年第 1 期。

高丙中：《西方生活方式研究的理论发展叙略》，《社会学研究》，1998 年第 3 期。

顾肃：《评社群主义对自由主义的理论挑战》，《厦门大学学报》（哲学社会科学版），2003 年第 6 期。

韩庆祥：《当代中国的社会转型》，《现代哲学》，2002 年第 3 期。

何关银：《信息化：文化的冲突、繁荣与引导》，《重庆邮电大学学报》（社会科学版），2009 年第 5 期。

何纯、张海寅：《传媒舆论引导与生活方式》，《湘潭大学学报》（哲学社会科学版），2008 年第 4 期。

何中华：《多元文化时代的价值困境及其出路》，《烟台大学学报》（哲学社会科学版），2004 年第 2 期。

黄向阳：《道德相对主义与学校德育》，《全球教育展望》，2001 年第 6 期。

黄文虎：《教材序列≠教学流程》，《中国德育》，2009 年第 12 期。

胡春莉：《中小学生闲暇生活存在的问题及原因分析》，《青少年研究》，2005 年第 4 期。

蒋有慧：《中学生网络生活情况的调查研究》，《中国教育学刊》，2003 年第 7 期。

李丽：《追寻学习的生存论意义——兼论学生的需要》，《全球教育展望》，2006 年第 2 期。

李素霞、许婉璞：《网络交往与人的全面发展》，《河北师范大学学报》（哲学社会科学版），. 2008 年第 4 期。

李彦、李伟：《论网络文化的后现代特性》，《兰州交通大学学报》（社会科学版），2004 年第 2 期。

刘明合：《我国现阶段交往方式的变迁与人的发展》，《思想理论教育》，2007 年第 6 期。

刘同舫：《网络文化的精神实质》，《天津社会科学》，2005 年第 6 期。

路日亮：《消费社会的悖论及其危机》，《北京师范大学学报》（哲学社会科学版），2009 年第 1 期。

卢嘉瑞：《消费教育的内涵、目标和途径》，《福建省社会主义学院学报》，2003 年第 4 期。

马姝：《西方生活方式研究理论综述》，《江西社会科学》，2004 年第 1 期。

冒君刚：《试论生活方式》，《社会学研究》，1986 年第 2 期。

孟凡丽：《文化适应性教学探析——以美国多元文化教学策略为例》，《新疆师范大学学报》（社会科学版），2006 年第 3 期。

倪瑞华：《可持续消费：对消费主义的批判》，《理论月刊》，2003 年第 5 期。

裴娣娜、文喆：《社会转型时期中学生价值观探析》，《教育研究》，2006 年第 7 期。

裘指挥、宋晓云：《中小学生闲暇教育的理论分析与策略探讨》，《中国教育学刊》，2003 年第 8 期。

卿素兰：《中小学生学习方式的现状分析》，《教育科学研究》，2009 年第 10 期。

苏前辉：《全球化趋势下的文化转型与构建刍议》，《昆明理工大学学报》（社会科学版），2008 年第 6 期。

王雅林：《中国社会转型研究的理论维度》，《社会科学研究》，2003 年第 1 期。

王雅林：《走向学术前沿的生活方式研究》，《社会学研究》，1999 年第 6 期。

王南湜、刘悦笛：《交往方式的革命——互联网的社会后果》，《学术研究》，2003 年第 5 期。

汪业周：《论生活方式的蕴涵和结构》，《理论学刊》，2002 年第 1 期。

魏贤超：《论柯尔伯格对道德教育的建构主义探讨》，《华东师范大学学报》（教育科学版），1987 年第 1 期。

伍世文：《文化多元化的三个动力维度》，《社会科学论坛》，2008 年第 6 期（下）。

王世明：《技术·网络文化·文化变迁》，《情报杂志》，2004 年第 4 期。

万俊人：《普世伦理何以可能》，《现代哲学》，2002 年第 1 期。

辛志勇、金盛华：《新时期大学生价值取向与价值观教育》，《教育研究》，2005 年第 10 期。

辛志勇、金盛华：《西方学校价值观教育方法的发展及其启示》，《比较教育研究》，2002 年第 4 期。

徐琴：《鲍德里亚消费社会理论的意义和局限》，《哲学研究》，2009 年第 5 期。

许启贤：《尊重：全球的底线伦理原则》，《云南民族学院学报》（哲学社会科学版），2003 年第 3 期。

尹韵公：《论网络文化》，《光明日报》，2007 年 3 月 25 日。

衣俊卿：《论社会转型时期的生存模式塑造》，《北方论丛》，1995 年第 4 期。

杨志华、卢风：《消费主义批判》，《唐都学刊》，2004 年第 6 期。

杨晓慧：《当代大学生生活方式问题及对策研究》，《东北师范大学学报》（哲学社会科学版），2006 年第 6 期。

杨雄：《第五代青少年价值观特点和变化趋势》，《青年研究》，1999 年第 12 期。

叶澜：《试析中国当代道德教育内容的基础性构成》，《教育研究》，2001 年第 12 期。

杨长林：《转型时期价值取向的多元化与法制建设》，《理论观察》，2000 年第 6 期。

杨桂华：《价值观念与生活方式》，《天津社会科学》，1990 年第 5 期。

杨韶刚：《从道德相对主义到核心价值观——学校道德教育转向的心理学思考》，《教育研究》，2004 年第 1 期。

杨启亮：《为了生活的教育和为了教育的生活》，《江西教育科研》，2002 年第 12 期。

杨小微：《教学中的价值引导与价值商谈》，《教育科学研究》，2004 年第 10 期。

余维武：《多元文化时代西方道德教育理论评述》，《思想教育理论》，2006 年第 4 期。

张晓华、纪秋发：《首都青少年消费情况研究》，《当代青年研究》，2006 年第 9 期。

张晓明、李庆峰：《大学生闲暇生活的调查分析》，《思想教育研究》，2008 年第 9 期。

张惠琴：《社会转型期多元价值观的冲突及其调适》，《河海大学学报》（哲学社会科学版），2001 年第 3 期。

赵虹元：《国外的闲暇教育研究及对我国教育的启示》，《教育探索》，2004 年第 4 期。

周小舟：《中学生消费中的不良现象调查及其对策探讨》，《青少年研究》，2005 年第 1 期。

郑卫东：《上海高校大学生生活方式与价值观状况调查》，《青年探索》，2009 年第 5 期。

Hayden Graham: *Values Education: Sustaining the Ethical Environment*, *Journal of Moral Education*, Jun 2004, Vol. 33, (2).

Revel, Lynn, ArThur, James: *Character Education in Schools and the Education of Teachers*, *Journal of Moral Education*, Mar 2007, Vol. 36, (1).

后 记

本书是我承担的江苏省教育科学"十一五"规划重大课题"多元文化背景下学生生活方式及价值观教育研究"的最终成果，也是南京师范大学"211"重点学科建设项目"当代中国教育转型研究"的成果之一。

该课题自2006年底由江苏省教育科学规划办公室批准立项后，我和我的研究生郝永贞、马多秀、王亚琼、白莲莲、提秀雷、柴华丽、胡金木、严从根、马苗苗、杨春娇、刘华杰等组成了研究团队，开展了为期三年的研究。除发表系列论文外，他们还完成了6篇硕士学位论文，分别是：《自主与依附：社会转型期中小学生的学习方式》（郝永贞）、《中小学生校外生活方式现状的调查研究》（王亚琼）、《城乡儿童生活方式的比较研究》（马多秀）、《多元文化背景下中学生价值观的调查研究》（白莲莲）、《多元文化背景下西方道德价值观教育的变革》（柴华丽）、《学校道德教育核心价值及教育引导》（提秀雷）。此外，马苗苗、杨春娇、刘华杰还合作完成了《多元文化背景下大学生价值观的调查与思考》的研究报告。

以上述研究成果为基础，2009年10月，该课题顺利地通过了以鲁洁教授为组长的专家组鉴定，受到了高度的评价。专家鉴定组认为："该研究在进行大量调查和访谈的基础上，分析了当前中小学生生活方式的特点、问题和影响因素，提出了引导学生学会生活的策略；在批判分析西方价值观教育应对多元文化的不同策略之上，尝试探索了一种具有中国元素的多元文化背景下价值观教育的新思路。""该研究通过调查掌握了大量的、真实的一手资料，在此基础上提出了对策，这对于教育部门制定相关政策和改进中小学生德育工作，具有重大的实践意义和指导价值。同时，该研究提出的核心价值观的基本范畴和'自主选择和价值引导相结合'的教育原则以及价值商谈的教育模式，也丰富了价值观教育的理论。"

本书是在上述鉴定成果的基础上，充分听取鉴定专家的修改意见后，由我执笔完成的。理论部分由我撰写，实证部分采用了研究生论文中的相关内容，对其内容和结构进行了重新整合，并在相应章节做了标注说明。

其中，第五章的第三、四部分由王亚琼硕士论文的有关内容修改而成，第七章由提秀雷的硕士论文修改而成。本书的完成要感谢课题组所做的工作，没有他们的前期研究，我个人是不可能独立完成的。

本书的撰写基本上是我在香港浸会大学访问期间完成的，感谢香港浸会大学给我提供了良好的学术研究和生活的环境。香港是一个国际大都市，是一个真正的多元文化社会。在这样一个环境中，我真正地感受到多元文化对人们生活的影响，也感受到在多元文化中尊重差异、共同生活是多么重要！

值本书出版之际，感谢给予课题批准和资助的江苏省教育科学规划办公室；感谢我们研究团队的成员；感谢课题鉴定组的鲁洁教授、张乐天教授、范国睿教授、程振响教授、余秀兰教授和张晓东博士为修改本书提供的建议；感谢朱小蔓教授在百忙中为本书作序，对本研究的意义予以充分的肯定；感谢四川教育出版社的领导和责任编辑吴婷老师。

本研究虽然有前期较长时间的研究基础，但成书的时间比较短，更由于生活方式研究涉及诸多方面，有的已超出了我的知识储备，限于自己的知识结构和学术水平，虽然已尽最大的努力，但仍然存在一些疏漏和不足，恳请学界前辈、同仁和广大读者批评指正。

冯建军

2010 年 1 月 28 日于香港浸会大学